O SISTEMA ÚNICO de ASSISTÊNCIA SOCIAL (SUAS) no NORTE e NORDESTE
realidades e especificidades

EDITORA AFILIADA

Coordenadora do Conselho Editorial de Serviço Social
Maria Liduína de Oliveira e Silva

Conselho Editorial de Serviço Social
Ademir Alves da Silva
Dilséa Adeodata Bonetti *(in memoriam)*
Elaine Rossetti Behring
Ivete Simionatto
Maria Lúcia Carvalho da Silva *(in memoriam)*
Maria Lucia Silva Barroco

Dados Internacionais de Catalogação na Publicação (CIP)
(Câmara Brasileira do Livro, SP, Brasil)

O sistema único de assistência social (SUAS) no norte e nordeste : realidades e especificidades / Maria Ozanira da Silva e Silva (coord). — São Paulo : Cortez, 2019.

Vários autores.
ISBN 978-85-249-2748-5

1. Assistentes sociais - Brasil 2. Brasil - Nordeste - Identidade social 3. Economia social 4. Serviço social - Brasil - História 5. Serviço social - Pesquisa - Brasil, Nordeste 6. Sistema Único de Assistência Social - SUAS (Brasil) 7. Política social I. Silva, Maria Ozanira da Silva e.

19-28922   CDD-361.30981

Índices para catálogo sistemático:
1. SUAS : Sistema Único de Assistência Social : Brasil   361.30981

Iolanda Rodrigues Biode - Bibliotecária - CRB-8/10014

Maria Ozanira da Silva e Silva
(Coord.)

Alba Maria Pinho de Carvalho • Annova Míriam Ferreira Carneiro
Cleonice Correia Araújo • Irma Martins Moroni da Silveira
Leila Maria Passos de Souza Bezerra • Leiriane de Araújo Silva
Margarete Cutrim Vieira • Maria Antonia Cardoso Nascimento
Maria do Socorro Sousa de Araújo • Maria Eunice Ferreira Damasceno Pereira
Maria Ozanira da Silva e Silva • Paula Raquel da Silva Jales
Reinaldo Nobre Pontes • Salviana de Maria Pastor Santos Sousa
Sandra Helena Ribeiro Cruz • Valéria Ferreira Santos de Almada Lima

O SISTEMA ÚNICO de ASSISTÊNCIA SOCIAL (SUAS) no NORTE e NORDESTE
realidades e especificidades

São Paulo – SP

2019

Apoio

O SISTEMA ÚNICO DE ASSISTÊNCIA SOCIAL (SUAS) NO NORTE E NORDESTE:
realidades e especificidades
Maria Ozanira da Silva e Silva (Coord.)

Capa: de Sign Arte Visual
Preparação de originais: Agnaldo Alves; Jaci Dantas
Revisão: Maria de Lourdes de Almeida
Diagramação: Linea Editora
Coordenação editorial: Danilo A. Q. Morales
Assessora editorial: Maria Liduína de Oliveira e Silva
Editora-assistente: Priscila Flório Augusto

Nenhuma parte desta obra pode ser reproduzida ou duplicada
sem autorização expressa da coordenadora e do editor.

© 2019 by Coordenadora

Direitos para esta edição
CORTEZ EDITORA
R. Monte Alegre, 1074 — Perdizes
05014-001 — São Paulo-SP
Tel.: +55 11 3864 0111 / 3611 9616
cortez@cortezeditora.com.br
www.cortezeditora.com.br

Impresso no Brasil — setembro de 2019

Sumário

Lista de quadros... 11
Lista de tabelas 13
Lista de abreviaturas e siglas... 15

Prefácio... 19
　Aldaíza Sposati

1. **Introdução geral** 27
　Maria Ozanira da Silva e Silva

2. **Pontuando a realidade socioeconômica das regiões, estados e municípios espaços da pesquisa empírica**... 37
　Maria Ozanira da Silva e Silva
　Valéria Ferreira Santos de Almada Lima

　2.1　Configuração geográfica e econômica das regiões Norte e Nordeste e dos estados espaços 38

　2.2　Situando a realidade socioeconômica dos três estados da amostra da pesquisa empírica: Pará, Maranhão e Ceará no contexto do Brasil e das regiões Norte e Nordeste 42

　2.3　Breve caracterização socioeconômica dos municípios da amostra da pesquisa empírica 48

3. **Qualificando a Política de Assistência Social nos estados do Pará, Maranhão e Ceará e nos municípios da amostra da pesquisa empírica**............... 55
   Annova Míriam Ferreira Carneiro
   Margarete Cutrim Vieira
   Maria do Socorro Sousa de Araújo

   3.1 A realidade institucional da gestão da Política de Assistência Social.. 57

   3.2 A realidade institucional dos Programas, Benefícios e Serviços da Política de Assistência Social........................ 68

       3.2.1 Programas Socioassistenciais 69

       3.2.2 Benefícios Socioassistenciais....................................... 71

       3.2.3 Serviços de Proteção Social Básica e Especial de média e alta complexidade.. 73

4. **A implementação do SUAS no estado do Pará: realidade e especificidades da região Norte**................ 81
   Maria Antonia Cardoso Nascimento
   Sandra Helena Ribeiro Cruz
   Reinaldo Nobre Pontes

   4.1 Introdução... 82

   4.2 Apresentação e análise de resultados do estudo empírico: articulando a realidade e a implementação do SUAS no estado do Pará... 85

       4.2.1 Percepção dos sujeitos sobre a Política de Assistência Social e o SUAS: gestores municipais e estadual, técnicos, conselheiros e usuários.. 86

       4.2.2 Serviços, Programas, Projetos e Benefícios desenvolvidos nos CRAS, CREAS e Centros Pop: qualidade dos serviços e benefícios, capacidade de atendimento, conhecimento e acesso pelos usuários... 99

4.2.3 Os trabalhadores do SUAS nos municípios: composição das equipes, capacitação dos técnicos e condições de trabalho 106

4.2.4 Participação dos usuários e controle social 117

4.3 Vigilância Socioassistencial: sistematização e funcionamento 125

4.3.1 Vigilância Socioassistencial no SUAS: aproximação conceitual... 126

4.3.2 A Vigilância Socioassistencial: a experiência do Pará 130

4.4 Conclusão: avanços, limites e desafios da Política de Assistência Social no Pará.. 135

5. A implementação do SUAS no estado do Maranhão: desafios de uma realidade em movimento 143

Maria Ozanira da Silva e Silva
Maria Eunice Ferreira Damasceno Pereira
Annova Míriam Ferreira Carneiro
Cleonice Correia Araújo
Margarete Cutrim Vieira
Maria do Socorro Sousa de Araújo
Salviana de Maria Pastor Santos Sousa
Valéria Ferreira Santos de Almada Lima

5.1 Introdução... 144

5.2 Resultados do estudo empírico: articulação da realidade com a implementação do SUAS no estado do Maranhão 145

5.2.1 A Política de Assistência Social e o SUAS sob a percepção do gestor estadual, dos gestores municipais, técnicos, conselheiros e usuários 146

5.2.2 Serviços, programas, projetos e benefícios desenvolvidos nos CRAS, CREAS e Centros Pop: qualidade dos serviços e benefícios, capacidade de atendimento, conhecimento e acesso pelos usuários... 157

5.2.3 Os trabalhadores do SUAS nos municípios: composição das equipes, capacitação dos técnicos e condições de trabalho........................... 168

5.2.4 Participação dos usuários na implementação do SUAS e controle social.. 176

    5.2.4.1 Compreensão dos sujeitos envolvidos na implementação do SUAS sobre o significado e a importância do controle social 179

    5.2.4.2 Regulamentação das instâncias de controle social e equipamentos sociais utilizados pelos Conselhos......................... 182

    5.2.4.3 Dinâmica do controle social..................... 183

5.2.5 Vigilância Socioassistencial: sistematização e funcionamento... 188

    5.2.5.1 Vigilância Socioassistencial no contexto do SUAS: aproximação conceitual............ 189

    5.2.5.2 A Vigilância Socioassistencial na realidade dos municípios maranhenses... 193

5.3 Conclusão: avanços, recuos, limites, desafios e perspectivas... 200

6. A implementação do SUAS no estado do
   Ceará: tendências e perspectivas nas dinâmicas
   da História... 211
   Alba Maria Pinho de Carvalho
   Irma Martins Moroni da Silveira
   Leila Maria Passos de Souza Bezerra
   Leiriane de Araújo Silva
   Paula Raquel da Silva Jales

   6.1 Introdução... 212
   6.2 Apresentação e análise dos resultados do estudo
        empírico: construindo um esforço de articulação
        da realidade e da implementação do SUAS no
        estado do Ceará 215
        6.2.1 Percepção dos sujeitos da pesquisa sobre
               a Política de Assistência Social e o SUAS:
               impasses e desafios..................................... 216
        6.2.2 Serviços, programas, projetos e benefícios
               desenvolvidos nos CRAS, CREAS e Centros
               POP: qualidade dos serviços e benefícios,
               capacidade de atendimento, conhecimento e
               acesso pelos usuários.................................. 234
        6.2.3 Trabalhadores e trabalhadoras do SUAS em
               foco: capacitação dos técnicos e condições de
               trabalho 251
        6.2.4 Participação e controle social na Política de
               Assistência Social nos municípios pesquisados... 270
        6.2.5 Vigilância Socioassistencial: sistematização,
               monitoramento e avaliação no SUAS 278
   6.3 Conclusão: avanços, limites e desafios da Política de
        Assistência Social.. 284

7. A Política de Assistência Social na conjuntura brasileira de desconstrução de direitos e de desmonte da seguridade social: 2016/2018 295
   Maria Ozanira da Silva e Silva
   Alba Maria Pinho de Carvalho
   Annova Míriam Ferreira Carneiro
   Cleonice Correia Araújo
   Margarete Cutrim Vieira
   Maria Antonia Cardoso Nascimento
   Maria Eunice Ferreira Damasceno Pereira
   Maria do Socorro Sousa de Araújo
   Salviana de Maria Pastor Santos Sousa
   Valéria Ferreira Santos de Almada Lima

   7.1 A Política de Assistência Social no contexto socioeconômico e político do Golpe 2016 e seus desdobramentos... 297

   7.2 Incursão histórica e atualidade da Política de Assistência Social.. 303

   7.3 O que diz a literatura recente sobre a Política de Assistência Social no contexto do Golpe de 2016 312

   7.4 Análise e problematização sobre a atualidade da Política de Assistência Social e do SUAS na visão de gestores, estudiosos e usuários 320

   7.5 Conclusão... 334

8. Conclusão geral: convergências, divergências e especificidades na implementação do SUAS nas regiões Norte e Nordeste.. 343
   Maria Ozanira da Silva e Silva

Sobre as(os) autoras(es).. 351

Lista de quadros

Quadro 1   Estados e municípios integrantes da amostra da pesquisa empírica: porte dos municípios.................. 31

Quadro 2   Órgãos e Gestores da PAS nos estados e municípios da amostra da pesquisa empírica.......... 59

Quadro 3   Instrumentos legais em vigência nos municípios do Pará, Maranhão e Ceará... 61

Quadro 4   Cofinanciamento da Política de Assistência Social nos municípios da amostra da pesquisa — referência 2016 (Pará) 65

Quadro 5   Cofinanciamento da Política de Assistência Social nos municípios da amostra da pesquisa — referência 2016 (Maranhão) 65

Quadro 6   Cofinanciamento da Política de Assistência Social nos municípios da amostra da pesquisa — referência 2016 (Ceará) 66

Quadro 7   Benefícios federais disponibilizados pela Política de Assistência Social no Estado do Maranhão: público-alvo e cobertura 163

Lista de tabelas

Tabela 1	Distribuição dos municípios pelos estados da amostra da pesquisa segundo porte	30
Tabela 2	Distribuição do total de CRAS, CREAS e Centros Pops nos três estados da amostra da pesquisa	74
Tabela 3	Distribuição dos CRAS, CREAS e Centros Pops selecionados para o estudo empírico	84
Tabela 4	Distribuição do número de CRAS, CREAS e Centros Pops pelos municípios da amostra da pesquisa	159
Tabela 5	Benefícios federais disponibilizados pela Política de Assistência Social nos municípios pesquisados: público-alvo e cobertura	163
Tabela 6	Quantidade de CRAS, CREAS e Centros Pops pelos municípios da amostra da pesquisa	238

Lista de abreviaturas e siglas

BE	Benefícios Eventuais
BEPAH	Benefício para Pessoa Acometida por Hanseníase
BF	Bolsa Família
BPC	Benefício de Prestação Continuada
CadÚnico	Cadastro Único
CEAS	Conselho Estadual de Assistência Social
CF	Constituição Federal
CIB	Comissões Intergestores Bipartite
CLT	Consolidação das Leis do Trabalho
CMAS	Conselho Municipal de Assistência Social
CMDCA	Conselho Municipal dos Direitos da Criança e do Adolescente
CNAS	Conselho Nacional de Assistência Social
CNPq	Conselho Nacional de Desenvolvimento Científico e Tecnológico
CONGEMAS	Colegiado Nacional de Gestores Municipais de Assistência Social
CRAS	Centros de Referência da Assistência Social
CREAS	Centros de Referência Especializado da Assistência Social

ECA	Estatuto de Criança e do Adolescente
FADESP	Fundação de Amparo e Desenvolvimento da Pesquisa
FAO	Organização das Nações Unidas para a Alimentação e a Agricultura
FAPEMA	Fundação de Amparo à Pesquisa e ao Desenvolvimento Científico e Tecnológico do Maranhão
FEUSUAS	Fórum dos Usuários do SUAS
FHC	Fernando Henrique Cardoso
FMAS	Fundo Municipal de Assistência Social
FMI	Fundo Monetário Internacional
FMT/SUAS	Fórum de Trabalhadores do Sistema Único de Assistência Social em Maracanaú
FNAS	Fundo Nacional de Assistência Social
FPM	Fundo de Participação Municipal
FUNPAPA	Fundação Papa João XXIII
GEAS	Gratificação de Exercício de Assistência Social
IBGE	Instituto Brasileiro de Geografia e Estatística
IDHM	Índice de Desenvolvimento Humano Municipal
IGD/BF	Índice de Gestão Descentralizada do Bolsa Família
IGD/SUAS	Índice de Gestão Descentralizada do SUAS
II PND	II Plano Nacional de Desenvolvimento
ILPI	Instituição de Longa Permanência para Idosos
IPEA	Instituto de Pesquisa Econômica Aplicada
LA	Liberdade Assistida
LOA	Lei Orçamentária Anual
LOAS	Lei Orgânica da Assistência Social
MDS	Ministério do Desenvolvimento Social e Combate à Fome

NEPSAS	Núcleo de Estudos e Pesquisas em Seguridade e Assistência Social
NOB-RH	Norma Operacional Básica de Recursos Humanos
NOB-SUAS	Norma Operacional Básica
NRF	Novo Regime Fiscal
ObservaSUAS	Observatório de Práticas do Sistema Único de Assistência Social
OMS	Organização Mundial da Saúde
PAEF	Serviço de Proteção e Atendimento Especializado a Famílias e Indivíduos
PAEFI	Serviço de Proteção e Atendimento Especializado Integral à Família
PAIF	Proteção e Atendimento Integral à Família
PAS	Política de Assistência Social
PBF	Programa Bolsa Família
PEAS	Plano Estadual de Assistência Social
PEC	Proposta de Emenda à Constituição
PETI	Programa de Erradicação do Trabalho Infantil
PIB	Produto Interno Bruto
PMAS	Política Municipal de Assistência Social
PMDB	Partido do Movimento Democrático Brasileiro
PME	Pesquisa Mensal de Emprego
PNAD-Contínua	Pesquisa Nacional por Amostra de Domicílios Contínua
PNAS	Política Nacional de Assistência Social
PNUD	Programa das Nações Unidas para o Desenvolvimento
PPA	Plano Plurianual
PRONATEC	Programa Nacional de Acesso ao Ensino Técnico e Emprego

PSB	Proteção Social Básica
PSC	Prestação de Serviços à Comunidade
PSDB	Partido da Social Democracia Brasileira
PSE	Proteção Social Especial
PT	Partido dos Trabalhadores
PUC-PR	Pontifícia Universidade Católica do Paraná
RMA	Relatórios Mensais de Acompanhamento
SAGI	Secretaria de Avaliação e Gestão da Informação
SASMI	Secretaria Municipal de Assistência Social de Inhangapi
SCFV	Serviço de Convivência e Fortalecimento de Vínculos
SEASTER	Secretaria de Estado de Assistência Social, Trabalho, Emprego e Renda
SEDES	Secretaria de Estado de Desenvolvimento Social
SEDIHC	Secretaria de Estado de Direitos Humanos e Cidadania
SEMAS	Secretaria Municipal de Assistência Social
SEMCAS	Secretaria Municipal da Criança e Assistência Social
SETRA	Secretaria de Trabalho, Desenvolvimento Social e Combate à Fome
SIS	Síntese de Indicadores Sociais
SPS	Secretaria da Proteção Social, Justiça, Cidadania, Mulheres e Direitos Humanos
STDS	Secretaria de Trabalho e Desenvolvimento Social
SUAS	Sistema Único de Assistência Social
UECE	Universidade Estadual do Ceará
UNIFOR	Universidade de Fortaleza
VSA	Vigilância Socioassistencial

Prefácio

O SUAS entre entes, agentes e gentes...

O sentimento de gratidão incorporou-se à minha reflexão ao ler o estudo realizado por pesquisadores de alto calibre e histórias de vida, sobre o assentamento do SUAS (Sistema Único de Assistência Social) no Norte e Nordeste do Brasil.

Essa gratidão se expressa pelo alargamento da leitura do real construída pelos pesquisadores, que desenvolveram forte pesquisa de traço indutivo que parte do chão do SUAS, manifestado em três estados brasileiros — Pará, Maranhão e Ceará e 18 de seus municípios, seis de cada estado. Há, nessa construção, uma direção democrática e histórica que deve ser fortemente sublinhada.

Números são muito importantes, sem dúvida, porque nos dão dimensão quantitativa, mas a construção com força de potência de nucleação, sedimentação e confronto ocorre para além deles, pois envolve na política pública, sobretudo a social, a percepção de entes, agentes e gentes. Este estudo nos dá acesso a manifestações de sujeitos históricos de diferentes calibres assentados em distintas geografias do real e do poder.

O tratamento atribuído ao exame do SUAS neste estudo amplia as possibilidades de percepção dos diferentes entendimentos que ele produz, assim como dos distintos tempos em que se concretiza. Esse arco de diversidades de compreensão e ação mensura o potencial de força e resistência do SUAS em direção ao seu avanço ou recuo.

A construção da política de proteção social distributiva no âmbito da seguridade social brasileira — conhecida até então pela presença, desde 1923, da proteção social contributiva da previdência social — foi significativa ruptura no modelo de relações societárias ao reconhecer a assistência social como política pública de direitos e dever de estado.

Com certeza, ações de assistência social são marcadas na história brasileira pela presença do patriarcado e do patrimonialismo. Famílias tradicionais são significadas pelas suas atitudes de compaixão, senhoras de elite devem se mostrar caridosas, e com grande facilidade, tornarem-se primeiras damas, face docilizada do governante.

Tais componentes se concretizaram como demonstração pública do poder de classe sobre a população que fazia uso dessas atenções. A noção de doador, publicamente reconhecido, se sobrepuja a do recebedor, um devedor, um pobre coitado, que manifesta a humildade anônima.

A Doutrina Social da Igreja Católica, ao propugnar pela compaixão e exercício da caridade para cumprir os propósitos cristãos, estende a prática da proteção social não contributiva a um exercício pessoal de religiosidade. A perspectiva da subsidiariedade afasta a responsabilidade estatal que deve ser assumida pela família, a comunidade e a sociedade.

Desvincular a proteção social como território de ação da sociedade civil, das classes proprietárias abastadas, dos governos de plantão é um processo não concluído nestes 30 anos Pós Constituição Federal de 1988.

Tem-se nesse contexto de reprodução da cultura de dominação de classe uma barreira a romper para ser instalada a proteção social não contributiva como campo laico de responsabilidade estatal e direito de cidadania.

É nesse ambiente que este estudo se projeta e traz a compreensão de diferentes olhares para a multidimensionalidade de temas que influenciam o avanço da política de proteção social distributiva como direito cidadão no Brasil.

Como bem esclarece a coordenadora da pesquisa, Profa. Dra. Maria Ozanira da Silva e Silva da Universidade Federal do Maranhão (UFMA), não houve o intuito de que o estudo responda em seus achados a toda a Região Norte e Nordeste com seus 16 estados, nem a pretensão de que os 18 municípios analisados significassem a pleno, uma amostra dos 545 que compõem os três estados destacados. Acompanhando o percurso desse campo de ação por três décadas, considero que muitos registros deste estudo podem se espraiar para um contexto mais abrangente, sobretudo pelo formato do método empregado, cuja análise dos dados facilita raciocínios de tipo indutivos.

Apesar da preocupação da equipe com a inadequada generalização dos resultados, cabe-me registrar a significativa importância dos achados deste estudo, sobretudo por se dar na realidade brasileira Pós-Golpe de 2016, onde os Governos Temer e Bolsonaro em execução demarcam a conjuntura de recessão, de constrangimento às políticas sociais e aos direitos sociais, de moralização dos pobres, de fiscalização de usuários e sua penalização entre tantos outros confrontos democráticos e de moralismo religioso. Sob o contexto de crise nos é possível um olhar mais atento sobre as possíveis forças de resistência.

Antes, porém, de destacar o impacto da conjuntura destrutiva dos direitos sociais da população brasileira e efetivação da justiça social perante a cruel e impactante desigualdade que nos assola, entendo que este estudo nos aproxima de algumas afirmações certeiras quanto à Política de Assistência Social no Brasil.

> A construção histórica da Política de Assistência Social no Brasil (ocorre) num percurso não linear, mas mediante um processo marcado por movimentos de avanços, recuos e contradições, impactados por limites e dificuldades que, ao mesmo tempo, constroem uma política não contributiva que procura ultrapassar o não direito rumo à construção do direito.

Vencer as expressões históricas da proteção social não contributiva aliada ao individualismo de esmolas, de práticas conservadoras como clientelismo, assistencialismo, paternalismo, praticados com dinheiro público, ainda não deixaram de estar presentes na cultura política brasileira. Exemplo explícito são os fundos sociais, enquanto recursos financeiros de primeiras-damas que operam com recursos do Orçamento do Gabinete do Governo. São ainda presentes práticas deste teor desde pequenos municípios até a metrópole de São Paulo que cultua a Campanha do Agasalho como expressão de bom governo, quando de fato se trata de algo vergonhoso que um governo normalize o fato de cidadãos não terem condições de contar com uma coberta pessoal contra os rigores do inverno. Esse é um ato que demonstra uma resposta governamental emergencial de docilização face à precarização de condições de sobrevida da população.

O estudo nos demonstra o quanto os avanços e recuos da inserção das atenções de proteção social distributiva no campo de direitos sociais estão presentes em diferentes e diversos entes federativos reproduzindo valores culturais e políticos de fortes traços patrimoniais, patriarcais e preconceituosos. Essa constatação foi reforçada na pesquisa, que mostrou, até mesmo, a presença do impedimento por governantes municipais quanto à presença dos pesquisadores para realizar as entrevistas planejadas.

Essa constatação da instabilidade dessa política mostra o quanto ela ainda não está consolidada como função de estado e permanece como ato de aceitação do governante. Essa situação mostra, entre outras coisas, que não é ainda possível considerar que o campo da política de assistência social, apesar de todos os esforços, já tenha conseguido alçar a condição de ação planejada. Em outros termos, uma ação que tenha um grau de controle de sua presença no tempo. Embora tenha sido uma determinação de 1993 pela LOAS que o ente federativo tenha um Plano de Ação, não significa que necessariamente a direção social da gestão da assistência social seja de fato planejada. A queixa dos trabalhadores da área quanto à mudança contínua de suas chefias, e mesmo de seus postos, impede a continuidade de ações em ações programadas. Apontam um contínuo recomeçar com quebra de qualidade do trabalho desenvolvido e da confiança a ser estabelecida com os usuários.

Sair da concepção de prática emergencial exige que a assistência social se apodere do tempo em sua gestão, pois o desrespeito pela continuidade das ações é de fato um bloqueio à condição de validação de direitos.

O estudo nos reforça a compreensão da diversidade de compromisso dos três entes federativos na sustentação e gestão da política. Enquanto a gestão estadual opera a junção de diversas áreas em um só órgão gestor, o órgão municipal de gestão é no mais das vezes mais específico ao campo da assistência social. Interessante notar que no ente federal ocorre situação similar. Quando criada em 1974, a Secretaria de Assistência Social era assim nominada como parte do Ministério da Previdência e Assistência Social, quando era colapsada pela ação da Legião Brasileira de Assistência Social (LBA). Após mutações na era Collor, volta na gestão FHC a ser parte do MPAS, agora com a LBA extinta, mas substituída pelo Comunidade Solidária. Em 2003 tem-se, por somente um ano, o Ministério da Assistência Social. A seguir, na condição de secretaria, passou a compor ministérios com diversas nominações.

Esta digressão permite entender que os entes federativos gestores não são parelhos em sua significação institucional, no interior do Estado brasileiro. Como consequência, como mostra esta pesquisa, o ente estadual é ausente na gestão e no financiamento da política. Os recursos federais são intensamente operados em benefícios — Benefício de Prestação Continuada (BPC) e Programa Bolsa Família (PBF) — e por outros órgãos federais. Portanto, o ente federal, embora formalmente tenha sob sua jurisdição o Fundo Nacional de Assistência Social (FNAS), mais de 90% dos seus recursos são destinados a benefícios e geridos por outros órgãos federais, ficando o SUAS, operado pela gestão municipal, com restritos recursos para operação. Retirado o valor empregado em benefícios pela gestão federal, grande parte dos municípios, anualmente, disponibiliza valor orçamentário para o SUAS municipal em quantia superior aos demais entes. Quanto maior o porte populacional do município, mais essa situação ocorre.

Apesar dessa distonia entre os entes federativos, a pesquisa registra que após o SUAS tornou-se possível o diálogo, que antes não existia, com o ente federal. Na instância federal e na sociedade, a assistência social é reconhecida pela presença dos benefícios BPC e PBF, que a SNAS não gere de fato. As regulações que a SNAS emana dizem respeito, sobretudo, aos serviços socioassistenciais, que são geridos pelos municípios, embora estes recebam a menor parte dos recursos do orçamento federal da assistência social.

A pesquisa traz novos elementos ao considerar que, apesar do caminho da política ter "percurso não linear, mas mediante um processo marcado por movimentos de avanços, recuos e contradições", são evidenciados ciclos no caminhar da política brasileira de assistência social e do SUAS, no campo democrático. Um ciclo ascendente de 2005 a 2011, que foi produto de ação de vários sujeitos, sociedade, academia, conselhos, pactuação de governo em ambiente democrático que possibilitou a disputa institucional para avanço da política. Um ciclo de consolidação do SUAS de 2011 a 2015.

A partir de maio de 2016 esse processo foi interrompido pelo golpe e as medidas daí decorrentes que levaram à confrontação do SUAS com uma agenda que operou o desmanche de pactuações, de orçamentação, inseriu aproximação com o primeiro damismo, e com a inserção de programa do campo da saúde contemplado com orçamento do Fundo Nacional de Assistência Social: Programa Criança Feliz.

Gestores e agentes institucionais, técnicos ou trabalhadores afirmam em diferentes momentos do estudo e nos três estados analisados que o avanço e rupturas na construção da política de assistência social como direito social tem dois marcos: a PNAS e o SUAS. Essa é uma segunda grande afirmação do estudo ao mostrar que a referência à Política Nacional de 2004 e à NOB SUAS de 2005 — e com esta a LOAS-SUAS, legislação de 2011 — são os efetivos guias que imprimem direção social à gestão da política. Note-se que antes da PNAS, quatro outras redações de política nacional foram formuladas, mesmo após a LOAS, todavia não chegaram a repercutir entre os entes gestores. Outra orientação citada com ênfase foi a Tipificação dos Serviços Socioassistenciais que permitiu o reconhecimento mútuo da oferta de atenções pelo SUAS.

Seguramente o SUAS tem nova simbologia e força que lhe afirmam a procedência do interior do Estado, e sua unidade de reconhecimento nacional. É possível afirmar que o SUAS contém o significado da assistência social como política social pública. Embora os debates sobre a cobertura e valores dos benefícios sejam mais calorosos na sociedade, os entrevistados do estudo chamam muita atenção para as condições objetivas dos serviços, sua precarização, a ausência de tratamento dos espaços para o trabalho, sua localização, dificuldades de meios de comunicação, presença de equipes mínimas de pessoal, embora com demandas crescentes.

Essa situação precária na atual conjuntura de desmonte do financiamento público de políticas sociais tenderá a se agravar pela orientação de retrocesso no Sistema de Proteção Social Brasileiro e o acirramento do neoliberalismo e com ele do individualismo, a minimização da responsabilidade estatal com os direitos sociais, a orientação moral e religiosa que confronta valores de dignidade, a presença de preconceitos que anulam a igualdade e a equidade.

Este estudo nos mostra a presença de forças e fragilidades no campo da proteção social distributiva, e incentiva-nos a ampliar nossa leitura da política desde seu chão em um pedaço do Brasil. Ele nos põe face a face com uma dura realidade infensa ao social como responsabilidade estatal.

Já sabíamos que vivíamos sob orientação neoliberal do ponto de vista econômico, mas contávamos que a civilidade estivesse mais presente ao tratar da condição humana dos humanos. Todavia não está sendo assim. Dentre os males é de ter presente que este estudo nos afirma com testemunho: o que foi feito, tem profundo significado, é aquilo que se ouve dos entrevistados pelos pesquisadores.

Esperamos que seja uma sensação duradoura.

Por fim, sabemos que são múltiplos os fatores a demandar rupturas no campo do acesso aos direitos sociais. Esse confronto não pode merecer complacência dos que atuam na política social pública, e este estudo contribui para mais fortemente entendermos os caminhos conflituosos de defesa de direitos sociais dos brasileiros.

Aldaíza Sposati
Julho, 2019

1
Introdução geral

Maria Ozanira da Silva e Silva

Neste livro são apresentados e problematizados resultados de uma pesquisa realizada no contexto do projeto: *Avaliando a implementação do Sistema Único de Assistência Social na Região Norte e Nordeste: significado do SUAS para o enfrentamento à pobreza nas regiões mais pobres do Brasil*[1].

O projeto em referência teve como objeto de investigação a Política de Assistência Social (PAS), especificamente no que se refere à implementação do Sistema Único de Assistência Social (SUAS), considerando duas dimensões: a) análise do conteúdo, dos fundamentos e da percepção que os sujeitos diretamente envolvidos na implementação do SUAS têm sobre a Política Nacional de Assistência Social (PNAS) e o SUAS; b) investigação sobre a implementação do SUAS em uma amostra intencional das Regiões Norte e Nordeste do Brasil, constituída pelos Estados do Pará, Maranhão e Ceará, representados por uma amostra de 18 (dezoito) municípios.

O projeto teve como objetivo geral estabelecer uma rede de cooperação científico-acadêmica entre Programas de Pós-Graduação das regiões Norte e Nordeste[2], em torno do eixo temático Política de

---

1. O projeto recebeu financiamento da Fundação de Amparo à Pesquisa e ao Desenvolvimento Científico e Tecnológico do Maranhão (FAPEMA), em concorrência ao Edital Universal/ FAPEMA n. 40/2014 e do Conselho Nacional de Desenvolvimento Científico e Tecnológico (CNPq), em concorrência ao Edital Chamada Universal MCTC/CNPq n. 1/2016.

2. Participaram do projeto pesquisadoras(es) dos Programas de Pós-Graduação em Políticas Públicas da Universidade Federal do Maranhão; Programa de Pós-Graduação em Sociologia da Universidade Federal do Ceará; Programa de Pós-Graduação em Serviço Social da Universidade Estadual do Ceará e Programa de Pós-Graduação em Serviço Social da Universidade Federal do Pará. Além das(os) autoras(es) do livro, participaram do desenvolvimento da pesquisa, em momentos específicos do processo da investigação, as(os) pesquisadoras(es): integrando a equipe do Pará: Géssyca Anne Silva Baracho, Severino da Silva Martins Júnior, Débora Raimunda Ribeiro Costa, Olga Mirla Tabaranã Silva e Adriana

Assistência Social, tendo em vista elevar o padrão de qualidade da formação de profissionais em nível de graduação e de pós-graduação, ampliar a produção científica dos Programas envolvidos e contribuir para a qualificação dos serviços e programas que materializam a Política de Assistência Social, orientando-se por pressupostos teórico-metodológicos de fundamentação crítico-dialética.

Mediante critérios estabelecidos para composição do espaço geográfico da pesquisa empírica foram selecionados dois Estados da região Nordeste: Maranhão e Ceará, e um da região Norte: Pará. A seleção dos Estados seguiu critérios intencionais: aqueles onde residiam pesquisadores que já tivessem mantido interlocuções acadêmicas anteriores ou participado de projetos de pesquisa em parceria com a equipe, de modo a facilitar os contatos necessários para o desenvolvimento da investigação. Foram, posteriormente, selecionados, com a participação dos gestores estaduais e de técnicos da implementação do SUAS nos Estados, 06 municípios em cada Estado onde o estudo foi desenvolvido em profundidade: a capital; 01 município de porte grande; 01 município de porte médio; 02 municípios de porte pequeno nível 01 e 01 município de porte pequeno nível 02, totalizando, portanto, 18 municípios. Os Centros de Referência da Assistência Social (CRAS), Centros de Referência Especializado da Assistência Social (CREAS) e Centros Pop foram considerados unidades operativas para realização do estudo empírico. O total de CRAS considerados nos 18 municípios dos 03 Estados teve a seguinte composição: 02 CRAS para cada metrópole, as capitais (total de 06); 02 CRAS para cada município de porte grande (total de 06); 02 CRAS para cada município de porte médio (total de 06); 01 CRAS para cada município de porte pequeno nível 01 (total de 03) e 01 CRAS para cada município de porte pequeno nível 02 (total de 06), totalizando 27 CRAS. Para escolha dos municípios e dos CRAS foi levada em consideração a diversidade da realidade do desenvolvimento da Política de Assistência Social, sendo selecionados

---

Benedita Azevedo; integrando a equipe do Ceará: Rejane Batista Vasconcelos, Vânia Maria Vasconcelos de Castro e David Pereira de Castro Cruz.

municípios com níveis de gestão básica e gestão plena e CRAS com pelo menos dois anos de funcionamento. O estudo empírico foi desenvolvido em 03 CREAS e em 3 Centros Pop, um em cada Estado. Os municípios e os CRAS, CREAS e Centros Pop foram selecionados com a participação dos gestores estaduais e técnicos executores da Política de Assistência Social, sendo considerado o critério de maior abrangência regional dos CREAS e Centros Pop e o maior tempo de funcionamento, mínimo de um ano.

Numa demonstração geral, a Tabela 1 a seguir apresenta a composição dos três Estados em termos do quantitativo de municípios, por porte.

Tabela 1. Distribuição dos municípios pelos Estados da amostra da pesquisa segundo porte

Estados	Munic. Pequeno porte I	Munic. Pequeno porte II	Munic. Médio porte	Munic. Grande porte	Metrópole	Total
Pará	45	56	28	14	01	144
Maranhão	125	71	13	07	01	217
Ceará	92	58	26	07	01	184

Fonte: Instituto Brasileiro de Geografia e Estatística. *Estimativas populacionais para os municípios e para as Unidades da Federação brasileiros.* Rio de Janeiro, 2017. Disponível em: https://ww2.ibge.gov.br/home/estatistica/populacao/estimativa2017/estimativa_dou.shtm. Acesso em: 13 nov. 2018.

A Tabela indica que o total de municípios nos Estados do Pará, Maranhão e Ceará é de 545. Destes, 347 são de portes pequenos I e II, representando 63,66% dos municípios, isto é, são municípios com população de até 50.000 habitantes[3]. Considerando essa realidade, dos 06 municípios selecionados em cada Estado, 03 foram de pequeno porte nível II e nível I.

---

3. Adotamos a indicação da Política Nacional de Assistência Social de 2004, que considera municípios pequenos nível 01 (até 20.000 habitantes); pequenos nível 02 (de 20.001 a 50.000 habitantes); municípios médios (50.001 a 100.000); municípios grandes (entre 100.001 a 900.000 habitantes) e as metrópoles, cidades com população de 900.000.

Quadro 1. Estados e Municípios integrantes da amostra da Pesquisa Empírica: porte dos municípios

	Porte do Município
Ceará	
Fortaleza	Metrópole
Maracanaú	Grande
Crateús	Médio
Beberibe	Pequeno nível 2
Pindoretama	Pequeno nível 1
Pires Ferreira	Pequeno nível 1
Maranhão	
São Luís	Metrópole
Açailândia	Grande
Barreirinhas	Médio
Cururupu	Pequeno nível 2
Bacabeira	Pequeno nível 1
Davinópolis	Pequeno nível 1
Pará	
Belém	Metrópole
Abaetetuba	Grande
Breves	Médio
Salinópolis	Pequeno nível 2
Vitória do Xingu	Pequeno nível 1
Inhangapi	Pequeno nível 1

Fonte: Instituto Brasileiro de Geografia e Estatística. Sistema IBGE de Recuperação Automática. Banco de Dados Agregados (SIDRA). *Demográfico e Contagem da população*. Rio de Janeiro, [2010].

Conforme indicado no quadro anterior, foram selecionados, de acordo com a proposta metodológica do projeto, seis municípios para a realização da pesquisa de campo em cada um dos três Estados (Maranhão, Ceará e Pará). Para seleção dos municípios foram considerados diferentes portes, sendo considerada uma quantidade maior de municípios de pequeno porte, em conformidade com indicações da Tabela 1. Procurou-se, também, contemplar a diversidade da realidade da implementação do SUAS nas regiões Norte e Nordeste e o nível de estruturação maior ou menor da Política de Assistência Social nos respectivos municípios.

Para realização da pesquisa de campo foram aplicados os seguintes procedimentos: Observação Sistemática sobre CRAS, CREAS e Centros Pop *in loco*; Entrevista semiestruturada com gestores estaduais e municipais e Grupo Focal com técnicos, conselheiros e usuários. A partir desses procedimentos, as informações foram coletadas no período compreendido entre 2016 e 2018, procedendo-se a transcrição dos áudios das entrevistas e das reuniões dos grupos focais e a sistematização das observações de campo, material posteriormente selecionado, classificado e organizado com vistas a articular o pensamento dos diferentes sujeitos envolvidos na pesquisa, tendo por referência os eixos temáticos definidos para orientar a investigação. Por fim, foram elaborados relatórios específicos sobre a PAS e a implementação do SUAS em cada município, que ofereceram o conteúdo básico para a elaboração de relatórios sobre cada Estado, sendo ainda consolidado um relatório de abrangência regional, com a sistematização dos resultados da pesquisa empírica nas regiões Norte e Nordeste.

Em relação à participação dos sujeitos da pesquisa, em geral, houve boa receptividade e a maioria demonstrou apoio aos propósitos da investigação. Exceção para o prefeito de um município do Pará, que impôs conceder a entrevista no lugar de sua esposa, Secretária Municipal de Assistência Social. Registrou-se também que dois municípios do Ceará e dois municípios no Maranhão, inicialmente selecionados para compor a amostra da pesquisa, apresentaram recusa ou indisponibilidade em participar, sendo devidamente substituídos para a garantia de manutenção da amostra inicialmente prevista. A maioria dos usuários integrantes dos grupos focais, por motivos diversos, apresentaram dificuldades em expor opiniões sobre as ações desenvolvidas no contexto do SUAS.

Em termos quantitativos, foram realizadas as seguintes atividades de pesquisa: entrevistas semiestruturadas com gestores estaduais, municipais e prefeito: 27; grupos focais: 66, envolvendo a participação de 647 sujeitos participantes da pesquisa: técnicos, conselheiros e usuários; foram ainda realizadas um total de 35 visitas de observação em CRAS, CREAS, Centros Pop e Núcleo de Atendimento Social.

No processo de desenvolvimento da pesquisa de campo há que se registrar algumas situações de dificuldades enfrentadas. Nesse sentido, o maior destaque apontado pelas equipes dos três Estados foram problemas para manter contatos iniciais por telefone ou e-mail com os gestores municipais para agendamento da pesquisa em alguns municípios. Em alguns municípios, foi registrada ainda dificuldade inicial na definição de um período para a realização das atividades da pesquisa em virtude de os gestores associarem a pesquisa a questões político-partidárias, em especial ao governo da Presidente Dilma Rousseff, que vivenciava um processo de *impeachment*, ocorrendo em dois municípios adiamento da realização das atividades da pesquisa por parte de gestores municipais em desconsideração à agenda formulada entre técnicos locais e os pesquisadores. Ocorreu também, em alguns municípios, controle das atividades de pesquisa por técnicos ligados ao gabinete de gestores e a interrupção, seguida de autorização, em um município, da observação *in loco* do CRAS, como forma de levar à desistência dos pesquisadores. Ocorreu ainda adiamento ou cancelamento de agendas, às vezes com as pesquisadoras já nos municípios. Adiamentos também foram frequentes em relação a entrevistas com gestores estaduais e gestores de alguns municípios.

Outras dificuldades a ressaltar foram os poucos recursos para deslocamento e manutenção dos pesquisadores nos municípios. Ademais, as condições climáticas, no caso da Região Amazônica, caracterizada por fluxo intenso de chuva, principalmente no Estado do Pará, no período de janeiro a abril, criou dificuldade de deslocamento terrestre e, particularmente, hidroviário devido à falta de condições de segurança das embarcações.

Destaca-se ainda o não funcionamento ou funcionamento parcial de alguns CRAS quando da realização da pesquisa de campo, em razão, algumas vezes, de os profissionais estarem com seus contratos de trabalho encerrados, com imprevisibilidade de serem recontratados, situação comum no mês de janeiro de cada ano em vários municípios maranhenses e também do Ceará, conforme informação das equipes técnicas dos CRAS e CREAS.

Destaca-se, por fim, que a realização da pesquisa de campo coincidiu, em alguns municípios, com gestões municipais em final de mandato, pela realização de eleições municipais em 2016, e, em outros, as gestões municipais estavam iniciando o mandato. Nesse caso, foi possível, em alguns municípios, contar-se com a participação na entrevista de gestores que estavam saindo juntamente com gestores que estavam iniciando seu mandato.

Convém ressaltar que as dificuldades registradas para a realização da pesquisa de campo, mesmo com a substituição de alguns municípios da amostra inicialmente composta e a suspensão de contratos de técnicos e de equipamentos que se encontravam com funcionamento restrito ou sem funcionarem, os técnicos, de modo geral, se mostraram solícitos à pesquisa com participação ativa no processo da investigação nos municípios.

Para além desta introdução, o texto do livro segue com capítulos abordando a realidade socioeconômica das Regiões Norte e Nordeste, seguindo da qualificação da Política de Assistência Social nos Estados do Pará, Maranhão e Ceará, contextualizando a Política e apresentando a realidade institucional dos serviços, dos benefícios e da gestão da Política nos Estados e nos municípios da amostra da pesquisa. O capítulo seguinte apresenta a análise e problematização dos resultados do estudo empírico, procurando construir um esforço de articulação da realidade e da implementação do SUAS nos Estados do Pará, Maranhão e Ceará com a realidade do SUAS nas Regiões Norte e Nordeste. Nesse percurso, são apresentados os resultados da pesquisa sobre os principais eixos temáticos definidores do estudo: percepção dos sujeitos da pesquisa (gestores, técnicos, conselheiros e usuários) sobre a Política de Assistência Social e sobre o SUAS; sobre os serviços, programas, projetos e benefícios disponibilizados nos CRAS, CREAS e Centros Pop; composição das equipes, capacitação e condições de trabalho dos(as) trabalhadores(as) do SUAS;

a participação dos usuários na implementação do SUAS e controle social e o nível de sistematização e o funcionamento da Vigilância Socioassistencial (VSA).

Por último, o destaque é atribuído a uma conclusão geral, onde se busca realçar convergências, divergências e especificidades da Política de Assistência Social e da implementação do SUAS em termos de avanços, recuos, limites, desafios e perspectivas nas regiões Norte e Nordeste.

Há que, finalmente, destacar que temos clareza que trabalhamos com uma amostra intencional de Estados, municípios e equipamentos operadores da Política de Assistência Social. Portanto, não temos, naturalmente, a intenção de generalizações, mas a busca de identificar e ressaltar convergências, divergências e especificidades que possam caracterizar o processo da implementação da Política de Assistência Social no âmbito do SUAS, enquanto espaço de implementação dessa Política[4].

Referências

INSTITUTO BRASILEIRO DE GEOGRAFIA E ESTATÍSTICA. *Estimativas populacionais para os municípios e para as Unidades da Federação brasileiros*. Rio de Janeiro, 2017. Disponível em: https://ww2.ibge.gov.br/home/estatistica/populacao/estimativa2017/estimativa_dou.shtm. Acesso em: 13 nov. 2018.

INSTITUTO BRASILEIRO DE GEOGRAFIA E ESTATÍSTICA. Sistema IBGE de Recuperação Automática. Banco de Dados Agregados (SIDRA). *Demográfico e Contagem da população*. Rio de Janeiro, [2010].

---

4. Para consulta mais detalhada dos resultados da pesquisa, veja os relatórios dos Estados do Pará, Maranhão e Ceará e o relatório das regiões Norte e Nordeste que se encontram disponíveis no *site* do GAEPP (Disponível em: www.gaepp.ufma.br).

2

Pontuando a realidade socioeconômica das regiões, estados e municípios espaços da pesquisa empírica

Maria Ozanira da Silva e Silva
Valéria Ferreira Santos Almada Lima

Neste texto é apresentada uma caracterização socioeconômica das duas Regiões: Norte e Nordeste, dos três Estados: Pará, Maranhão e Ceará, e dos dezoito municípios selecionados para comporem a amostra onde foi realizada a pesquisa empírica objeto deste estudo. Assim sendo, analisa-se um conjunto de indicadores que configuram aspectos relevantes qualificadores da caracterização geográfica e da vida econômica e social do referido espaço empírico[1].

2.1 Configuração geográfica e econômica das regiões Norte e Nordeste e dos estados espaços

O universo do estudo objeto deste texto compreende as duas Regiões mais pobres do Brasil: região Norte e região Nordeste.

Com uma área territorial de 3.853.840,882 km² e a predominância de um clima quente, dividido entre superúmido, úmido e semiúmido, com temperatura média superior a 18° C em todos os meses do ano, a região Norte está situada no âmbito da Amazônia Legal, compreendendo, além dos Estados do Acre, Amapá, Amazonas, Pará, Rondônia, Roraima e Tocantins, a totalidade do Estado de Mato Grosso e dos municípios do Estado do Maranhão localizados a oeste do meridiano 44°. Já a região Nordeste compreende uma área territorial

---

1. Os indicadores apresentados sobre as Regiões e Estados têm como fontes de dados principais: IBGE — Pesquisa Nacional por Amostra de Domicílios Contínua (segundo trimestre de 2018); IBGE — Contas Regionais do Brasil (2015); IPEA — IPEAdata (2014); Programa das Nações Unidas para o Desenvolvimento: Ranking, 2013 e o Censo Demográfico de 2010, com a complementação de outras fontes indicadas no rodapé de cada tabela.

menor, correspondente a 1.554.291,107 km², possuindo também um clima predominantemente quente, com temperatura média superior a 18° C em todos os meses do ano, dividido, porém, entre superúmido, úmido, semiúmido e semiárido. Compõe essa região um total de nove Estados: Maranhão, Piauí, Ceará, Rio Grande do Norte, Paraíba, Pernambuco, Alagoas, Sergipe, Bahia.

Situados nessas regiões, foram selecionados três Estados, intencionalmente, conforme critérios definidos no projeto da pesquisa para comporem o espaço empírico da investigação: Ceará, Maranhão e Pará.

O Ceará, situado na região Nordeste, possui uma área de 148.886,3 km², equivalendo a 9,58% da área pertencente à região Nordeste e 1,75% da área do Brasil. É o 4° maior Estado da região Nordeste e o 17° entre os Estados brasileiros em termos de extensão territorial. No que tange à divisão político-administrativa, o Estado é composto por 184 municípios, sendo os de maior extensão territorial: Santa Quitéria (4.260,5 km²), Tauá (4.018,2 km²), Quixeramobim (3.275,6 km²), Independência (3.218,7 km²) e Canindé (3.218,5 km²).

O turismo se constitui em uma das principais atividades econômicas desenvolvidas no Estado, gerando emprego e renda à população local. Os atrativos turísticos são muito diversificados, destacando-se os naturais, históricos, arqueológicos, religiosos.

O comércio é também um dos principais ramos do setor de serviços no Estado. As empresas comerciais compõem-se em sua grande maioria dentro do setor varejista, destacando-se o gênero de atividades mercadorias em geral com 24,70%, seguido do gênero de atividades de tecidos, vestuário e artigos de armarinho (21,75%) e o gênero de atividades de empresas de material para construção (7,42%). IPECE, [20--?].

O setor industrial do Estado do Ceará se constitui também em um componente significativo na economia do Estado, destacando-se as indústrias de transformação e construção civil. Para as indústrias de transformação, os setores com maior número de indústrias são os de vestuário, calçados, artefatos, tecidos, couros e peles, seguidos do setor de produtos alimentares, setor de metalurgia e o setor de produtos de minerais não metálicos. A Região Metropolitana de Fortaleza, atualmente, concentra o maior número de indústrias do Estado, sobressaindo, dentre outros, o município de Maracanaú, um dos incluídos no espaço empírico da pesquisa. Cumpre ainda ressaltar, nos anos mais recentes, um processo crescente de expansão da industrialização em direção ao interior do Estado decorrente da realocação de plantas de indústrias do sul e sudeste do país em busca de redução dos custos e atraídas por incentivos fiscais.

Localizado na região Nordeste, numa faixa de transição compreendida, em termos climáticos, entre o sertão semiárido e a Amazônia quente e úmida, o Estado do Maranhão abrange uma área de 331.983,3 km², possuindo 217 municípios.

Com o esgotamento dos ciclos das *plantations,* primeiro da cana-de-açúcar e depois do algodão, a pecuária extensiva e a agricultura familiar voltaram a predominar no Estado, contando ainda com o extrativismo, a criação extensiva de animais de pequeno porte, a pesca e o uso comum dos recursos naturais, formando os contornos de uma economia camponesa, responsável pela reprodução de parcela considerável de sua população. (Silva *et al.*, 2013, p. 63)

A partir da segunda metade da década de 1970, iniciou-se no Estado a fase dos grandes projetos, sob a bandeira do Projeto Grande Carajás, concebido no bojo do II Plano Nacional de Desenvolvimento (II PND), gestado no governo Geisel (1974-1978). Nesse contexto, assistiu-se à instalação da Companhia Vale do Rio Doce, com o aproveitamento da estrada de ferro existente, da ALUMAR (consórcio multinacional voltado para a produção e exportação de lingotes de alumínio), além da expansão, mediante a concessão de incentivos e subsídios federais e estaduais, de projetos agroindustriais destinados à produção de eucalipto e bambu para celulose, cana-de-açúcar, álcool e à pecuária bovina. (Silva *et al.*, 2013, p. 64)

Mais recentemente, a diminuição da oferta de madeira proveniente de matas nativas do Pará e do Maranhão, como consequência da expansão da atividade de desmatamento voltada à produção de carvão e das crescentes restrições interpostas pela legislação ambiental, está impulsionando investimentos no Estado com vistas à produção de carvão a partir de reflorestamento de eucalipto. Ademais, merecem destaque, desde o final da década de 1970, uma nova frente de ocupação econômica, representada pelo avanço da agricultura graneleira mecanizada (voltada, principalmente para a produção de soja, mas também de milho, arroz e algodão), no sul do Estado e, ao final da década de 1980, o surgimento de um segundo polo de agricultura graneleira mecanizada, na região leste do Estado, envolvendo as microrregiões de Chapadinha e do Baixo Parnaíba. Finalmente, no período compreendido entre 2010 e 2016, assistiu-se a um novo ciclo de investimentos no Estado, concentrado nos ramos de petróleo e gás, de geração e distribuição de energia elétrica e de logística. (Silva et al., 2013, p. 64, 66 e 67).

O Pará, situado na região Norte, possui uma área de 1.247.954,320 km^2 e corresponde ao 2º maior Estado brasileiro em extensão territorial com 144 municípios. O contexto econômico e social do Pará, tal como o do Maranhão, está profundamente ligado à inserção da Amazônia na dinâmica capitalista global, na qual o Estado ocupa, desde os anos 1970, uma posição estratégica, ou seja, como toda a Amazônia, se insere no processo de desenvolvimento brasileiro, no bojo da divisão internacional do trabalho, como fornecedor de *commodities* ao mercado internacional.

Os investimentos privados previstos para o Estado do Pará, no período de 2015 a 2020, concentram-se, principalmente, nas regiões do Xingu, Grande Belém, Carajás e Tapajós. A previsão é de 173 bilhões de reais em investimentos considerando, sobretudo, setores como: energia, mineração, infraestrutura e logística, agronegócios, indústria em geral, além de petróleo e gás. (FAPESPA/FIEPA, 2014).

As regiões antes mencionadas alojam projetos econômicos agropecuários, mínero-metalúrgicos e energéticos com destaque para a exploração de bauxita pela Companhia Vale do Rio Doce em Parauapebas e a exploração de minério de ferro pelo Programa Grande Carajás, compreendendo o complexo mina-ferrovia-porto e a produção de alumina e alumínio pelo Projeto Albras-Alunorte, em Vila do Conde, Barcarena.

Registra-se, mais recentemente, o complexo de barragens Tapajós e a construção de três hidrelétricas, com destaque para Belo Monte, no Rio Xingu, considerada mais importante do que Tucuruí, concluída na década de 1980, para prover a energia necessária ao abastecimento do Polo Industrial de Barcarena. A implantação do Polo Industrial em Barcarena e a hidrelétrica de Belo Monte são realizadas mediante intervenção e concessão de subsídio estadual.

2.2 Situando a realidade socioeconômica dos três estados da amostra da pesquisa empírica: Pará, Maranhão e Ceará no contexto do Brasil e das regiões Norte e Nordeste

Segundo dados das Contas Regionais referentes ao ano de 2015 (IBGE, 2017), o Produto Interno Bruto — PIB a preços correntes da região Nordeste equivalia a R$ 848,533 bilhões, representando 14,2% do PIB brasileiro, enquanto a região Norte, com um PIB de R$ 320,775 bilhões, ostentava uma participação de apenas 5,4% do PIB Nacional, correspondendo, portanto, a menos da metade da participação nordestina. Dentre os Estados selecionados para o estudo, o Pará se destacava com o maior PIB (R$ 130,883 bilhões), contribuindo com 40,8% do PIB da região Norte. Em segundo lugar, sobressaía o Ceará, que com um PIB de R$ 130,621 bilhões ostentava uma participação de 15,4% no PIB nordestino. Já o Maranhão, tomando-se como referência esse indicador, era o mais pobre dentre os Estados selecionados para o estudo, cujo PIB, significativamente inferior aos do Pará e do Ceará, equivalia a R$ 78,475 bilhões, representando apenas 9,3% do PIB nordestino.

Do ponto de vista do PIB *per capita*, a região Norte superava a região Nordeste, visto que, enquanto na primeira esse indicador, no valor de R$ 18.304,90, correspondia a 62,54% da média nacional (R$ 29.267,73), na segunda atingia o patamar de R$ 14.980,90, representando apenas 51,19% dessa média. Também em termos desse indicador, o Estado do Pará apresentava a melhor situação, com um PIB *per capita* de R$ 15.974,98, equivalente a 87,27% da média da região Norte. Em segundo lugar se situava o Ceará, com um PIB *per capita* de R$ 14.637,10, valor este muito próximo (97,71%) da média nordestina. Mais uma vez, o Maranhão era o Estado pior situado, com um PIB *per capita* de R$ 11.356,73, que representava 75,81% da média do Nordeste.

Centrando-se o foco da análise na configuração dos mercados de trabalho regionais e estaduais, observou-se, a partir dos dados da PNAD Contínua (IBGE, 2018a), considerando-se a distribuição das pessoas em idade ativa, ocupadas na semana de referência, por grupamentos de atividade no trabalho principal, o maior peso do setor agrícola na região Norte (16,0%), se comparado ao da região Nordeste (13,3%), sendo que ambas as regiões superavam a média brasileira (9,3%) em termos de concentração da população ocupada no setor agrícola. Na região Norte, o percentual de ocupação na Indústria (10,1%) também superava o registrado para o Nordeste (9,5%), situando-se, porém, ambas as regiões abaixo da média nacional (13,0%). Nas duas regiões, acompanhando tendência nacional, o setor Serviços se destacava como o que mais ocupava a força de trabalho disponível.

Do ponto de vista estadual, o Maranhão se destacava como o Estado mais agrícola, onde 17,1% da população ocupada se concentravam nesse setor, seguido do setor serviços (46,4%). Já no Ceará e no Pará, as participações do setor agrícola eram de 11,3% e 15,5%, respectivamente, e tal como nos planos nacional e regional, os maiores percentuais de ocupação se encontravam no setor serviços (48,3% e 44,0%, respectivamente). O Ceará sobressaía-se como o Estado com maior ocupação no setor industrial (12,1%) dentre os selecionados para o estudo, seguido do Pará (11,8%), ambos superando as médias de suas respectivas regiões. Já o Maranhão era o Estado com menor participação do setor industrial, com apenas 6,0% da população ocupada nesse setor (IBGE, 2018a).

Quanto à distribuição das pessoas de 14 anos ou mais de idade ocupadas na semana de referência por posição na ocupação, no segundo trimestre de 2018, do ponto de vista regional, chama atenção o maior grau de desestruturação dos mercados de trabalho das regiões Norte e Nordeste se comparados com o conjunto do país. De fato, enquanto no Brasil 39,4% dos trabalhadores eram empregados com carteira de trabalho assinada, nas regiões Norte e Nordeste este percentual caía para 23,7% e 27,6%, respectivamente. Se somados os empregados com carteira assinada e os militares e estatutários, pode-se afirmar que 48,0% dos trabalhadores assalariados brasileiros eram protegidos pela legislação trabalhista e previdenciária, enquanto nas regiões Norte e Nordeste estes correspondiam, respectivamente, a 34,9% e 37,2% da força de trabalho ocupada.

Já no corte estadual, observa-se que o Pará e o Maranhão se sobressaíam como os Estados com mercados de trabalho menos estruturados, o que se denota pela menor participação dos trabalhadores protegidos (empregados com carteira de trabalho assinada e militares e estatutários) no total da força de trabalho ocupada, equivalendo a apenas 29,6% e 29,8%, respectivamente. Enquanto isso, no Ceará, os trabalhadores com proteção trabalhista e previdenciária correspondiam a 36,9% do total dos ocupados, aproximando-se, portanto, da média do Nordeste. (IBGE, 2018a).

Do ponto de vista da remuneração da força de trabalho, pode-se depreender que o rendimento médio mensal de todos os trabalhos, efetivamente recebido pelas pessoas de 14 anos ou mais ocupadas na semana de referência, no segundo trimestre de 2018, na região Norte, equivalia a R$ 1.633,00, representando 74,60% da média brasileira (R$ 2.189,00). Enquanto isso, na região Nordeste, o rendimento médio mensal era de R$ 1.497,00, representando apenas 68,39% do valor registrado para o conjunto do país. Dentre os Estados selecionados, o que possuía o maior rendimento médio era o Pará, correspondente a R$ 1.455,00 (89,10% da média da região Norte), seguido do Ceará (R$ 1.448,00) e do Maranhão (R$ 1.261,00), os quais representavam, respectivamente, 96,73% e 84,24% do rendimento médio do Nordeste. (IBGE, 2018a).

Do ponto de vista educacional, constatou-se, a partir dos dados do IBGE (2010a), o baixo nível de instrução da população residente nas regiões Norte e Nordeste em comparação com o conjunto do país. Com efeito, enquanto no Brasil, segundo o último Censo de 2010, 50,0% das pessoas de 10 anos ou mais não possuíam instrução ou tinham apenas o ensino fundamental incompleto, no Norte e no Nordeste esse percentual se elevava para 56,0% e 59,0%, respectivamente.

Dentre os Estados selecionados para o estudo, o Maranhão se destacava pelo mais baixo nível de instrução da sua população de 10 anos ou mais, já que 61,0% não possuíam instrução ou tinham apenas o ensino fundamental incompleto, enquanto no Pará esses representavam 59,0% e no Ceará 56,0% da população de 10 anos ou mais. Já o Ceará sobressaía-se com o maior nível de instrução, superando inclusive a média do Nordeste, visto que 21,0% da sua população de 10 anos ou mais possuíam ensino médio completo ou superior incompleto e 5,0% possuíam ensino superior completo. Enquanto isso, no Pará, com índices inferiores aos da região Norte, 19,0% se situavam no nível ensino médio completo ou superior incompleto e 4,0% no ensino superior completo, sendo esses percentuais idênticos aos registrados para o Maranhão.

Do ponto de vista da oferta de serviços básicos, no ano de 2018, a região Nordeste se encontrava em melhor situação do que a região Norte, o que se expressava pela maior cobertura dos serviços relacionados à rede geral de abastecimento de água, esgotamento sanitário por rede coletora ou pluvial, coleta direta ou indireta de lixo e acesso simultâneo aos três serviços de saneamento básico, embora tal cobertura se mostrasse bem inferior à registrada para o conjunto do país, sobretudo no que se refere aos serviços de esgotamento sanitário e acesso simultâneo aos três serviços de saneamento básico.

Importa ressaltar a baixa cobertura da região Norte, principalmente no tocante aos serviços de abastecimento de água por rede geral de distribuição (58,9%) e de esgotamento sanitário (21,8%), tanto em comparação com o Brasil, cujos percentuais eram de 85,8% e 66,3%, respectivamente, quanto em relação ao próprio Nordeste onde se registravam os percentuais de 80,2% e 44,6%, respectivamente. Dentre os Estados selecionados, ainda em 2018, o Maranhão sobressaía-se com as piores coberturas em termos de rede geral de abastecimento de água (75,3% contra 83,1% no Ceará e 85,7% no Pará). Por outro lado, o Pará era o mais deficitário em relação ao serviço de esgotamento sanitário (15,0% contra 22,6% no Maranhão e 43,4% no Ceará). Já no tocante ao serviço de coleta do lixo, mais uma vez o Maranhão era mais era o Estado pior situado (51,2%, contra 69,4% no Pará e 72% no Ceará). (IBGE, 2018b).

No que tange aos percentuais de domicílios com renda domiciliar per capita situada nas faixas de até 1/4 e de mais de 1/4 a 1/2 salário mínimo, no ano de 2017, observa-se que o Nordeste ostentava percentuais correspondentes a 25,0% e 24,9% dos domicílios, respectivamente, enquanto esses índices, na região Norte, eram de 22,4% e 25,7%, respectivamente. Merece destaque a elevada incidência de domicílios nessas faixas de rendimento em ambas as regiões consideradas se comparadas à realidade do conjunto do Brasil, onde 13,0% dos domicílios viviam com renda domiciliar *per capita* de até 1/4 do salário mínimo e 17,7% se situavam na faixa de 1/4 a 1/2 salário mínimo. Já tomando como referência o corte de renda de até 5,5 dólares diários, outro critério para definir linha de pobreza em países considerados, pelo Banco Mundial, como de renda média-alta, como é o caso do Brasil, os percentuais de domicílios situados nessa faixa de rendimento, em 2017, eram de 44,8%, na região Nordeste e de 43,1% na região Norte, contra 26,5% no conjunto do Brasil. Do ponto de vista estadual, conforme esse último critério, mais uma vez o Maranhão exibia a pior situação, com 54,1% dos domicílios vivendo em condições de pobreza superando, portanto, a média do Nordeste. Em segundo lugar, se situava o Pará que, também superando a média da região Norte, ostentava o índice de 46,0% de domicílios vivendo em condições de pobreza. Aproximando-se da média do Nordeste, o

Ceará apresentava a melhor situação dentre os Estados considerados, com taxa de pobreza correspondente a 44,7%[2]. (IBGE, 2018c).

Considerando-se, finalmente, o Índice de Desenvolvimento Humano Municipal — IDHM (IPEA, 2016), cumpre ressaltar que não há dados consolidados para as diferentes regiões do país, estando estes disponíveis apenas para o conjunto do Brasil e para cada unidade da federação. Isso posto, no corte estadual, observa-se que, no ano de 2014, dentre os Estados selecionados, o Ceará se destacava com o maior IDHM (0,716), seguido do Maranhão (0,678), situando-se, portanto, o Pará em pior situação em relação a esse indicador, com um IDHM de 0,675. De qualquer forma, os três Estados em análise ostentavam índices inferiores à média nacional (0,763), tal como constatado em relação à maioria dos indicadores eleitos para a análise aqui desenvolvida. (IPEA, 2016)

A partir desta breve caracterização socioeconômica das regiões e unidades da federação selecionadas para comporem a amostra do estudo empírico, pode-se concluir que a região Nordeste sobressai-se em relação à região Norte como a que apresenta pior situação no tocante à maioria dos indicadores aqui considerados, excetuando-se o acesso aos serviços de saneamento básico, para o qual a região Norte se destaca em significativa desvantagem em relação às médias do Nordeste e do Brasil. Dentre os Estados, o Maranhão exibe o pior desempenho em relação a quase todos os indicadores, com exceção ao acesso ao serviço de esgotamento sanitário e ao IDHM para os

---

2. No presente texto, seguindo orientação do IBGE (2018c), são explorados dois tipos de linhas de pobreza, todas absolutas: i) linha de pobreza construída a partir de dólares diários, consagradas no nível internacional a partir de diversos estudos feitos pelo Banco Mundial; ii) linha construída a partir de proporções do salário mínimo, tradicionalmente usada para balizar critérios de inclusão em programas sociais, por exemplo, 1/4 de salário mínimo *per capita* para conceder o Benefício de Prestação Continuada — BPC. O Banco Mundial já publica há muitos anos a incidência da pobreza monetária nos países a partir da linha global de US$ 1,90 — sugerida para países de baixa renda, como parte dos países da África e países marcados por conflitos recentes como Afeganistão, Haiti e Síria — mas adicionou a partir de 2017 outras duas opções às suas publicações, US$ 3,20 e US$ 5,50, construídas para dar conta das diferenças em níveis de desenvolvimento em países com renda média-baixa e média-alta, respectivamente (Ferreira; Sanchez, apud IBGE, 2018c).O Brasil é classificado entre os países com renda média-alta.

quais o Pará esboça situação de maior precariedade. De qualquer forma, tanto as duas regiões quanto os Estados selecionados em seu conjunto se apresentam bem aquém da média brasileira no que tange ao desempenho de todos os indicadores analisados, o que demonstra a relevância deste estudo acerca da implementação do SUAS tomando como referência empírica realidades socioeconômicas tão adversas.

2.3 Breve caracterização socioeconômica dos municípios da amostra da pesquisa empírica

Em conformidade com a proposta metodológica do projeto, foram selecionados 18 (dezoito) municípios para comporem a amostra da pesquisa empírica, mantendo a seguinte composição: as 03 capitais (metrópoles); 03 municípios de porte grande; 03 municípios de porte médio; 03 municípios de porte pequeno nível 02 e 06 municípios de porte pequeno nível 01.

Os dados do IBGE (2010a e b)[3] evidenciam que as capitais, enquanto metrópoles, apresentavam elevado índice de urbanização: São Luís (94,45%), Belém (99,14%), chegando Fortaleza a alcançar um índice de 100% de urbanização. Os menores percentuais de urbanização eram registrados nos seguintes municípios de porte pequeno nível 1: Bacabeira (MA), com 22,27%; Inhangapi (PA) com 27,61% e Pires Ferreira (CE) com 32,83%.

Mantendo as mesmas fontes, dentre a população ocupada na semana de referência, as posições na ocupação foram classificadas em dois grupos: aquelas que permitem a proteção do trabalhador e aquelas posições desprovidas de qualquer proteção[4].

---

3. IBGE. *Cidades@*. Rio de Janeiro, 2010a; IBGE. *Estados@*. Rio de Janeiro, 2010b.

4. No primeiro grupo foram incluídos empregados e trabalhadores domésticos com carteira de trabalho assinada, militares, estatutários e empregadores, enquanto as demais ocupações são consideradas no grupo de trabalho desprotegido.

Considerando o grupo das posições classificadas como protegidas, temos a seguinte realidade:

— Como era de se esperar, as capitais apresentavam um percentual de trabalhadores protegidos significativamente superior às médias dos seus respectivos Estados: Belém, com 48,88%, contra o Pará, com 31,69%; Fortaleza, com 52,93%, contra o Ceará, com 39,07% e São Luís, com 51,62% contra o Maranhão, ostentando o menor percentual entre os três Estados, 27,54%;

— Os municípios que apresentavam os maiores percentuais de trabalhadores desenvolvendo trabalhos protegidos eram: Maracanaú, com 54,90% (município de grande porte no Ceará que integra a Região Metropolitana de Fortaleza), seguido de Açailândia com 41,17% (município de porte grande no Maranhão);

— Os municípios com menores percentuais de trabalhadores desenvolvendo trabalhos protegidos eram: Vitória do Xingu, com 12,42% (pequeno porte nível 01 no PA); Barreirinhas, com 14,34% (médio porte no MA); Cururupu, com 13,65% (pequeno porte, nível 2 no MA) e Breves, com 17,81% (médio porte no PA). Portanto, somente duas capitais (Fortaleza e São Luís), e um município que integra a Região metropolitana de Fortaleza, Maracanaú, apresentavam um percentual de pessoas desenvolvendo trabalhos protegidos em torno de 50%. Os demais municípios demonstravam baixo grau de estruturação dos seus mercados de trabalho evidenciado pela maior incidência de trabalho desprotegido.

— Sobre a população de 05 anos ou mais alfabetizada, a fonte de dados já mencionada indica que as três capitais apresentavam percentuais aproximados de pessoas alfabetizadas, e todos superiores aos dos respectivos Estados: São Luís, com 86,40%, enquanto o Maranhão apresentava uma taxa de alfabetização de 69,88%; Belém tinha uma taxa de alfabetização de 87,61%, e o Pará, de 76,34%, enquanto a taxa de alfabetização de Fortaleza era de 85,33% e a do Ceará de 75,04%.

— Quando buscamos os demais municípios da amostra da pesquisa empírica com maiores índices de alfabetização, os três destaques eram: Maracanaú, com 82,16% (município de porte grande que integra a Região Metropolitana de Fortaleza); Salinópolis, com 77,81% (município de pequeno porte, nível 02 PA), e Abaetetuba, com 76,06% (município porte grande do PA). Já os municípios com os menores índices de alfabetização eram: Breves, com 60,19% (município porte médio do PA), seguido de Barreirinhas, com 62,99% (município porte médio do MA), e Davinópolis, com 66,55% (município porte pequeno nível 01 do MA).

— Quando buscamos a situação dos domicílios particulares permanentes quanto ao atendimento de serviços, merecem destaque os seguintes aspectos.

Quanto à *coleta do lixo*, verificamos um percentual significativamente mais elevado desse serviço nas capitais quando comparadas aos seus respectivos Estados: Fortaleza, com 98,75% e o Ceará com 75%; Belém, com 90,72%, e o Pará, com 70,52%; e São Luís, com 91,16% contra o Estado do Maranhão, só com 55,83%, menor percentual entre os três Estados. Se considerarmos os municípios com maiores incidências (acima de 70%) de coleta de lixo, se destacavam: Maracanaú, com 95,95% (grande porte — CE); Açailândia, com 84,23% (porte grande — MA) e Salinópolis, com 79,79% (pequeno porte nível 2 — Pará). Já os municípios com menores incidências, inferiores a 40%, eram: Davinópolis, com 35,8% (pequeno porte nível 01 — MA); Pires Ferreira, com 34,79% (pequeno porte nível 01 — CE); Cururupu, com 33,74% (pequeno porte nível 02 — MA) e Vitória do Xingu, com 18,78% (pequeno porte nível 1 — PA).

Quanto à *energia elétrica,* mesmo as capitais, exceto Fortaleza, apresentavam um percentual que ainda não alcançava 80%. Assim, temos: Fortaleza, com 93,31% e o Ceará com 77,22%; São Luís, com 76,36% e o Maranhão com 65,88%; Belém, com 75,49% e o Pará com o menor percentual entre os três Estados, 47,94%. Dos demais municípios, os que apresentavam percentual superior a 70% no que se refere ao atendimento de energia elétrica eram três entre os quinze: Maracanaú, com 96,97%, de grande porte situado na Região

Metropolitana de Fortaleza; Davinópolis, com 85,47% (pequeno porte nível 01 — MA); Crateús, com 72,09% (médio porte — CE). Os municípios com os menores percentuais, inferiores a 30%, também eram três: Abaetetuba, com 26,66% (porte grande — PA); Vitória do Xingu, com 20,67% (porte pequeno nível 01 — PA) e Beberibe, com 17,75% (pequeno porte nível 02 — CE). Quanto ao *abastecimento de água*, se considerarmos o abastecimento pela rede geral, verificamos que Fortaleza era a capital com maior atendimento (93,31%), seguida de São Luís, com 76,36% e Belém, com 75,49%. Considerando os demais 15 municípios, os que apresentavam percentuais superiores a 70% eram: Maracanaú, com 96,97% (grande porte — CE); Davinópolis, com 85,47% (pequeno porte nível 01 — MA); Açailândia, com 84,40% (médio porte — MA), e Crateús, com 72,09% (médio porte — CE). Os municípios que apresentavam os menores percentuais, inferiores a 40%, eram: Pindoretama, com 37,24% (porte pequeno nível 01 — CE); Breves, com 24% (médio porte — PA); Barreirinhas, com 33,74% (médio porte — MA); Abaetetuba, com 26,66% (grande porte — PA) e Vitória do Xingu, com 20,67% (pequeno porte nível 01 — PA).

Quanto ao *esgotamento sanitário*, se considerarmos a existência de rede geral de esgoto, segundo a mesma fonte de dados (IBGE, 2010a e b), verificamos que nenhum dos três Estados, nem mesmo as capitais, apresentavam pelo menos 1% de rede geral de esgoto, situação que evidencia alta precariedade, constituindo-se em grande preocupação para a saúde pública. A *fossa rudimentar* era a alternativa de esgotamento sanitário mais utilizada, com maiores incidências nos municípios de Pindoretama, com 27,35% (porte pequeno nível 01 — CE); Breves, com 22,81% (porte médio — CE); Cururupu, com 20,35% (porte pequeno nível 02 — MA) e Inhangape, com 19,26% (porte pequeno nível 01 — PA). Ainda sobre esgotamento sanitário, se considerada a inexistência de banheiro ou vaso sanitário nos domicílios, foram identificadas incidências superiores a 10% em três municípios: Bacabeira, com 13,23% (porte pequeno nível 01 — MA); Crateús, com 12,05% (porte médio — CE) e Pires Ferreira, 18,65% (porte pequeno nível 01 — CE).

— Analisando os dados sobre percentuais de pessoas pobres e de pessoas indigentes[5], verificamos que os três Estados e as respectivas capitais apresentavam elevados índices de pobreza e de indigência, o que confirma serem as regiões Norte e Nordeste as mais pobres do país. Reafirmando essa realidade, destacamos, entre os 18 municípios, aqueles que apresentavam um percentual de pobres de 70% ou mais, assim constituídos: Barreirinhas, com 82,36% (porte médio — MA); Bacabeira, com 78,19% (pequeno porte nível 01 — MA); Pires Ferreira, com 77,15% (pequeno porte nível 01 — CE); Beberibe, com 73,4% (pequeno porte nível 02 — CE); Breves, com 71,47% (porte médio — PA), e Cururupu, com 70,13% (pequeno porte nível 02 — MA). Considerando os municípios que apresentavam mais de 40% de pessoas vivendo em situação de indigência, tem-se os seguintes: Barreirinhas, com 60,83% (porte médio — MA); Pires Ferreira, com 50,69% (pequeno porte nível 01 — CE); Bacabeira, com 49,31% (pequeno porte nível 01 — MA); Beberibe, com 42,53% (pequeno porte nível 02 — CE), e Cururupu, com 41,51% (pequeno porte nível 02 — MA). IPEA, [20--?].

— Considerando o Índice de Desenvolvimento Humano do Programa das Nações Unidas para o Desenvolvimento (2013), as três capitais apresentavam IDHM aproximados, superiores a 0,700: São Luís, com 0,768; Fortaleza, com 0,754, e Belém, com 0,746, e todos superiores ao IDHM dos seus respectivos Estados, classificando-se, portanto, como de alto desenvolvimento humano. Dos demais 15 municípios, 10 apresentavam IDHM superiores a 0,600, sendo considerados de médio desenvolvimento humano; e os outros 05 municípios com IDHM superiores a 0,500 ostentavam uma situação considerada de baixo desenvolvimento humano. Os dois municípios que apresentavam os IDHM mais elevados eram: Maracanaú, com 0,686 (grande porte — CE) e Açailândia,

---

5. Notas: * Percentual de pessoas com renda domiciliar *per capita* inferior a R$ 37,75, equivalentes a 1/4 do salário mínimo vigente em agosto de 2000.

** Percentual de pessoas com renda domiciliar *per capita* inferior a R$ 75,50, equivalentes a 1/2 salário mínimo vigente em agosto de 2000.

com 0,672 (grande porte — MA). Os dois municípios que apresentavam os menores IDHM eram: Breves, com 0,503 (médio porte — PA) e Barreirinhas, com 0,570 (médio porte — MA).

Em termos conclusivos, destacamos que dos 18 municípios selecionados para a pesquisa empírica, os cinco que ostentavam o maior quantitativo de indicações negativas na análise dos indicadores selecionados, em ordem decrescente, eram: Barreirinhas (porte médio — MA), com 13 indicações; Vitória do Xingu (pequeno porte nível 01 — PA), com 10 indicações; Breves (médio porte — PA), com 9 indicações; Pires Ferreira (pequeno porte nível 1 — CE), com 8 indicações, e Bacabeira (pequeno porte nível 2 — MA) com 6 indicações, verificando-se que o Pará e o Maranhão apresentavam, entre os seis municípios da amostra de cada um desses Estados, dois municípios com os indicadores mais negativos.

Referências

FUNDAÇÃO AMAZÔNIA DE AMPARO A ESTUDOS E PESQUISAS DO PARÁ; FEDERAÇÃO DAS INDÚSTRIAS DO PARÁ. *Diagnóstico plurianual dos municípios paraenses*. Belém, 2014. Disponível em: http://www.fapespa.pa.gov.br/. Acesso em: 1º jan. 2016.

INSTITUTO BRASILEIRO DE GEOGRAFIA E ESTATÍSTICA. *Censo Demográfico*. Rio de Janeiro, 2010a.

INSTITUTO BRASILEIRO DE GEOGRAFIA E ESTATÍSTICA. *Cidades@*. Rio de Janeiro, 2010b.

INSTITUTO BRASILEIRO DE GEOGRAFIA E ESTATÍSTICA. *Contas Regionais do Brasil:* 2015. Rio de Janeiro, 2017a. Disponível em: https://www.ibge.gov.br/estatisticas-novoportal/economicas/contas-nacionais/9054-contas-regionais-do-brasil.html?=&t=downloads. Acesso em: 16 out. 2018.

INSTITUTO BRASILEIRO DE GEOGRAFIA E ESTATÍSTICA. *Estados@*. Rio de Janeiro, 2010c.

INSTITUTO BRASILEIRO DE GEOGRAFIA E ESTATÍSTICA. *Pesquisa Nacional por Amostra de Domicílios Contínua* — Trimestral. Rio de Janeiro, 2018. Disponível em: https://ww2.ibge.gov.br/home/estatistica/indicadores/trabalhoerendimento/pnad_continua/default.shtm. Acesso em: 16 out. 2018.

INSTITUTO BRASILEIRO DE GEOGRAFIA E ESTATÍSTICA. *Pesquisa Nacional por Amostra de Domicílios:* sínteses de indicadores 2017. Rio de Janeiro, 2017b. Disponível em: https://www.ibge.gov.br/estatisticas-novoportal/sociais/populacao/2074-np-sintese-de-indicadores-sociais/9221-sintese-de-indicadores-sociais.html?=&t=resultados. Acesso em: 23 out. 2018.

INSTITUTO BRASILEIRO DE GEOGRAFIA E ESTATÍSTICA. *Pesquisa Nacional por Amostra de Domicílios Contínua* — anual. Rio de Janeiro, 2018b. Disponível em: https://www.ibge.gov.br/estatisticas/sociais/trabalho/17270-pnad-continua.html?=&t=resultados. Acesso em: 5 jun. 2019.

INSTITUTO BRASILEIRO DE GEOGRAFIA E ESTATÍSTICA. *Síntese de Indicadores Sociais:* análise das condições de vida da população brasileira. Rio de Janeiro, 2018c. Disponível em: https://biblioteca.ibge.gov.br/index.php/biblioteca-catalogo?view=detalhes&id=2101629. Acesso em: 5 jun. 2019.

INSTITUTO DE PESQUISA E ESTRATÉGIA ECONÔMICA DO CEARÁ. *Ceará em mapas.* Fortaleza, 20--? Informações de 2000-2016. Disponível em: http://www2.ipece.ce.gov.br/atlas/. Acesso em: 22 nov. 2018.

INSTITUTO DE PESQUISA ECONÔMICA APLICADA. *Ipeadata.* Rio de Janeiro, 2014. Disponível em: http://www.ipeadata.gov.br/Default.aspx. Acesso em: 23 out. 2018.

INSTITUTO DE PESQUISA ECONÔMICA APLICADA. *Ipeadata:* Radar IDHM. Rio de Janeiro, 2016. Disponível em: http://www.atlasbrasil.org.br/2013/pt/radar-idhm/. Acesso em: 23 out. 2018.

PROGRAMA DAS NAÇÕES UNIDAS PARA O DESENVOLVIMENTO. *IDH:* rankings. Brasília, DF, 2013.

SILVA, M. O. da S. e *et al.* O Bolsa Família nos Estados do Maranhão e Piauí: caracterização dos Estados e Municípios selecionados e situação do Programa. *In:* SILVA, M. O. da S. e (Org.). *O Bolsa Família no enfrentamento à pobreza no Maranhão e Piauí.* 2. ed. São Paulo: Cortez, 2013.

3

Qualificando a Política de Assistência Social nos estados do Pará, Maranhão e Ceará e nos municípios da amostra da pesquisa empírica

Annova Míriam Ferreira Carneiro
Margarete Cutrim Vieira
Maria do Socorro Sousa de Araújo

A trajetória histórica da Política de Assistência Social nos Estados do Pará, Maranhão e Ceará, como ocorreu em nível nacional, situa a PAS (Política de Assistência Social), como uma das mediações para a redução da pobreza e das desigualdades sociais. Até a Constituição Federal (CF) de 1988, havia a predominância de ações residuais não estatais, operadas por entidades filantrópicas de diversas naturezas.

A partir da CF/1988, a Política de Assistência Social passou a integrar o Sistema de Seguridade Social brasileiro como política de direito do cidadão e dever do Estado e, nos anos 1990, com a aprovação da Lei n. 8.742, de 7 de dezembro de 1993, Lei Orgânica da Assistência Social (LOAS), que regulamenta os artigos 203 e 204 dessa Constituição, inicia-se nos Estados brasileiros um processo de reordenamento institucional para assumir a Assistência Social como política pública descentralizada para "[...] de forma integrada às políticas setoriais, fazer o enfrentamento da pobreza, a garantia dos mínimos sociais, o provimento de condições para atender contingências sociais e a universalização dos direitos sociais" (Brasil, 1993), de acordo com o parágrafo único do art. 2º da LOAS.

A presença do Estado torna-se marcante na gestão da Política, a partir de então, embora com níveis diferenciados de intervenção, decorrentes do processo de descentralização das suas ações e da estruturação dos órgãos gestores.

Concomitante a essa estruturação de secretarias, são instituídos, também por lei estadual, os Conselhos Estaduais de Assistência Social, instâncias de formulação e controle social da Política, e os Fundos Estaduais de Assistência Social, enquanto instrumentos de transparência na execução orçamentária e financeira das ações, contribuindo com o controle social exercido pelos Conselhos e pela população.

Complementando essas indicações gerais, a seguir, será apresentada a realidade institucional de gestão da PAS e dos programas, serviços e benefícios socioassistenciais nos Estados e nos municípios que compuseram a amostra onde foi realizada a pesquisa empírica.

3.1 A realidade institucional da gestão da Política de Assistência Social

Nesse subitem, busca-se apresentar a realidade institucional e da gestão da Política de Assistência Social nos 18 (dezoito) municípios da amostra da pesquisa empírica situados nos Estados do Pará, Maranhão e Ceará. Optou-se por uma abordagem que situa o contexto regional, a partir de comparações entre as realidades estaduais, com o intuito de identificar tendências que a realidade estudada aponta em relação à PAS.

Como síntese avaliativa da implementação do SUAS nas regiões mencionadas, foram consideradas as seguintes dimensões: realidade institucional, instrumentos normativos, gestão e financiamento, que são analisados no contexto da PAS, com base nos dados obtidos na pesquisa de campo e, principalmente, em levantamento documental.

A realidade institucional dos órgãos estaduais, identificada durante a realização do trabalho de campo, demonstra que os três Estados possuem a estrutura da Política de Assistência Social associada a outras políticas setoriais. No Pará, o órgão gestor é denominado Secretaria de Estado de Assistência Social, Trabalho, Emprego e Renda (SEASTER), ou seja, existem duas políticas na unidade administrativa, a de Trabalho e a de Assistência Social.

No Maranhão, o órgão é a Secretaria de Estado de Desenvolvimento Social (SEDES), onde são executadas as políticas de Assistência Social e a de Segurança Alimentar e Nutricional. O Comando Único[1] da Política foi recomposto, em 2014, considerando que, no período 2010/2014, suas ações estavam sob a responsabilidade de duas secretarias estaduais (Secretaria de Estado de Direitos Humanos e Cidadania — SEDIHC e SEDES), caracterizando duplo comando da Política, no Estado.

No Ceará, o órgão é a Secretaria de Trabalho e Desenvolvimento Social (STDS), com a responsabilidade das políticas de Assistência Social, Trabalho e Segurança Alimentar e Nutricional. Todos os Estados têm, em suas estruturas administrativas, Secretarias Adjuntas de Assistência Social, ligadas diretamente ao(à) secretário(a) do órgão.

Pode-se observar uma convergência de políticas da área social num único lócus de execução de políticas públicas, o que pode facilitar a integração e complementaridade das ações entre as mesmas, embora, como enfatiza Boschetti (2016), historicamente se identifique uma tensão inerente entre trabalho e assistência social.

A realidade institucional dos municípios, considerando os três Estados da amostra da pesquisa empírica, pode ser visualizada no quadro a seguir:

---

1. O Comando Único, em cada esfera de governo, é uma das diretrizes que organizam a Política de Assistência Social. A LOAS, em seu artigo 5º, inciso I, reafirma duas premissas importantes para esta área, ou seja, a "[...] descentralização político-administrativa para os Estados, o Distrito Federal e os Municípios, e *comando único das ações em cada esfera de governo*". (Brasil, 1993, grifo do autor). A previsão de comando único em cada esfera de governo contribui para extinguir práticas fragmentadas, desarticuladas e sobrepostas realizadas por várias áreas ou órgãos gestores. Visa também possibilitar a identificação da Política de Assistência Social como política setorial, de garantia do direito constitucional à assistência social. Para isso, torna-se fundamental que um único órgão da administração pública em cada esfera de governo realize a gestão das ações relacionadas a essa Política, ou seja, a implantação do SUAS, coordenando suas ações, financiamento e seus trabalhadores. (Brasil, 2007)

Quadro 2. Órgãos e gestores da PAS nos estados e municípios da amostra da pesquisa empírica

Estado	Município	Designação do Órgão Gestor	Gestor: técnico, primeira-dama, outros.
Pará	Abaetetuba	Secretaria Municipal de Assistência Social	Técnica — Pedagoga
	Belém	Fundação Papa João XXIII	Técnica — Assistente social
	Breves	Secretaria Municipal de Trabalho e Assistência Social	Técnica — Administradora
	Inhangapi	Secretaria Municipal de Assistência Social	Primeira-dama — nível médio
	Salinópolis	Secretaria Municipal de Assistência Social	Técnica — Assistente social
	Vitória do Xingu	Secretaria Municipal de Trabalho e Promoção Social	Técnica — Pedagogo e Primeira-dama — Nível médio
Maranhão	Açailândia	Secretaria Municipal de Assistência Social — SMAS	Técnica
	Bacabeira	Secretaria Municipal de Desenvolvimento Econômico e Social — SEMDES	Técnica cursando Serviço Social em Instituição de Ensino a Distância
	Barreirinhas	Secretaria Municipal de Assistência Social — SMAS	Técnica com formação em Serviço Social
	Cururupu	Secretaria Municipal de Assistência Social — SMAS	Técnica com formação em Pedagogia
	Davinópolis	Secretaria Municipal de Assistência Social — SMAS	Primeira-dama
	São Luís	Secretaria Municipal da Criança e da Assistência Social — SEMCAS	Técnica com formação em Serviço Social
Ceará	Pires Ferreira	Secretaria de Trabalho e Assistência Social	Nível Médio cursando Serviço Social
	Beberibe	Secretaria de Assistência Social e Cidadania	Técnica com formação em Serviço Social
	Crateús	Secretaria de Assistência Social	Técnica com formação em Serviço Social
	Pindoretama	Secretaria de Trabalho e Desenvolvimento Social	Técnica com formação em Pedagogia
	Maracanaú	Secretaria de Assistência Social e Cidadania	Técnica com formação em Serviço Social
	Fortaleza	Secretaria Municipal dos Direitos Humanos e Desenvolvimento Social (SDHDS). Até dezembro de 2016, era designada como Secretaria do Trabalho, Desenvolvimento Social e Combate à Fome (SETRA)	Técnico com Formação em Medicina

Fonte: Relatórios de pesquisa de campo dos Estados do Pará (2017), Maranhão (2017) e Ceará (2018).

Observando a realidade da amostra no quadro anterior, verifica-se a predominância dos órgãos gestores municipais com ênfase na denominação Assistência Social com 14 órgãos (78%) e 04 (22%) dos referidos órgãos destacam nomenclaturas de outras áreas. Essa informação demonstra uma notável evolução da visibilidade e reconhecimento institucional da PAS num curto tempo histórico, considerando o lançamento da PNAS em 2004.

A comparação entre os Estados apresenta uma pequena diferença no que se refere aos órgãos gestores municipais, revelando o Ceará com dois municípios sem ênfase na denominação Assistência Social em seus órgãos.

No que tange ao perfil dos gestores municipais, foi identificada, no quadro anterior, a seguinte realidade: 13 (72%) são técnicos de nível superior, sendo que 11 desses (61%) com formação na área social (pedagogo, psicólogo, assistente social). Apenas em 3 (16%) municípios, as gestoras eram primeiras-damas, sendo 02 em municípios do Pará e 01 em um município do Maranhão. Importa registrar que os municípios onde foram identificadas gestoras *primeiras-damas* são de pequeno porte, onde tende a se registrar valores culturais e políticos mais atrasados.

Essa informação é importante para a área da Assistência Social, por demonstrar avanço, mesmo que formal, no processo de implementação da Política. Sem embargo, não podemos desprezar a força do conservadorismo, a despeito do esforço em imprimir um caráter técnico, público e político à Assistência Social. Isso porque as marcas que historicamente registraram essa área persistem e têm no primeiro-damismo uma das faces mais tradicionais do papel da mulher (em particular do governante) na sociedade.

Registra-se que, mesmo os cargos de gestão sendo ocupados por técnicos de nível superior e não predominantemente pelas esposas de prefeitos, não significa que a *postura de primeira-dama* tenha desaparecido, pois o que a pesquisa de campo revela é a presença persistente de uma cultura política de primeiro-damismo, mesmo nas técnicas de nível superior, compatível com o ativismo assistencialista-clientelista da área. (Martins Júnior, 2017)

Outra dimensão a ser examinada refere-se às instâncias de deliberação (Conselhos) e de financiamento (Fundos) de Assistência Social, bem como os instrumentos normativos que regulamentam o SUAS, a concessão dos Benefícios Eventuais e os Planos Municipais de Assistência Social, que norteiam a execução dos serviços, programas, projetos e benefícios. O quadro-síntese, a seguir, demonstra essa realidade nos três Estados da pesquisa.

Quadro 3. Instrumentos legais em vigência nos municípios do Pará, Maranhão e Ceará

Instrumentos legais em vigência nos municípios	Quantidade de instrumentos legais nos municípios por Estado
Lei Municipal de Regulamentação do SUAS	03 (CE)
Plano Municipal de Assistência Social aprovado pelo Conselho Municipal	06 (PA); 06 (CE); 06 (MA)
Fundo Municipal criado por lei municipal	06 (PA); 06 (MA); 06 (CE)
Benefícios Eventuais regulamentados por lei	03 (PA); 06 (MA); 05 (CE)
Conselho Municipal de Assistência Social criado por Lei	06 (PA); 06 (MA); 06 (CE)

Fonte: Relatórios de pesquisa de campo dos Estados do Pará (2017), Maranhão (2017) e Ceará (2018).

O aspecto normativo decorre do movimento institucional republicano que consagra, em nível legal, práticas sociais que passam a ganhar universalidade, e, logo, escapam da discricionariedade da gestão, daí sua importância na gestão pública e na garantia de conquistas no campo dos direitos sociais.

O processo de construção da Assistência Social como política pública, no Brasil, tem-se constituído a partir da instituição de um conjunto de leis (federais, estaduais e municipais), portarias, decretos, normas e resoluções. A esse respeito é importante considerar que, em grande parte, essa legislação reflete a pressão social exercida por profissionais da área, gestores, conselheiros e usuários por respostas às demandas expressas na realidade brasileira, sobretudo pelas classes subalternizadas, por formas de proteção social no âmbito da Política de Assistência Social.

A partir da totalização dos dados referentes aos municípios dos três Estados, foi possível perceber as tendências quanto aos instrumentos normativos por Estado. Assim, a totalidade dos municípios possui Conselho Municipal de Assistência Social (CMAS), Fundo Municipal de Assistência Social (FMAS) e Plano Municipal de Assistência Social, instituídos e regulamentos por lei. Esse aspecto deve ser justificado pela necessidade de atendimento aos critérios definidos pelo Governo Federal, para o recebimento de recursos para a implementação da PAS, conforme institui o art. 30 da LOAS/SUAS (Lei n. 12.435, de 6 de julho de 2011):

> É condição para os repasses, aos Municípios, aos Estados e ao Distrito Federal, dos recursos de que trata esta lei, a efetiva instituição e funcionamento de: I — Conselho de Assistência Social [...]; II — Fundo de Assistência Social [...]; Plano de Assistência Social [...] (Conselho Nacional de Assistência Social, 2012, p. 45).

Quanto à Lei Municipal de regulamentação do SUAS no âmbito geral dos três Estados, somente três municípios do Estado do Ceará possuem tal legislação em vigor, demonstrando importante avanço. Observa-se que foram elaboradas e aprovadas em governos progressistas, nos mencionados municípios. Nos demais Estados, a situação é de ausência, constituindo-se em fragilidade a ser superada.

A pesquisa revelou ainda que a Política Municipal de Assistência Social (PMAS), enquanto um documento específico, ainda não existe nos municípios pesquisados, sendo que as gestoras municipais e os técnicos se reportaram à Política Nacional de Assistência Social como o instrumento norteador utilizado para a execução da PAS nos municípios. Dessa forma, constamos que a criação de leis específicas relacionadas à PAS, assim como a elaboração de Políticas Municipais voltadas para as realidades locais e definidas a partir do conhecimento da realidade de cada município, dos diferentes territórios e das pessoas que ali residem, ainda se constitui um desafio a ser enfrentado no âmbito do planejamento e execução da PAS nas regiões Norte e Nordeste.

A regulamentação dos *benefícios eventuais* evidencia avanços na região Nordeste, especialmente nos Estados do Maranhão e do Ceará, que apresentam normatização em 100% e 85% dos municípios da amostra, respectivamente.

O caso do Pará, com apenas 50% de sua amostra apresentando regulamentação dos Benefícios Eventuais, é preocupante, considerando que os *déficits* de regulamentação do benefício foram encontrados principalmente nos municípios de pequeno porte, os quais são a maioria entre os municípios da região Norte e também Nordeste.

Os Benefícios Eventuais, quando não regulamentados, permitem que antigas práticas clientelistas e assistencialistas se mantenham, pois o perfil de gestão predominante na região (principalmente nos municípios de pequeno porte) tende a reproduzir o que Vieira (1998) chama de domínios de *clãs locais*, ou seja, domínios de *oligarquias* locais ou regionais ligadas a elites político-econômicas que controlam tanto a economia quanto a política. Martins Jr. (2017), estudando a cultura política em municípios de pequeno porte na gestão do SUAS, no Pará, identificou traços, ainda predominantes, de práticas clientelistas na gestão dessa Política.

> Assim observa-se que no âmbito da Assistência Social há um campo de disputa no qual, sob nova roupagem e com ares de modernidade, são mantidas práticas conservadoras como o clientelismo, o assistencialismo, o paternalismo, assim como a caridade e a benemerência praticadas com dinheiro público por executivos municipais ou por fundações e associações diversas, que se dizem prestadoras de serviços assistenciais [...]. (Oliveira, 2005, p. 31 *apud* Martins Jr., 2017, p. 185).

Dessa forma, o atraso de regulamentação dos Benefícios Eventuais nos municípios de pequeno porte demonstra debilidade da PAS nas regiões Norte e Nordeste que necessita ser enfrentada no processo de implementação do SUAS, de modo a organizar a Política de Assistência Social para que seja implementada de forma democrática e, portanto, como direito, mediante critérios de acesso publicizados, que afastem, ou pelo menos, minimizem manobras políticas fundamentadas em práticas clientelistas que têm marcado historicamente essa Política.

No que se refere à gestão nos três Estados, foram identificados instrumentos de planejamento como Plano Decenal 2016/2026; Plano Plurianual (PPA) e Planos Operacionais, anuais, que tomam como referência os Pactos de Aprimoramento da Gestão, nos Estados. As instâncias de pactuação da PAS, as Comissões Intergestores Bipartite (CIB) funcionam e se constituem espaço de pactuação e decisão intergovernamental. Foi identificada, também, a estrutura de gestão da Vigilância Socioassistencial, no âmbito das Secretarias Adjuntas de Assistência Social.

Outra dimensão fundamental na gestão do SUAS, que merece consideração, é o cofinanciamento da Política. A NOB/SUAS (2012) estabelece o financiamento compartilhado entre Estados, municípios, Distrito Federal e União, por meio de transferências regulares e automáticas, fundo a fundo.

Os quadros 4, 5 e 6 demonstram o cofinanciamento em cada município da amostra dos Estados do Pará, Maranhão e Ceará, a partir dos quais é possível inferir sobre a realidade regional de cofinanciamento do SUAS.

A observação atenta dos dados anteriores revela uma situação comum entre os municípios da amostra: a predominância do cofinanciamento federal na maioria dos municípios e a insuficiente participação dos Estados no cofinanciamento da Política nos municípios.

Em relação à vigência do pacto federativo, no tocante ao cofinanciamento, os três Estados têm um investimento muito baixo, considerando o montante geral do investimento público: 1,14% (PA), 0,38% (MA) e 3,2% (CE), em média. Enquanto o investimento municipal apresenta as seguintes médias por Estado: 54% (PA), 37% (MA) e 46% (CE), a média de impacto do financiamento federal por Estado

Quadro 4. Cofinanciamento da Política de Assistência Social nos municípios da amostra da pesquisa — Referência 2016 (Pará)

Município	Tipo de Financiamento	Federal	Estadual	Municipal	Total
Belém	Federal 78% Estadual 1,6% Municipal 20%	15.686.887,10	324.600,00	4.074.986,00	20.086.473,10
Salinas	Federal 29,2% Estadual 0% Municipal 70%	678.215,74	0,00	1.642.042,26	2.320.258
Inhangapi	Federal 57% Estadual 4,1% Municipal 38%	273.127,32	19.500,00	180.000,00	472.627,32
Abaetetuba	Federal 33% Estadual 0,42% Municipal 66%	4.474.153,56	57.120,00	8.826.847,00	13.358.120,56
Breves	Federal 58,5% Estadual 0,74% Municipal 40,7%	2.175.810,00	28.800,00	1.515.000,00	3.719.610,00
Vitória do Xingu	Federal 9 % Estadual 0% Municipal 91%	375.215,74	0,00	3.800.000,00	4.175.215,74

Fonte: Relatório de campo do Estado do Pará (2017).

Quadro 5. Cofinanciamento da Política de Assistência Social nos municípios da amostra da pesquisa — Referência 2016 (Maranhão)

Município	Tipo de Financiamento	Federal	Estadual	Municipal	Total
São Luís	Federal 75,2% Estadual 2,3% Municipal 22,5%	13.003.031,84	398.013,29	3.882.090,05	17.283.135,18
Açailândia	Federal 51% Estadual 0% Municipal 49%	1.574.571,22	0,00	1.506.886,90	3.081.458,12
Bacabeira	Federal 0% Estadual 0% Municipal 0%	338.464,97	0,00	Sem informações de 2016	—
Barreirinhas	Federal 55% Estadual 0% Municipal 45%	909.666,26	0,00	754.850,00	1.664.516,26
Cururupu	Federal 0% Estadual 0% Municipal 0%	656.306,91	0,0	Sem informações de 2016	—
Davinópolis	Federal 65% Estadual 0% Municipal 35%	265.796,40	0,00	143.580,00	409.376,40

Fonte: Relatório Final das Regiões Norte e Nordeste, 2018.

Quadro 6. Cofinanciamento da Política de Assistência Social nos Municípios da amostra da pesquisa — Referência 2016 (Ceará)

Município	Tipo de Financiamento	Federal	Estadual	Municipal	Total
Pires Ferreira	Federal 70,2% Estadual 8,1% Municipal 21,5%	270.561,64	31.500,00	82.994,21	385.055,85
Pindoretama	Federal 30,7% Estadual 2,35% Municipal 66,95%	411.362,37	31.500,00	897.311,30	1.340.173,3
Beberibe	Federal 40,41% Estadual 1,49% Municipal 58,07%	1.190.960,03	44.100,00	1.710.615,66	2.945.675,69
Crateús	Federal 65,61% Estadual 3,63% Municipal 30,75%	1.715.322,68	95.000,00	804.030,00	2.614.352,68
Maracanaú	Federal 17,09% Estadual 0,28% Municipal 82,61%	3.762.895,35	63.000,00	18.183.425,25	22.009.320,6
Fortaleza	Federal 72,77% Estadual 3,84% Municipal 23,38%	27.180.836,05	1.434.500,00	8.735.085,00	37.350.421,05

Fonte: Relatório de campo do Estado do Ceará (2018).

foi 44% (PA) 37,8% (MA) e 49% (CE), sendo que entre os seis municípios da amostra por Estado, o grau de dependência do financiamento federal foi o seguinte: 43% dos municípios recebem acima de 60% de financiamentos federais. Ressalte-se que as capitais possuem quase 80% de dependência federal, o que revela baixo investimento dos Estados e também dos municípios na PAS.

É emblemático o depoimento de uma das integrantes do Núcleo Gestor de Crateús (CE) ao apresentar críticas ao cofinanciamento estadual:

O Estado, no ano passado [2015], continuando este ano [2016], deixou muito a desejar em termos de capacitações e em relação ao cofinanciamento, muitas vezes. Assim, a carga dos programas que a gente tem que implantar sai muito dos recursos municipais. Então, eu acho que a relação com o Estado está um pouco fragilizada neste aspecto [...]. Assim, no assessoramento até que o Estado dá: eles vêm, eles fazem visitas, fazem o monitoramento. Os monitoramentos, eles fazem questão de estar acompanhando, olhar se está tudo nos conformes, mas em relação à capacitação e ao cofinanciamento, eu acho que, em termos de Estado, está a desejar. (Informação verbal)[2].

A Assistência Social se faz presente na agenda política de Estados e municípios, mas necessita avançar com o seu sentido público de uma política de Estado. Tal perspectiva envolve esforço coletivo dos diferentes sujeitos envolvidos: trabalhadores(as), usuários(as), gestores(as), entidades, movimentos sociais, tendo no horizonte a construção de um sistema protetivo que atenda às demandas e às necessidades sociais da população brasileira e, particularmente, das regiões Norte e Nordeste, as mais pobres do país.

Os desafios para a implementação de uma gestão do SUAS nos três Estados investigados, nas regiões Norte e Nordeste, em consonância com o que preconiza a PNAS/SUAS, são de grande magnitude e agravados pela tendência atual de redução de investimentos em todos os níveis. Tal situação revela a necessidade de fortalecimento da resistência para manutenção das conquistas até aqui alcançadas e a superação das debilidades identificadas.

Ademais, deve-se considerar o acirramento da situação de pobreza e aumento das violações de direito, no país, a partir de 2017, especialmente no Nordeste brasileiro. São mais de 13 milhões de brasileiros desempregados e, contraditoriamente, evidencia-se uma redução dos atendimentos informados no Censo SUAS, considerando as medidas de ajuste fiscal e de austeridade, implantadas nos últimos anos.

---

2. Depoimento retirado do Grupo focal realizado com a integrante do Núcleo Gestor de Crateús, Ceará.

Segundo dados do Censo Suas, em 2017 foram realizados mais de 25 milhões de atendimentos em todo o Brasil, 21 milhões apenas nos CRAS, possivelmente pelo aumento de demanda por benefícios eventuais. Entretanto, só para exemplificar, em 2014 ingressaram 285.594 pessoas vitimadas no Serviço de Proteção e Atendimento Especializado Integral à Família (PAEFI) e, em 2017, esse número caiu para 166.960, embora os estudos revelem aumento da violência, o que indica uma redução da oferta de serviços possivelmente em consequência do desfinanciamento da Política. A Emenda Constitucional n. 95/16 pode inviabilizar o funcionamento do SUAS, tendo em vista suas previsões legais que precisam ser mantidas. Além disso, temos fragilidades quanto às responsabilidades dos entes federados, já que temos Estados que não cofinanciam a PAS nos municípios, embora esta seja uma definição normativo-jurídica.

3.2 A realidade institucional dos Programas, Benefícios e Serviços da Política de Assistência Social

Para garantir a parcela de responsabilidade da proteção social que cabe à PAS, essa se materializa por meio da implementação de um conjunto de programas, serviços, projetos e benefícios socioassistenciais, cujos objetivos precípuos devem ser enfrentar as expressões da questão social e garantir os direitos de cidadania, principalmente aqueles assegurados pela Constituição Federal Brasileira de 1988, regulamentados pela LOAS (Lei n. 8.742/1993) e pela LOAS/SUAS (Lei n. 12.435/2011).

Neste item, realiza-se uma análise do processo de implementação da Política de Assistência Social/SUAS nas regiões Norte e Nordeste, com ênfase nos programas, serviços e benefícios oferecidos pela respectiva Política, a partir de estudo avaliativo realizado em 18 (dezoito) municípios dos Estados do Maranhão, Ceará e Pará.

3.2.1 Programas Socioassistenciais

No que diz respeito aos programas no âmbito da PAS, a LOAS os designa como "[...] ações integradas e complementares com objetivos, tempo e área de abrangência definidos para qualificar, incentivar e melhorar os benefícios e os serviços assistenciais." (Brasil, 1993, art. 24º).

Conforme Jannuzzi (2014), os programas são empreendimentos complexos, que envolvem a contratação de pessoal técnico; disponibilidade de instrumentos; adequação de equipamentos públicos; alocação de recursos monetários; promoção de capacitação, de forma coordenada no tempo e no território.

Para Muniz e outros (2007, p. 40), programa pode significar, ainda:

> [...] um conjunto de ações estratégicas para articular benefícios e serviços socioassistenciais e/ou de outras políticas sociais para, num prazo definido, alcançar determinados objetivos ou lidar com determinadas necessidades sociais, com vistas ao atendimento das seguranças devidas aos cidadãos.

Depreende-se dessas concepções que o programa se constitui numa unidade de planejamento que gerencia/articula um conjunto de serviços e benefícios de uma determinada política pública ou se articula intersetorialmente com outras políticas para alcançar seus objetivos.

Nesse sentido, a pesquisa revelou que há um desafio a ser superado no que diz respeito ao planejamento da PAS nas regiões Norte e Nordeste, tendo em vista a fragilidade na realização de diagnósticos que contemplem as particularidades de seus respectivos territórios e territorialidades.

Nos três Estados pesquisados, o Programa Bolsa Família (PBF) tem se configurado como uma das principais estratégias de enfrentamento à pobreza, pelo alcance de significativo número de famílias pobres, estando presente em todos os municípios, mediante o repasse mensal de benefícios financeiros — transferência de renda articulada a ações que visam a autonomia das famílias. Isso demonstra a relevância da transferência direta de renda federal no atendimento às situações de pobreza das famílias nas regiões Norte e Nordeste.

Assim, em termos de cobertura, tem havido um crescente alcance do PBF desde a sua implantação. Em 2018, atendeu no Ceará 1.058.515 famílias, no Maranhão 987.766 e no Pará 958.618 famílias (Brasil, 2018), sendo que em setembro de 2017, atingiu uma cobertura de atendimento superior a 100% da população-alvo: pobre e extremamente pobres, em 11 dos 18 municípios pesquisados. No Ceará, houve uma relativa diminuição entre 2016 e 2017, e um discreto crescimento em 2018; e ainda, no Maranhão, também, verificamos um relativo aumento de abrangência do PBF entre 2017 e 2018.

Desta forma, convém ressaltar, ainda, a importância do PBF para o enfrentamento da pobreza no país, considerando o atual contexto de redução de investimentos sociais e o recente desmonte do Sistema de Proteção Social no Brasil acentuado pós-golpe institucional de 2016, que deu início ao Governo de Michel Temer.

Referindo-se à conjuntura atual, Silveira (2017, p. 501) ressalta algumas medidas neoliberais e seus impactos quanto às bases estruturantes do SUAS:

> Aprovação da Lei de Diretrizes Orçamentárias com base no executado de 2016, o que implicou a redução de recursos para 2017; congelamento de recursos pelos próximos vinte anos, com a aprovação do Novo Regime Fiscal (PEC n. 55) e implantação do Programa Criança Feliz, definido pelo Conselho Nacional de Assistência Social como Primeira Infância no Suas (Resolução n. 20, de 24 de novembro de 216), sem discussão coletiva e aprofundada nas instâncias do Suas, e aprovação no mês seguinte ao decreto que cria o referido programa.

Nesse processo de desmantelamento da PAS, cabe ressaltar, que, em 2016 houve a criação, pelo Governo Temer, do Programa Criança Feliz, cuja concepção e operacionalização foge aos princípios e diretrizes do SUAS, na medida em que trouxe de volta o denominado primeiro-damismo. Operacionalizado por equipes contratadas para tal finalidade, desconsidera as diretrizes que instruem a composição das equipes de referências no âmbito da PAS, valendo destacar, ainda, que dispõe de considerável volume de recursos, sendo que o Maranhão, por exemplo, até setembro de 2017 recebeu montante de recursos no valor de R$ 1.083.522,00.

3.2.2 Benefícios socioassistenciais

Os benefícios socioassistenciais são benefícios cuja efetivação ocorre mediante repasse de bens materiais ou transferência de renda direta para indivíduos e famílias em situação de vulnerabilidade social. São, portanto, provisões que integram a proteção social básica, compõem a rede socioassistencial e são divididos em duas modalidades, conforme dispõe a LOAS/SUAS (Brasil, 2011): Benefício de Prestação Continuada (BPC) e Benefícios Eventuais (BE), ofertados para a garantia de sobrevivência ou para o atendimento de determinadas situações emergenciais. Acrescem-se, a esses, os benefícios vinculados ao PBF[3], por se constituírem também provisões de cunho financeiro.

Cabe ressaltar que o desenho dos benefícios referidos anteriormente não se limita à transferência de renda ou de um bem, posto ser previsto o trabalho social a ser realizado concomitante junto a famílias e indivíduos atendidos. "Além de provisões materiais, a Assistência Social deve oferecer meios para o desenvolvimento ou (re)construção da cidadania e da autonomia, ou seja, necessidades que vão além da reprodução material da vida." (Brasil; Pontifícia Universidade Católica de São Paulo, 2013, p. 40).

No que se refere especificamente ao BPC, nos Estados da amostra, os dados sobre cobertura dão conta de que o Ceará atendeu, em

---

3. Os benefícios vinculados ao PBF são: básico, variável, jovem, nutriz, gestante e superação da extrema pobreza (Brasil, 2017).

2018, a um total de 269.115 pessoas, sendo 100.151 pessoas idosas e 168.964 pessoas com deficiência; o Maranhão atendeu a um total de 194.419 pessoas, sendo 77.325 pessoas idosas e 117.096 pessoas com deficiência e o Pará atendeu a um total de 211.883 pessoas, sendo 91.911 pessoas idosas e 119.972 pessoas com deficiência (Brasil, 2018).

Ao analisar os dados sobre o BPC e sobre o Bolsa Família (BF) ratifica-se que significativo contingente da população pobre é atendida nos três Estados, constituindo-se em avanço para a PAS enquanto política não contributiva. Ademais, importa considerar o impacto dos recursos transferidos para os beneficiários desses programas, pelo governo federal, para as economias locais, sobretudo para as regiões mais pobres do país: Norte e Nordeste que, em geral, têm arrecadação inexpressiva e sobrevive praticamente do Fundo de Participação Municipal (FPM) e das transferências feitas para educação e saúde também realizadas pelo governo federal.

Desta forma as restrições que vêm sendo indicadas à concessão do BPC a partir do desfinanciamento da PAS, iniciado pelo Governo Temer, deverá acarretar num comprometimento das condições de vida de parte considerável da população brasileira. Tais restrições se expressam nas propostas de afunilamento dos critérios de acesso (aumento da idade de 65 para 70 anos), redução do quantitativo de beneficiários mediante clivagem seletiva para bloqueio e corte de benefícios e a desvinculação do valor do salário mínimo.

Quanto aos Benefícios Eventuais, a maioria dos municípios pesquisados possui benefícios regulamentados por lei, conforme visto anteriormente. Essas informações representam um importante avanço na construção da PAS como forma de enfrentamento de práticas conservadoras que se reproduzem sobremaneira nos municípios de porte menores, que são maioria em todo o país. Contudo, é necessário ressaltar que a concessão dos benefícios, por meio de critérios legalmente definidos, sem interferência de práticas políticas clientelistas, ainda se constitui um desafio na maioria dos municípios pesquisados, sendo que numa pequena parcela dos municípios os técnicos e gestoras afirmaram que não havia interferência política na concessão dos mesmos. Nos demais municípios parece, portanto, ainda existir e até mesmo predominar a interferência de práticas políticas clientelistas, considerando os relatos de técnicos que afirmaram existência de demanda expressiva, pela população, diretamente junto aos prefeitos, nas sedes das prefeituras.

No que diz respeito à cobertura nos três Estados, o Ceará registrou 184 municípios com benefícios regulamentados, destes 166 com cofinanciamento estadual; o Maranhão registrou 180 municípios com benefícios regulamentados e 33 deles com cofinanciamento estadual e o Pará não disponibilizou os referidos dados. A esse respeito, uma das dificuldades para ampliação da cobertura destes benefícios está no insuficiente, e em alguns casos ausente, cofinanciamento estadual, conforme informações da pesquisa de campo disponibilizadas pelos órgãos gestores da PAS nos municípios da amostra.

3.2.3 Serviços de Proteção Social Básica e Especial de média e alta complexidade

Conforme o art. 23 da LOAS/SUAS (Brasil, 2011), os serviços socioassistenciais são atividades de caráter continuado e permanente, que objetivam contribuir para a melhoria de vida da população por meio da oferta de atendimento e acompanhamento à população que dela precisa, voltados para as suas necessidades básicas. Constituem-se, portanto, ações continuadas e por tempo indeterminado, junto à população usuária da rede de Assistência Social, e objetivam contribuir para o fortalecimento da convivência familiar e comunitária; atender situações de direitos violados ou ameaçados; prestar apoio sociofamiliar; orientar/encaminhar famílias e indivíduos para outras políticas públicas.

Muniz e outros (2007, p. 40) definem os serviços socioassistenciais como sendo:

> [...] meio de acesso a seguranças sociais que produz aquisições pessoais e sociais aos usuários e opera integradamente as funções de proteção

social, defesa de direitos e vigilância socioassistencial, pelo desenvolvimento de atividades continuadas prestadas por um conjunto de provisões, recursos e atenções profissionalizadas, numa unidade física, com localização, abrangência territorial e público definido.

As autoras acrescentam que os serviços socioassistenciais são responsabilidade do Estado e como tal "[...] são regidos por normas técnicas, padrões, metodologias e protocolos e controles referenciados pelo SUAS." (Muniz et al., 2007, p. 40). Nesta direção, destaca-se a Tipificação Nacional dos Serviços Socioassistenciais (Resolução CNAS n. 109, de 11 de novembro de 2009), instituída para organização e oferta dos serviços, padronização, em todo território nacional, com definição de conteúdos, público-alvo, finalidades e resultados a serem alcançados para a garantia dos direitos.

Para a oferta dos serviços socioassistenciais no Ceará, Maranhão e Pará esses Estados contam com as seguintes unidades públicas de referência para a Proteção Social Básica e Especial, de Média Complexidade:

Tabela 2. Distribuição do total de CRAS, CREAS, Centros POP nos três estados da amostra da pesquisa

Estados	Cras	Creas	Centros Pop
CEARÁ	389	114	9
MARANHÃO	319	123	8
PARÁ	250	106	6

Fonte: Brasil. Ministério do Desenvolvimento Social. Sistema de Avaliação e Gestão de Informação SAGI. *Relatório de Informações Sociais — Relatório de pesquisa SUAS das regiões Norte e Nordeste*. Brasília, DF, 2018.

Embora seja um avanço expressivo a constituição de diversas unidades públicas de Assistência Social, nos três Estados, convém ressaltar que esse quantitativo está ainda muito aquém para a garantia de atendimento da demanda existente. Para ilustrar, comparando-se o número de famílias cadastradas no Cadastro Único (CadÚnico) nas capitais Fortaleza, São Luís e Belém, respectivamente 382.868, 179.835, 201.608 com o número de CRAS existentes 27, 20 e 12 e considerando-se, ainda, a Norma Operacional Básica (NOB-SUAS) que determina que cada CRAS, nas metrópoles e municípios de grande porte, deve ter 5.000 famílias referenciadas, com 1.000 famílias em atendimento direto, constata-se a discrepância entre oferta e demanda, visto que para expandir a cobertura dos serviços seria necessária a ampliação considerável dessas unidades, notadamente insuficientes nas metrópoles e nos municípios de todos os portes.

Somando-se a insuficiência de equipamentos e a equipe mínima de referência de cada CRAS, com 04 (quatro) técnicos de nível superior e 04 (quatro) profissionais de nível médio, constata-se a inviabilidade de garantir o atendimento de 1.000 famílias/mês. Portanto, esses aspectos acentuam os desafios a serem enfrentados na perspectiva de elevar o potencial de atendimento pelo SUAS, sobretudo nos serviços de Proteção Social Básica (PSB) ofertados nos CRAS: Serviço de Proteção e Atendimento Integral à Família (PAIF); Serviço de Convivência e Fortalecimento de Vínculos (SCFV) e o Serviço de Proteção Básica no Domicílio, visto que em todos a cobertura é restrita em relação à demanda.

Considerando-se o PAIF como serviço estruturante da proteção social básica, os Estados apresentaram como indicado o seguinte quantitativo de CRAS: Ceará, 389 CRAS, Maranhão, 319 CRAS e Pará 250, CRAS, comparando-se com as coberturas do serviço em referência: Ceará, 271.950 atendimentos, Maranhão, 214.925 atendimentos e Pará, 189.550 atendimentos ratifica-se que a oferta é inferior ao número de famílias referenciadas em cada unidade. (Brasil, 2018).

No que diz respeito ao SCFV, todos os Estados da amostra possuem cobertura, o que por si só se constitui num avanço no atendimento de crianças, adolescentes, jovens, adultos e idosos em situação de vulnerabilidade social. Todavia, a cobertura também é reduzida, se confrontada com as metas estabelecidas para cada município nos três Estados, a partir das informações do CadÚnico, visto que o Ceará contemplou 94.960 usuários, o Maranhão, 99.700 e o Pará, 76.930.

O Serviço de Proteção Básica no Domicílio voltado para pessoas idosas e pessoas com deficiência que vivenciam situação de vulnerabilidade social ainda não foi implantado, em todo o território nacional, decorrente da ausência de regulamentação do cofinanciamento federal.

No âmbito da Proteção Social Especial (PSE), a PNAS/2004 preconiza a proteção de famílias e indivíduos em situação de risco em decorrência de abandono, maus-tratos, abuso sexual, uso de substâncias psicoativas, cumprimento de medidas socioeducativas, situação de rua, situação de trabalho infantil, dentre outras (Brasil, 2005).

Para a materialização desse tipo de proteção são ofertados diversos serviços de média e alta complexidade. Na média complexidade, os serviços devem oferecer atendimento a famílias e indivíduos e acompanhamento especializado e sistemático por uma equipe de profissionais. Dentre os serviços previstos estão: PAEFI; Serviço Especializado em Abordagem Social; Serviço de Proteção Social a Adolescentes em Cumprimento de Medida Socioeducativa de Liberdade Assistida (LA) e de Prestação de Serviços à Comunidade (PSC); Serviço de Proteção Social Especial para Pessoas com Deficiência, Idosas e suas Famílias; Serviço Especializado para Pessoas em Situação de Rua. (Brasil, 2005)

Considerando-se os serviços de média complexidade implementados no Ceará, Maranhão e Pará, a avaliação que se faz, a partir dos dados e informações obtidas, é a de que todos os serviços possuem cobertura insuficiente. Por exemplo, o alcance dos serviços nos CREAS, disponibilizados pelo PAEFI, é insuficiente diante da demanda. A cobertura do PAEFI no Ceará totalizou 5.970 atendimentos, enquanto que o Maranhão apresentou um quantitativo maior de atendimentos 6.460 e o Pará 5.730. (Brasil, 2018).

Outro exemplo que demarca a restrição na oferta de serviços de média complexidade é a cobertura do Serviço Especializado para Pessoas em Situação de Rua, nos três Estados. O Maranhão foi o Estado que registrou a maior cobertura, alcançando 1.377 pessoas, seguido do Ceará, que atendeu 1.100 pessoas, e do Pará, com atendimento de 700 pessoas. (Brasil, 2018). Desse modo, o estudo constata a necessidade de ampliar não somente a cobertura como também o número de equipamentos Centros Pop nos Estados, considerando o grande contingente populacional, posto que no Ceará existem somente 09 centros, no Maranhão 08 e no Pará 06.

No que se refere aos serviços de alta complexidade, ressalta-se o Serviço de Acolhimento Institucional voltado para crianças, adolescentes, jovens, adultos, pessoas com deficiência, mulheres, idosos e famílias que não disponham de condições de autossustentabilidade ou de retaguarda familiar ou, ainda, por determinação judicial em decorrência de maus-tratos e abuso e exploração sexual. A esse respeito registra-se que os três Estados da amostra ofertam esse serviço para segmentos diversos: o Ceará apresentou cobertura de 1.935 pessoas em 81 unidades de acolhimento, o Maranhão 1.285 em 58 unidades de atendimento e o Pará 1.660 em 08 abrigos. Ademais, cabe registrar que essas instituições também apresentam limites para atendimento do público demandante desse tipo de serviço, que, pela sua própria complexidade, vai exigir um volume de recursos significativo e de diferentes ordens: humanos, financeiros e materiais.

Outro serviço de alta complexidade é o Serviço de Acolhimento em Família Acolhedora, cujo público é constituído por crianças e adolescentes, aos quais foi aplicada medida de proteção, por motivo de abandono ou violação de direitos, cujas famílias ou responsáveis encontrem-se temporariamente impossibilitados de cumprir sua função de cuidado e proteção. No que diz respeito aos Estados pesquisados em relação à oferta desse serviço, a pesquisa constatou que somente o Estado do Maranhão atende 125 crianças e adolescentes na modalidade de atendimento Família Acolhedora, sendo que os Estados do Ceará e Pará não ofertam esse tipo de serviço.

Uma apreciação geral sobre os serviços socioassistenciais a partir dos dados e informações da pesquisa nos autoriza a afirmar que os serviços de proteção social básica e especial ofertados no Ceará, Maranhão e Pará são insuficientes em termos de cobertura diante da significativa demanda oriunda de um quadro social fortemente marcado pela pobreza e desigualdade social, que deverá se agravar mediante ao processo de desmonte da Seguridade Social no Brasil, em particular da Política de Assistência Social.

A partir do governo Temer, a Seguridade Social brasileira é duramente afetada por um movimento ofensivo do capital no sentido de destruição de direitos sociais e trabalhistas. Esse movimento tende a comprometer as condições de vida de grupos majoritários da sociedade brasileira, em particular da classe trabalhadora cada vez mais submetida a situações de empobrecimento extremo em face do desmanche da incipiente proteção social brasileira, o que significa aumento de desproteção e, consequentemente, de demanda por serviços da Política de Assistência Social no país.

Referências

BOSCHETTI, I. Tensões e possibilidades da Política de Assistência Social em contexto de crise do capital. *Argumentum*, Florianópolis, v. 8, n. 2, p. 16-29, 2016.

BRASIL. Conselho Nacional de Assistência Social. *O comando único na Assistência Social.* Brasília, DF, 2007. Disponível em: http://www.mds.gov.br/cnas/noticias/o-comando-unico-na-assistencia-social. Acesso em: 1º abr. 2018.

BRASIL. Lei n. 12.435, de 6 de julho de 2011. Lei do SUAS. Altera a Lei nº 8.742, de 7 de dezembro de 1993, que dispõe sobre a organização da Assistência Social. *Diário Oficial da União*, Brasília, DF, 2011.

BRASIL. Lei n. 8.742, de 7 de dezembro de 1993. Lei Orgânica da Assistência Social (LOAS). Dispõe sobre a organização da assistência social e dá outras providências. *Diário Oficial da União*, Brasília, DF, 8 dez. 1993.

BRASIL. Ministério do Desenvolvimento Social e Combate à Fome. REDE SUAS/MDS/SIOP/MDS. *Rede SUAS/Plano de Ação 2016.* Brasília, DF, 2016. Disponível em: http://blog.mds.gov.br/redesuas/category/redesuas/plano-de-acao/. Acesso em: 1º abr. 2018.

BRASIL. Ministério do Desenvolvimento Social. Sistema de Avaliação e Gestão de Informação SAGI. *Relatório de Informações Sociais — Relatório de pesquisa SUAS das regiões Norte e Nordeste*. Brasília, DF, 2018.

BRASIL. Ministério do Desenvolvimento Social. Sistema de Avaliação e Gestão da Informação. *Relatório de Informações Sociais*. Brasília, DF, 2017.

BRASIL. *Política Nacional de Assistência Social (PNAS 2004) e Norma Operacional Básica (NOB SUAS)*. Brasília, DF, 2005.

BRASIL; PONTIFÍCIA UNIVERSIDADE CATÓLICA DE SÃO PAULO. Centro de Estudos e Desenvolvimento de Projetos Especiais. *Proteção de Assistência Social:* Segurança de Acesso a Benefícios e Serviços de Qualidade. 1. ed. Brasília, DF, 2013. (CapacitaSuas, v. 2).

CEARÁ. *Relatório Final — Projeto Avaliando a Implementação do Sistema Único de Assistência Social na Região Norte e Nordeste:* significado do SUAS para o enfrentamento à pobreza nas regiões mais pobres do Brasil. Fortaleza: Universidade Federal do Ceará; Universidade Estadual do Ceará, 2018. Mimeo.

CONSELHO NACIONAL DE ASSISTÊNCIA SOCIAL. *Resolução n. 33, de 13 de dezembro de 2012 — NOB SUAS.* Aprova a Norma Operacional Básica do Sistema Único de Assistência Social — NOB SUAS. Brasília, DF, 2012.

JANNUZZI, P. de M. Avaliação de Programas Sociais: conceitos e referenciais de quem a realiza. *Estudos em Avaliação Educacional,* São Paulo, v. 25, n. 58, p. 22-42, 2014.

MARANHÃO. *Relatório Final — Projeto Avaliando a Implementação do Sistema Único de Assistência Social na Região Norte e Nordeste:* significado do SUAS para o enfrentamento à pobreza nas regiões mais pobres do Brasil. São Luís: Universidade Federal do Maranhão, 2017. Mimeo.

MARTINS JÚNIOR, S. da S. *Cultura política na gestão do SUAS:* um estudo em municípios de pequeno porte do Pará. 2017. Dissertação (Mestrado em Serviço Social) — Universidade Federal do Pará, Belém, 2017.

MUNIZ, E. *et al.* O conceito de serviços socioassistenciais: uma contribuição para o debate. *In:* CONFERÊNCIA NACIONAL DE ASSISTÊNCIA SOCIAL, 6., Brasília, DF, 2007. *Caderno de textos*. Brasília, DF: CNAS/MDS, 2007.

PARÁ. *Relatório Final — Projeto Avaliando a Implementação do Sistema Único de Assistência Social na Região Norte e Nordeste:* significado do SUAS para o enfrentamento à pobreza nas regiões mais pobres do Brasil. Belém: Universidade Federal do Pará, 2017. Mimeo.

SILVEIRA, J. I. Assistência social em risco: conservadorismo e luta por direitos. *Serviço Social & Sociedade*, São Paulo, n. 130, p. 487-506, 2017.

VIEIRA, E. A. O Estado e a Sociedade Civil permanente, o ECA e a LOAS. *Serviço Social & Sociedade*, São Paulo, n. 56, p. 9-22, 1998.

4

A implementação do SUAS no estado do Pará:
realidade e especificidades da região Norte

Maria Antonia Cardoso Nascimento
Sandra Helena Ribeiro Cruz
Reinaldo Nobre Pontes

[...] Dentro da região Amazônica tem diversas realidades que a gente tem certa dificuldade que o MDS saia do gabinete venha para cá reconhecer a nossa realidade pra poder escrever política pública para a nossa região, porque a política padrão, para o Brasil inteiro, não nos cabe. Nós queremos ser reconhecidos como uma realidade presente dentro do território brasileiro [...] (Informação Verbal)[1]

4.1 Introdução

Neste capítulo são apresentados e problematizados resultados do estudo empírico da realidade e da implementação do SUAS no Estados do Pará, como representante da amostra intencional da região Norte. O espaço geográfico para a realização da pesquisa empírica no Estado do Pará, seguindo critérios e orientações definidas no projeto de pesquisa, foi composto de uma amostra de 06 municípios, tendo, como critérios gerais para seleção, o porte dos municípios: a capital do Estado; 01 município de porte grande; 01 município de porte médio; 02 municípios de porte pequeno nível 01 e 01 município de porte pequeno nível 02[2] e o nível de gestão básica ou plena. No Pará, foram selecionados os seguintes municípios: Metrópole: Belém; Grande Porte:

---

1. Depoimento retirado do grupo focal realizado com Conselheiros e Técnicos de Abaetetuba.

2. Conforme adotado pela Política Nacional de Assistência Social de 2004, são considerados municípios pequenos nível 01 (até 20.000 habitantes); municípios pequenos nível 02 (de 20.001 a 50.000 habitantes); municípios médios (50.001 a 100.000); municípios grandes (entre 100.001 a 900.000 habitantes) e as metrópoles, cidades com população de 900.000. O critério a

Abatetuba; Médio Porte: Breves; pequeno porte nível I: Inhangapi e pequeno porte nível II: Salinópolis e Vitória do Xingu.

Além dos dois critérios gerais, foram consideradas algumas situações específicas para seleção dos municípios, tais como:

a) Belém: por ser a metrópole, o primeiro município a instituir a Política de Assistência Social, de forma descentralizada, no ano de 1996 e por possuir ampla estrutura de gestão e de serviços;

b) Abaetetuba: município de grande porte, nível gestão básica. Localizada na área portuária. Situa-se em área de rios e se caracteriza pela existência de setenta e duas ilhas (72), ruas e ramais (pequenas estradas). O município fica próximo do Polo industrial ALBRAS/ALUNORTE/HIDRA, que produz impactos socioambientais danosos à região. Ademais, apresenta significativo número de populações tradicionais identificadas como ribeirinha e quilombola;

c) Breves: município de médio porte, nível de gestão básica. O Município se inscreve no conjunto de cidades que compõem a Ilha do Marajó, todas incluídos na lista dos 50 piores IDH-M do Brasil;

d) Inhangapi: município de pequeno porte nível I, nível de gestão básica. Conhecido como cidade satélite. É habitado por significativa população ribeirinha e quilombola que vive em situação de extrema pobreza;

e) Salinópolis: município de pequeno porte II; nível de gestão básica. Destaca-se pela forte atração turística em decorrência das praias e dunas, além do elevado índice de pobreza extrema por parte dos habitantes nativos;

f) Vitória do Xingu: município de pequeno porte, nível II, nível gestão básica. Destaca-se por sediar o maior projeto energético da Amazônia — a hidrelétrica de Belo Monte — que estimulou

---

ser considerado na seleção dos municípios dos diferentes portes é o nível de estruturação maior ou menor da Política de Assistência Social nos municípios dos Estados selecionados.

um processo migratório intenso, principalmente de homens, desencadeando violação das diversas formas de direitos nos quais se destacam a prostituição e abuso sexual, principalmente de mulheres jovens.

Conforme indicado na Introdução geral, os CRAS, CREAS e Centros Pops foram indicados como equipamentos para realização da pesquisa empírica nos municípios, sendo que a Tabela 3 apresenta o quantitativo desses equipamentos selecionados para a pesquisa empírica no Estado do Pará.

Tabela 3. Distribuição dos CRAS, CREAS e Centros Pops selecionados para o estudo empírico

Municípios	CRAS	CREAS	Centro Pop
Belém	02	01	01
Abaetetuba	02	-	_
Breves	02	-	_
Inhangapi	01	-	_
Salinópolis	01	_	_
Vitória do Xingu	01	_	_

Fonte: Dados da Pesquisa.

A seleção dos municípios e dos equipamentos (CRAS, CREAS e Centros Pops), partindo dos critérios prévios estabelecidos, coube aos pesquisadores responsáveis pelo estudo no Estado, com a participação de representantes institucionais: Diretor Adjunto da SEASTER e Presidente da Fundação Papa João XXIII (FUNPAPA), gestores municipais e técnicos inseridos na implementação da Política de Assistência Social.

Em termos de dificuldades encontradas para a realização da pesquisa de campo, a equipe teve, além de problemas para manter contatos telefônicos ou por e-mails com alguns gestores municipais, no caso de Vitória do Xingu, os pesquisadores foram alvos de diversos constrangimentos, dentre os quais, se destacaram: o adiamento da realização das atividades por determinação do Prefeito em desconsideração à agenda reformulada quando os pesquisadores chegaram no Município; controle das atividades de pesquisa por técnicos ligados ao gabinete do referido gestor e a interrupção, seguida de autorização, da observação *in loco* do CRAS, como forma de levar a desistência dos pesquisadores.

Em relação à contribuição dos sujeitos participantes da pesquisa, em geral, houve boa receptividade e a maioria demonstrou apoio aos propósitos da investigação. Exceção para o Prefeito de Vitória do Xingu, que concedeu a entrevista no lugar de sua esposa, Secretária de Assistência Social e a gestora da Secretaria Municipal de Assistência Social de Inhangapi (SASMI). Os usuários presentes, no grupo focal, por motivo diverso, apresentaram dificuldades em expor opiniões sobre as ações desenvolvidas no contexto do SUAS.

Assim, o trabalho de campo se constituiu pela realização de entrevistas com secretárias municipais de Assistência Social em 5 (cinco) municípios; 1 Prefeito e 1 Secretário estadual; realização de grupos focais e observação em 9 (nove) CRAS, 1 CREAS, 1 Centro Pop e Núcleo de Atendimento Social. Foram realizados 18 grupos focais nos 6 municípios, abrangendo: 50 técnicos (incluindo os técnicos que acompanharam os gestores), 118 usuários e 30 conselheiros, totalizando o envolvimento de 203 sujeitos integrantes da pesquisa.

4.2 Apresentação e análise de resultados do estudo empírico: articulando a realidade e a implementação do SUAS no estado do Pará

Este item objetiva apresentar e problematizar os resultados do estudo empírico da realidade e da implementação do SUAS no Estado do Pará. A referida apresentação tem como referência os principais eixos temáticos definidores do estudo. Assim, se inicia com a Percepção dos Sujeitos sobre a Política de Assistência Social e o SUAS: gestores municipais e estadual, técnicos, conselheiros e usuários; segue abordando os Serviços, Programas, Projetos e Benefícios Desenvolvidos nos CRAS, CREAS, e Centros Pop: qualidade dos serviços, capacidade de atendimento, conhecimento e acesso pelos usuários; os(as) trabalhadores(as) do SUAS nos Municípios: composição das equipes, capacitação e condições de trabalho, seguido do item Participação dos Usuários e Controle Social e, por fim, aborda a Vigilância Socioassistencial: nível de sistematização e funcionamento.

4.2.1 Percepção dos sujeitos sobre a Política de Assistência Social e o SUAS: gestores municipais e estadual, técnicos, conselheiros e usuários

A pesquisa de campo realizada nos seis municípios paraenses, com a participação de Secretárias Municipais de Assistência Social e Secretário Estadual, técnicos(as), conselheiros(as) e usuários(as) sobre a Política de Assistência Social e sobre o SUAS, permitiu inferir similitudes e diferenças na forma de perceber o objeto de investigação. Como se pode observar, a percepção dos sujeitos teve como referência não a discussão teórica sobre SUAS e a política de Assistência Social, mas a gestão, os serviços e benefícios disponibilizados nos CRAS, CREAS e Centros Pop. A diferença na forma de perceber a PAS e o SUAS nos municípios foi influenciada pelo tempo de trabalho na área, pelo lugar que o sujeito ocupava na viabilização da Política e pela atuação e militância nas lutas sociais em defesa da garantia dos direitos constitucionalmente assegurados, como poderá se observar a seguir.

Verificou-se que as entrevistas com as secretárias municipais e com o secretário estadual destacaram a percepção da Política centralizada nos aspectos normativos e técnicos. Nesse segmento, o tempo de trabalho na área serviu como legitimidade para discorrer sobre a Assistência Social antes e pós o SUAS. Assim, o avanço proporcionado pelo Sistema ganhou destaque nas falas dos secretários do Pará, de Belém, Abaetetuba e Breves, algumas sinalizando as contradições presentes no SUAS.

> Bem, primeiro é preciso dizer que operamos com recursos de dois ministérios. O Ministério da Assistência, que garante regularidade no repasse a partir do Sistema Único, e o Ministério do Trabalho que apresenta outra realidade. Nós, secretários, temos discutido a necessidade de termos um sistema único de trabalho, porque todo avanço que se deu na gestão da Assistência foi partir do SUAS, porque ele deixa claro todos os marcos legais das competências, das responsabilidades de todos os entes. Então isso é ganho para a gestão de qualquer política. Por exemplo, se nós formos analisar o exercício de 2015, nós tivemos uma regularidade nos recursos da Assistência, nas transferências do governo federal para o estadual e municípios. Já na do trabalho, não, como é um convênio, ano passado o convênio em execução na maioria do Brasil teve alguns problemas de alimentação de sistema e isso fez com que no caso do Pará, juntamente com mais 17 estados, não recebessem recursos. Minha percepção da Assistência Social é de que ela com o SUAS é um modelo mais a avançado que a gente tem de política pública e a nossa expectativa é que a nossa política do trabalho, emprego e renda também trabalhe pra isso. (Informação verbal)[3]

> [...] Houve um momento na história da Assistência em que parecia que havia um muro entre os secretários municipais, o secretário estadual e, principalmente, com o governo federal. Hoje a gente dialoga, a gente consegue chegar perto, a gente consegue dizer o que pensa pro secretário estadual, a gente consegue dizer o que pensa pra equipe do governo federal, pra equipe do MDS. Isso pra nós é muito importante porque a gente se aproximou, mesmo que a gente tenha algumas críticas a fazer, principalmente nós daqui da Amazônia, que defendemos o fator amazônico. Esse processo de aproximação começa, a partir de 2005, antes a gente tinha muita barreira pra chegar próximo e assim parecia que era uma relação que as pessoas estavam lá em cima e quando elas chegavam, elas já chegavam pra intimidar, porque era uma política desacreditada como política pública, mas autoritária na gestão. Hoje os problemas de reconhecimento, de desqualificação que temos aqui

---

3. Depoimento retirado da entrevista com o Secretário estadual de Assistência Social do Pará.

em Abaetetuba é por parte dos vereadores, que historicamente tinham na Assistência uma alternativa pra manter os seus mandatos e hoje o formato do SUAS dificulta o processo. (Informação verbal)[4].

Eu tenho experiência de trabalho na Assistência Social e minha percepção do SUAS é que ele fez a Assistência avançar muito. Essa nova roupagem com o Sistema Único contribui muito, porque eu acho que a gente conseguiu hoje pelo menos reconhecer quem é o nosso público, o que o nosso público precisa e de que forma a gente pode chegar a tentar contribuir com a sua melhoria de vida. O Sistema, como governo, tem buscado fazer a sua parte a partir dos programas, a partir dos benefícios. Na minha visão, o SUAS, a parceria Estado, Município tem muitas falhas no sentido do financiamento e da capacitação, mas sem dúvida a criação do SUAS valorizou a Política. (Informação verbal)[5].

Com exceção da percepção do secretário da SEASTER, os relatos das secretárias municipais sobre a Política de Assistência Social, a partir da implantação do SUAS, vieram acompanhados da elucidação dos limites relativos à resistência dos vereadores à consolidação da implementação da Política nos municípios e da ausência de condições satisfatórias para materialização dos serviços e programas socioassistenciais. Todavia, as percepções das gestoras, ao mesmo tempo que reconheceram os limites na execução, por conta do poder executivo federal e do legislativo municipal, não explicitaram a responsabilidade dos prefeitos em relação à contrapartida que precisam fornecer à Política federal. No geral, a fala predominante imprimiu uma ideia de compromisso do prefeito com os preceitos da Política. A percepção ambígua das gestoras remete para os estudos que têm afirmado que a Política de Assistência Social, como toda política social, é suscetível às injunções governamentais e interesses em jogo. (Rodrigues, 2009).

O debate realizado no grupo focal com técnicos e conselheiros, principalmente de Belém e Abaetetuba, indicou profissionais bem informados em relação aos preceitos teórico, técnico e, sobretudo,

---

4. Depoimento retirado do grupo focal com Secretária de Assistência Social de Abaetetuba.
5. Depoimento retirado do grupo focal com a Secretária de Assistência Social de Breves.

ideológico da Política. Embora desanimados com a conjuntura e os limites estruturais, reiteraram uma percepção positiva da Assistência Social, adquirida com a implantação do SUAS, a exemplo das gestoras municipais e do secretário da SEASTER.

A criação da PNAS e do SUAS foram percebidas como resultado das reivindicações do movimento social em defesa dos direitos sociais e civis. Ademais, a fala técnica, principalmente das assistentes sociais, até porque estas foram as mais representativas numericamente nos equipamentos de materialização da Política (CRAS, CREAS e Centro Pop), salientou as contradições da Política, expressa pelo *fator amazônico*, pela NOB/RH/SUAS 2006; pela inexistência da superação da concepção assistencialista da Política pelos usuários; pela superação do primeiro-damismo e o exercício do cargo de secretária municipal de Assistência, por técnicas de carreira, no geral, assistentes sociais, formadas em universidades, que ofertam cursos presenciais. Os relatos a seguir ilustram tais questões.

> *Não tem como negar a alteração que a política de Assistência Social teve nos últimos doze anos. Eu tenho quase vinte anos na FUNPAPA e consigo perceber o antes e o depois do SUAS (que aliás, deve-se à luta dos movimentos sociais pela garantia do que tinha sido assegurado na Constituição de 1988) tem um valor imenso na organização das informações, dos registros; um usuário passa a ter existência física. Com o prontuário do SUAS, a gente consegue hoje ter um acompanhamento dos usuários que entram e dos que saem. Mas o Estado não dá condições para que o serviço se concretize como diz a lei. O Estado não tem interesse na qualidade do serviço. Por isso não oferece infraestrutura adequada, material para as atividades, transporte para deslocamento dos técnicos e usuários. Não investe em pessoal. Um técnico sai e não tem ninguém no lugar durante longo período. Como não existe substituição de técnico e nem reposição de material, existe uma quebra do serviço e dos vínculos. No final fica o dilema para o técnico: Eu não posso atender o usuário em qualquer lugar e de qualquer jeito porque ele tem menos dinheiro ou porque ele é um morador de rua. Mas para além do legal é isto que a política de Assistência força a gente a fazer.* (Informação verbal)[6].

---

6. Depoimento retirado do grupo focal realizado com a Técnica do Centro Pop de Belém.

Eu tô há oito anos trabalhando na Assistência Social. Percebo que o grande mérito da Política de Assistência Social criada, a partir de 2003, foi o trato pela tipificação dos serviços. Você não tem mais aquela perspectiva de trabalhar num determinado serviço vinculado à Assistência que eu enxergava muito isso antes, onde há uma pulverização de ideias e um indicativo muito grande de senso comum e de achismo: olha, eu acho que é melhor a gente trabalhar com essa população dessa forma. Então, há uma padronização. É claro que ela se dá de modo diferenciado em cada território etc., e aqui entra o descaso com o fator Amazônico. Nós por exemplo ganhamos uma lancha que é inadequada para os nossos rios e ninguém resolve a situação. (Informação verbal)[7].

Minha percepção da Política de Assistência Social é de que ela já avançou, mas precisa avançar muito mais. Aqui eu sempre comento que a gente está um passo à frente pelo fato de a gestora ser assistente social, não ter parentesco com políticos, formada em curso presencial e ter conhecimento da Política de Assistência. Já superamos o primeiro-damismo e isto é um avanço proporcionado pela nova forma de pensar, de gerir a Assistência Social. (informação verbal)[8].

O que a gente pode ver é que houve muitas mudanças na Assistência Social com a questão do SUAS, mas não aqui no município. Sabemos que são dez anos, mas Vitória do Xingu tá uma criança ainda em termos de PNAS, SUAS. Então, é complicado a gente falar de uma situação que a gente não vivencia muito aqui, eu digo por mim e até pelas outras técnicas também que a gente trabalha junto. Ainda tem muito pra implementar dessa Política da Assistência aqui em Vitória. (Informação verbal)[9].

Este último relato se diferenciou dos demais por ilustrar uma percepção emblemática do município de Vitória do Xingu. A técnica admitia que não podia avaliar algo que desconhecia, deixando claro que a PNAS e o SUAS não chegaram no município. Assim, diferente da técnica de Inhangapi, que afirmou ser recente a implementação das diretrizes do SUAS no seu cotidiano profissional, a fala anterior

---

7. Depoimento retirado do grupo focal realizado com a Técnica do CRAS de Breves.
8. Depoimento retirado do grupo focal realizado com a Técnica do CRAS de Salinópolis.
9. Depoimento retirado do grupo focal realizado com a Técnica do CRAS de Vitória do Xingu.

remete ao predomínio da velha política, ou seja, o exercício do assistencialismo e, por conseguinte, a desqualificação da Política, como o fez o Prefeito quando afirmou na entrevista que concedeu à pesquisa: "[...] não estou preocupado se é Assistência ou assistencialismo que a gente faz. O importante é dar pra população o que ela precisa". O que a população empobrecida e usuária precisava, segundo o gestor municipal, era "[...] organizar a família", fato que poderia ser resolvido com a "[...] promoção da autoestima". (Informações verbais)[10].

A quase unanimidade da percepção negativada da Política pelos técnicos quando se referem ao *fator amazônico* é de extrema relevância, uma vez que ele consiste em demanda antiga das(os) profissionais da região. Em 2013, como resultado do Encontro de Gestores Municipais da região Norte, sendo incorporado na agenda do SUAS. O *Fator Amazônico* se traduz no reconhecimento pelo Estado das particularidades da desigualdade nacional em territórios marcados por meios e modos de vida não observados na maioria dos Estados brasileiros, como populações ribeirinhas, indígenas e quilombolas que exigem ser percebidos enquanto tal, com tratamento que observe as condições geográfica, climáticas e culturais. Em outros termos, expressa a proposta de incorporação da abordagem territorial na Política de Assistência Social.

Mas, segundo as(os) técnicos, a garantia de condições de trabalho condizentes com a realidade local e adequação das variáveis de registro no SUAS inexistia. Uma ilustração desta crítica pode ser observada pela ausência, nos municípios pesquisados, de espaço físico de CRAS Quilombola e Indígena, remetendo ao fato de que o discurso é do reconhecimento da diversidade, mas a prática é da desigualdade, numa demonstração de que na regulamentação a diversidade pode ser acionada como prática discursiva sem prejuízo da manutenção da desigualdade.

Teixeira (2013, p. 190), preocupada com essa contradição, propôs a ressignificação da expressão *fator amazônico*, datada nas décadas de

---

10. Depoimento retirado da entrevista realizada com o Gestor Municipal de Vitória do Xingu.

1970/1980, no contexto da ditadura militar em que a ideia de integração da Amazônia desconsiderava os sujeitos reais que nela viviam.

Ora, essa visão de então não se aproximava nem um pouco da necessária compreensão da particularidade regional, que, no que diz respeito à interface com o SUAS, deve combinar a generalidade das expressões da "questão social" do país, com a singularidade própria deste vasto território.

A percepção dos(as) conselheiros(as) sobre a Política de Assistência Social e o SUAS também foi diferenciada em termos geográficos. Belém e Abaetetuba apresentaram percepções semelhantes às(aos) técnicas(os), uma vez que, principalmente os conselheiros/as governamentais, eram trabalhadoras(es) com trajetória de ativismo político na defesa dos direitos constitucionais. Suas percepções ilustraram uma crítica qualificada do processo. Dentre as críticas que se destacaram, na percepção da Política, reitera-se a questão do *fator amazônico*, da conjuntura imprópria para o exercício do controle social e a Equipe Mínima, definida na NOB/RH/SUAS, as duas últimas evidenciadas nos seguintes termos pela conselheira belenense.

> *Primeiro é preciso que se diga que é muito difícil fazer controle social numa conjuntura que está querendo acabar com as conquistas dos direitos sociais da qual o SUAS é um exemplo. Agora falando especificamente da minha percepção sobre o SUAS, uma das coisas que eu acho inadmissível e paradoxal é a questão da equipe mínima. Infelizmente criaram a equipe mínima, e essa bendita equipe mínima é um dos grandes entraves que a gente tem no desenvolvimento da questão da Assistência, dos serviços. Por quê? A equipe mínima é o número de profissionais pra cada vinte acolhidos, vinte usuários nos espaços de acolhimento. Pra cada vinte acolhidos é dois educadores. Então foi criado assim. E o que tá acontecendo? Dentro dos CRAS eu não sei quantificar. Mas quando até mesmo o próprio Conselho recebe uma denúncia e que se vai até o espaço e que a gente vê o CRAS, ele tá com a equipe mínima, uma equipe mínima que não tem condições de absorver a demanda daquele território. (Informação verbal)[11].*

---

11. Depoimento retirado do grupo focal realizado com a Conselheira de Belém.

A fala ilustra a percepção de uma das contradições da PAS que legitima a decisão do gestor na constituição de uma equipe de trabalho reduzida, sobrecarregando os mesmos e inviabilizando a qualidade dos serviços oferecidos, quando a ordem é: *fazer mais com menos*. No caso de Abaetetuba, o debate sobre a percepção da Política e do SUAS pelos(as) conselheiros(as), teve como referência a ideia de que efetivar o *fator amazônico* era garantir cofinanciamento diferenciado, como fica claro no relato a seguir.

> *Porque a realidade do nosso município é de setenta e duas ilhas. Esse é o nosso grande desafio: chegar até lá porque nós ainda não conseguimos devido à questão de recursos financeiros, porque tem que ter uma equipe dedicada para atender só a proteção básica nesses locais, como não tem, a equipe que está no CREAS na região urbana faz este atendimento. A proteção social especial também deveria chegar tanto nas ilhas quanto nas regiões de estradas. Então nós participamos de outros encontros em outras regiões do país e com outros municípios e o que a gente percebe é que, apesar das nossas dificuldades e entraves no território municipal, nós estamos à frente de alguns municípios, por conta do entendimento e por conta que a equipe aceita o desafio do compromisso com os que precisam da Assistência fora do urbano. Os profissionais que vêm trabalhar no município não enxergam os entraves geográficos que o município possui como um entrave pessoal para não ir até lá. Eles aceitam o desafio e acabam indo realizando e elaborando estratégias diferentes do que o MDS pensa, mas respondendo ao que o SUAS define como usuário do território.* (Informação verbal)[12].

E prossegue chamando a atenção para o impasse com a equipe ministerial:

> *Em um momento eu fiz a interrogação para o técnico do Ministério se o CRAS Quilombola era itinerante e soube que o MDS não reconhece como tal. Eu digo: mas dadas as características? E ele colocou: não, não reconhece como itinerante. Não reconhece e não cofinancia. Então nós não temos equipe*

---

12. Depoimento retirado do grupo focal realizado com a Conselheira do CMAS de Abaetetuba.

itinerante cofinanciada pelo MDS, porque ele não reconhece a nossa realidade mesmo com o fator amazônico. (Informação verbal)[13].

Na percepção dos conselheiros de Abaetetuba, o grande dilema da Política de Assistência Social ocorre na região Amazônica. Nela, fica claro o hiato entre o legal e o real, e o exemplo evidenciado foram as concepções distintas entre técnicos do MDS e técnicos da região, esses últimos reivindicando a materialização do *escrito* pelo protagonismo do Conselho Municipal de Assistência Social (CMAS).

No caso dos conselheiros dos outros municípios, observou-se uma percepção frágil da Política, de suas determinações e, principalmente, dos objetivos do CMAS. O desconhecimento do SUAS foi quase total, e no geral, elas/eles tendiam a reforçar a cultura da Assistência Social como benesse dos prefeitos, sugerindo que o Conselho de Assistência Social se constituía mais um espaço de filantropia, conforme indicam os relatos a seguir.

Ah, o SUAS?! É muito bom. Ajuda muito, né? Pra mim, a Política de Assistência desde 2005, que eu entrei no Conselho, junho de 2004 no caso, mas funcionou mesmo de 2005 em diante. A política pra mim dentro do município de Breves ela caminhou bem, andou bem e pelo que se vê dentro de Breves a Política de Assistência está muito bem servida dentro de Breves. O Sistema também está bem assistido ajudando os que precisam (Informação verbal)[14].

Eu como conselheiro conheço pouco o trabalho do conselheiro, tem todo aquele processo que se precisa hoje. Não entendo muito dessa coisa do SUAS, SUS é a mesma coisa? (Informação verbal)[15].

Alguns conselheiros, quando iniciaram seus relatos no grupo focal, salientaram sua inexperiência na função, uma condição que parecia justificar sua postura, como foi o caso de Salinópolis.

---

13. Depoimento retirado do grupo focal realizado com a Conselheira do CMAS de Abaetetuba.
14. Depoimento retirado do grupo focal realizado com o Conselheiro de Breves.
15. Depoimento retirado do grupo focal realizado com o Conselheiro de Vitória do Xingu.

É a primeira vez que eu estou participando desse tipo de coisa. Então minha visão é essa, eu penso assim, que tem muitas coisas que a Assistência Social tem, faz, promove e tem muita gente que não conhece porque não tem uma divulgação, não tem "eu estou fazendo isso aqui, então eu vou expor isso aqui", então, tem coisas que funcionam aqui e muitas pessoas da população não sabe ainda. (Informação verbal)[16]

Até então faz dois anos que eu estou no conselho e pra mim essa nomenclatura, SUAS, era uma novidade, assim como pra muitos salinenses. Porque sistema único lembra do SUS, porque se fala muito do SUS, noticiário sempre SUS. SUAS, o que é SUAS? Até eu mesmo quando falaram em SUAS que como conselheira disse: vem aqui, o que é SUAS? (Informação verbal)[17]

Ficou evidente nos relatos a ausência de experiência em conselhos paritários e outras vinculações a movimentos sociais ligados às lutas da classe trabalhadora. A inexperiência autodeclarada dos mesmos contribuía para uma percepção frágil da atuação como conselheiros da PAS.

Em relação à percepção dos usuários presentes no grupo focal sobre a Política de Assistência Social, e principalmente sobre o SUAS, constaram-se duas posturas: no caso da primeira, como a maioria dos participantes dos grupos focais, realizados nos CRAS, era constituída por mulheres idosas, predominou a associação tradicional da Assistência Social com ajuda aos mais necessitados, que, no geral, era concedida por assistentes sociais, identificadas como *meninas*, e por políticos *generosos*, como foi percebido o ex-prefeito de Belém, no período de 1997 a 2005. A percepção da Política de Assistência Social por este segmento se confundiu com o espaço e os serviços dos CRAS que o usuário demandava com regularidade.

Nós aqui gostamos muito da educadora que vem aqui uma vez por semana pra discutir com as crianças, pra falar dos benefícios que o pessoal da secretaria manda. A sede é lá na secretaria do CRAS em Abaetetuba. Aqui funcionam

---

16. Depoimento retirado do grupo focal realizado com o Conselheiro de Salinas.
17. Depoimento retirado do grupo focal realizado com a Conselheira de Salinópolis.

as atividades neste barracão que é a escola das crianças. Acho que assistência social é quando trazem o Bolsa Família, não é? Aqui também é perigoso. Tem os piratas que levam tudo que vem pro CRAS. (Informação verbal)[18].

Em relação à percepção sobre o SUAS, verificou-se desconhecimento em relação a sigla, expresso por frases do tipo: "Estou sabendo agora"; "Nunca ouvi falar. Pode dizer o que significa?"; "Ah, não sei bem, mas acho que a Assistência é pra ajudar nós, pobres"; "[...] as técnicas são muito boazinhas"; "[...] SUAS, não sei não, Política de Assistência, não sei, não. É o que elas fazem?" (Informação verbal)[19].

Um dos relatos mais longos sobre a percepção da Política de Assistência Social, por este segmento, nos municípios, trouxe o seguinte conteúdo:

Uma vez uma senhora perguntou pra mim assim: escuta, eu quero te fazer uma pergunta: o que significa o CRAS? Ela perguntou pra mim. Eu disse: olha, o CRAS ela é uma coisa assim que é pras crianças que ainda tá fora da escola, criança que tá na rua, às vezes eles usam aquele curso aí no CRAS. A criança aprende muitas coisas boas, que a criança tá lá na rua às vezes, tá aqui dentro do CRAS aprendendo coisas boas, educação física, só que eles ainda não vieram, por causa que o professor ainda não veio, mas tinha educação física pra eles, tem o baile dia de sexta-feira, é assim. O CRAS ajuda nós, os velhos, que precisamos de ajuda, de informação, de divertimento. Cuidar do corpo, né? (Informação verbal)[20].

Pelo relato ficou claro que, na percepção da usuária, o CRAS, embora não identificado diretamente com a Política, é uma referência para informações e oferta de cursos, principalmente para crianças que estão fora da escola e idosos. Ele se caracteriza como um espaço de *coisas boas*. Neste sentido, a usuária reproduziu um dos objetivos

---

18. Depoimento retirado do grupo focal realizado com o Usuário do CRAS Quilombola de Abaetetuba.

19. Depoimento retirado do grupo focal realizado com os Usuários de Breves.

20. Depoimento retirado do grupo focal realizado com a Usuária de Breves.

do equipamento que é a função preventiva de situações de violações de direitos.

Pelo exposto, a percepção dos usuários sobre a PAS e o SUAS se expressa pelos serviços que recebem, os quais significam para esses sujeitos a concretude da Política.

O debate desencadeado nos grupos focais do CREAS Comércio e no Centro Pop de Belém ganhou outra percepção da Política. Neles, predominou usuários do sexo masculino e na faixa de idade de 16 a 40 anos. Os jovens enfatizaram experiências na drogadição, e os adultos resgataram memórias em que vivenciaram melhoria nas condições de vida, caracterizada pelo exercício de um emprego formal. Ademais, ilustraram percepções que remetiam as ambiguidades das políticas sociais e críticas aos impasses colocados ao desempenho dos técnicos, estes também avaliados como esforçados e competentes em suas funções. A não subestimação da competência técnica não serve como fetiche a avaliação dos serviços, benefícios e programas. A percepção a seguir foi ilustrativa nesse sentido:

> [...] *Tudo precário no Centro Pop, não sei se toda Assistência Social pode ser avaliada pelas condições do Centro Pop, mas ele é da Assistência, do SUAS, não é? Deu uma melhorada coisa de um mês. Não tinha água, os canos tudo quebrado, a questão da alimentação tava ruim pra cacete com o perdão da palavra, ruim pra caramba. Lâmpada, não tinha lâmpada pra gente, não tinha papel higiênico. Não tinha material de higiene. [...] Aí eu via nesse ponto, a questão dos assistentes sociais também não tenho do que reclamar, porque se não fosse por eles, sabe, eu acho que aqui tinha fechado já* (Informação verbal)[21].

Este tipo de percepção não foi isolada e motivou os usuários do Centro a organizar uma mobilização que reivindicou junto à presidente da FUNPAPA a manutenção desse espaço com melhoria dos serviços. A relevância do trabalho como reivindicação para usuários do Centro Pop tem sido destacada em outras pesquisas sobre o tema, como Silva

---

21. Depoimento retirado do grupo focal realizado com o Usuário do Centro Pop de Belém.

(2006) que evidencia que o desemprego é uma das motivações dos homens que constituem a população de rua.

Um jovem participante do grupo focal com usuários do CREAS Comércio também manifestou uma percepção da Política de Assistência Social que se distingue dos usuários dos CRAS, conforme ilustrada a seguir:

> [...] *Eu sou da medida socioeducativa. Tenho problema de chegar aqui, porque moro lá perto do aeroporto, do outro lado da cidade. Vejo que os serviços pra jovem com envolvimento com droga estão todos no centro da cidade, nos bairros de pessoal que tem dinheiro e nós temos que atravessar a cidade pra participar do CREAS porque não tem nenhum perto da gente. Ora, que política é essa que não considera nossas condições de dinheiro? Aí depois castiga quando a gente não participa do serviço* (informação verbal)[22].

A percepção do adolescente sobre PAS se inicia por sua vinculação a um dos seus serviços, a medida socioeducativa. Era o cumprimento dela que o tornava um usuário da Política, que no seu relato era de restrição da Política expressa pela dificuldade de chegar ao local do equipamento (CREAS), que materializava o serviço que ele demandava. Destaque foi dado particularmente à questão do *território* que, embora não tenha remetido ao *fator amazônico* conforme a percepção técnica, o associou à não garantia da localização do equipamento próximo a moradia dos usuários.

As percepções dos sujeitos da pesquisa expostas antes remetem, principalmente, às injunções de ordem estrutural da Política, as contradições que permeiam práticas sociais, que, a despeito de suas propostas avançadas no sentido de enfrentamento da pobreza absoluta, encontram obstáculos na sua efetivação concreta. Alguns autores têm chamado a atenção para questões de ordem conceitual presentes na Política, as quais não ganham materialidade no cotidiano

---

22. Depoimento retirado do grupo focal realizado com o Usuário do CREAS de Belém.

dos espaços de execução[23]. Dentre esses conceitos, destaca-se o de território, pensado como lugar em que a vida se reproduz pela espoliação e violência das relações sociais, mas também pela criação e resistência culturais dos que experimentam situações de exploração e opressão, numa tentativa de reverter orientações tradicionais que, além de desconsiderarem as condições precárias de infraestrutura e falta de acesso a políticas públicas, ignoravam o cotidiano dos destinatários da Assistência Social Koga (2013). Ademais, as percepções sobre a Política de Assistência Social e a implementação do SUAS nos municípios pesquisados no Pará indicaram que a concepção de território elucidada na PNAS não se realizava no cotidiano institucional devido às condições oferecidas para condução da Política. Mas, por outro lado, se identificou no discurso e nas práticas das equipes técnicas (não homogeneamente) a realização do território pensado. O que não significa resolução da contradição, mas a expressão de sua existência no horizonte de materialização da Política na perspectiva dos direitos sociais.

4.2.2 Serviços, Programas, Projetos e Benefícios desenvolvidos nos CRAS, CREAS e Centros Pop: qualidade dos serviços e benefícios, capacidade de atendimento, conhecimento e acesso pelos usuários

De acordo com a realidade institucional dos programas, benefícios e serviços da PAS, apresentada anteriormente, o SUAS, a partir de 2005, reorganizou institucionalmente os serviços, programas, projetos e benefícios relativos à Assistência Social considerando as pessoas que dela necessitam. Procurou garantir proteção social básica e especial de média e alta complexidade, atribuindo a centralidade na família e

---

23. Ver análise de Rodrigues (2009) a respeito do trabalho dos assistentes sociais no SUAS e de Teixeira (2013) sobre o fator amazônico no contexto do SUAS.

base no território, ou seja, o espaço social onde seus usuários produzem e reproduzem suas condições de existência material e simbólica.

Do ponto de vista institucional, a PNAS é a Política através da qual seus beneficiários têm acesso aos serviços sociais, urbanos e rurais, entre os quais os serviços de acolhimentos institucionais para as diversas demandas, programas de geração de renda, habitação, entre outros. Nessa perspectiva, a Assistência Social vem ganhando visibilidade como política garantidora de direitos, a partir de conquistas sociais ao longo do processo histórico.

No contexto dos municípios pesquisados no Pará verificou-se que, embora Belém, na condição de metrópole, ilustrasse melhor cobertura de atendimento e, durante o trabalho de campo, encontrasse-se em processo de implantação uma diversidade de serviços da rede socioassistencial da proteção social básica e especial, de modo geral, a maioria dos CRAS ofertava todos os serviços definidos pela Política Nacional, como PAIF, Serviço de Convivência e Fortalecimento de Vínculos (SCFV), Acolhimento de Crianças e Adolescentes, Medidas Socioeducativas, CadÚnico, BPC, BF e os benefícios eventuais embora sem a devida regulamentação.

A oferta dos serviços da rede socioassistencial da proteção social básica ocorria mesmo no município de Vitória do Xingu, onde predominou uma completa *desobediência civil* por parte do gestor municipal ao realizar encaminhamentos que fogem às orientações legais da PNAS por afirmar "[...] não precisar dos recursos da Assistência Social por considerar muito pouco". (Informação verbal)[24].

Em relação à capacidade de atendimento dos equipamentos, principalmente dos CRAS, os entrevistados responderam que a demanda por serviços, programas e projetos era sempre maior do que o ofertado. Em Belém, foi destacada grande demanda de idosas pelos Serviços de Convivência, embora com insuficiente oferta, que, além de impor limite quantitativo às usuárias, definia o tempo de

---

24. Depoimento retirado da entrevista realizada com o Gestor municipal de Vitória do Xingu.

vinculação ao Serviço, restrito a dois anos. A reivindicação das idosas em permanecer nas ações relativas a atividades físicas e grupos de conversação pode ser analisada como uma forma de resistência às condicionalidades restritivas da Política forçando a gestão e técnicos elaborarem alternativas para mantê-las no Serviço a despeito das metas definidas. Um relato significativo da importância do Serviço de Convivência para idosos destacou:

> *A gente vai no médico, ver na televisão, aqui mesmo no CRAS todo mundo dizendo que é preciso fazer exercício físico, mas como nós que não temos dinheiro para pagar academia vamos fazer isso? Então se o CRAS é pra nós que não temos condição, nós temos que ficar aqui fazendo nossos exercícios físicos, fazendo nossas amizades. Senão é só doença, solidão, não?* (Informação verbal).[25]

Quanto ao conhecimento dos serviços, programas, projetos ofertados pelos equipamentos, a fala dos técnicos e da gestão foi de que eram disponibilizadas informações sobre os serviços e benefícios. A gestora de Breves, mesmo afirmando que existia divulgação e, portanto, conhecimento da Política e de seus serviços por parte dos usuários do município, expressou que a divulgação dos programas, projetos, benefícios "[...] requer recursos financeiros do governo federal". (Informação verbal)[26].

Como já sinalizado no item referente às percepções dos sujeitos da pesquisa, observou-se que os usuários tinham uma visão imediatista dos serviços e a busca do retorno imediato refletia na avaliação sobre a Política. Exceção foram os participantes do grupo focal do Centro Pop de Belém, que demonstraram conhecimento dos serviços socioassistenciais para além do atendimento imediato. A manifestação deles sobre conhecimento, acesso e qualidade dos serviços ilustrou questões fundamentais, conforme depoimento a seguir:

---

25. Depoimento retirado do grupo focal realizado com o Usuário de Belém.
26. Depoimento retirado da entrevista com a Gestora Municipal de Breves.

[...] Uma das coisas que eu queria falar é sobre o negócio das atividades que podia melhorar aqui. Não é criticando a atividade, é que podia melhorar as atividades. Por quê? As atividades que eles trazem não traz benefício pra nós assim, benefício bom, porque geralmente é uma atividade de dança, atividade pra pintar, tá entendendo? Então, podia melhorar do seguinte jeito: podia arranjar um estudo, umas qualificações, uns cursos técnicos, um curso de informática, que tem muitos aqui que não sabem nem mexer em computador nenhum, tá entendendo? Podia não ser aqui, mas podia ser externamente, arranjava com a prefeitura, em outros lugares que a prefeitura tem, tá entendendo? Pra melhorar, pra ter uma coisa mais concreta. (Informação verbal)[27].

[...] Pra ter um aproveitamento, porque as atividades que tem aqui muitos não participam, não gostam de participar. Aí tendo um curso, muitas pessoas aqui têm vontade de estudar, tá entendendo? Como a assistente falou, não tem como fazer aqui um estudo, estudar aqui, fazer um curso aqui, mas tem como fazer uma parceria com o governo pra estudar pra ir pra outros órgãos aí que eles têm, tá entendendo. (Informação verbal)[28].

A população em situação de rua questionou o tipo de atividade realizada pelo Centro Pop porque, segundo esses sujeitos, não respondiam às expectativas de melhoria da condição de vida e de busca de reconhecimento, reintegração, dignidade, respeito à cidadania. Dizia não encontrar no equipamento uma perspectiva social concebida para eles. Criticou o trabalho realizado, porque eram atividades que não geravam renda, oportunidade de trabalho e renda. As falas apresentadas chamavam atenção para a dificuldade da política social, em especial da PAS, em responder aos interesses dos usuários, que não desassociavam política de trabalho da política de Assistência Social. As reflexões apresentadas sobre as ações dirigidas à população em situação de rua desconsideravam a condição de trabalhador ou de seu potencial para sobreviver a partir do trabalho, remetendo ao debate de Mota (2009) sobre a necessidade de pensar o imbricamento da Assistência Social com trabalho.

---

27. Depoimento retirado do grupo focal realizado com o usuário de Belém.
28. Depoimento retirado do grupo focal realizado com o usuário de Belém.

A relevância do trabalho como reivindicação para usuários do Centro Pop tem sido destacada em outras pesquisas sobre o tema, conforme Silva (2006) que evidencia que o desemprego é uma das situações dos homens e mulheres que habitam nas ruas por motivos diversos.

Fica claro, inclusive, que para além da realidade encontrada no Centro Pop de Belém, verificou-se que o anseio, o desejo e o sonho de se atingir condições para o trabalho se faz presente para a maioria de usuários entrevistados, seja adulto, homens, mulheres, jovens ou adolescentes. A busca dos serviços socioassistenciais nos municípios do Pará, por diferentes segmentos populacionais que se encontravam em situação de vulnerabilidade socioeconômica, ética/racial e de gênero significava a esperança de se abrir possibilidade de formação ou capacitação para o trabalho como estratégia de subsistência e melhoria de vida.

O acesso e a qualidade dos serviços, programas, projetos e benefícios ofertados nos equipamentos também foram discutidos pelos técnicos e conselheiros considerando os limites estruturais. Uma ilustração do acesso *possível* foi expressa pela abordagem do território, na medida em que a maioria dos CRAS estava sediada próximo a residências dos usuários, exceção para o CRAS de Inhangapi, localizado no centro da cidade, área comercial, distante da periferia. A locomoção dos usuários para acesso a esse equipamento era garantida por transporte municipal que tinha horário específico, implicando perda de acesso quando o usuário não se encontrava no local na hora programada.

Todavia, se a maioria dos CRAS, diferente dos CREAS e do Centro Pop, atendia ao critério de territorialidade, por se encontrar localizado em área com situações que expressavam a condição de vulnerabilidade social das famílias usuárias, a violência denunciada por técnicos, gestoras e usuários também era outro elemento que remetia à dificuldade de avaliar positivamente o acesso e a qualidade dos serviços, programas e projetos. Nesse sentido, observou-se que a violência que permeava o cotidiano dos bairros periféricos de Belém e dos municípios alvos do trabalho de campo, tornou-se um componente problemático para mensurar as condições e a qualidade dos serviços ofertados, chamando atenção para a desarticulação das políticas sociais. Assim, mesmo que a PAS tendesse a efetivar a garantia do território, este precisaria ser protegido pela política setorial de segurança pública. Abaetetuba, no espaço rural, foi um dos municípios em que mais os entrevistados relacionaram a insegurança dos CRAS com o limite da qualidade dos serviços.

> *Aqui é bom, mas a violência também chegou aqui. Nosso bairro é todo cheio de bandidagem. É perigoso vim pra cá pro CRAS. Observem que o prédio tá todo quebrado por causa dos bandidos que entram aqui e levam o pouco do que se tem. É arriscado pra técnica e pra nós.* (Informação verbal)[29].

Além da violência, outro elemento que colocou em questionamento a garantia da qualidade dos serviços residiu na falta de investimento em infraestrutura, recursos humanos e material didático-pedagógico pelos equipamentos. Contudo, tal crítica tende a ser neutralizada, pelos usuários, pela garantia dos lanches oferecidos durante as atividades nos grupos, chamando a atenção para a situação da fome no cotidiano dos usuários da Política. Ademais, observou-se que a avaliação da qualidade tem estreita relação com o atendimento da busca. Quando ela é atendida, o serviço é avaliado como bom.

Em relação aos benefícios socioassistenciais disponibilizados no Pará, as informações da SEASTER destacaram o Bolsa Família (BF), o BPC e BE. No caso do BPC, os dados apontaram que a cobertura no Estado do Pará era de 211.883 beneficiários (91.911 pessoas idosas e 119.972 pessoas com deficiência) em 2017. Já os BE não apresentavam a devida regulamentação (apenas Belém possuía lei aprovada) e a SEASTER não dispunha de dados estatísticos sobre a gestão desses benefícios nos municípios.

---

29. Depoimento retirado do grupo focal realizado com usuários de Abaetetuba.

Cabe ainda destacar o Benefício para Pessoa Acometida por Hanseníase (BEPAH). Estabelecido pela Lei Complementar Estadual n. 05/90, de 24 de janeiro de 1991, consistia num auxílio financeiro no valor de 90% de 1 (um) salário mínimo, pago mensalmente às pessoas habilitadas. Embora seja referenciado pelo Plano Estadual de Assistência Social (PEAS) de 2018, a única informação de cobertura aparece no site da Fundação de Amparo e Desenvolvimento da Pesquisa (FADESP, 2018), registrando 2.466 beneficiários em maio de 2013 e sem indicação sobre repasse mensal. (Pará, 2018, p. 44).

A ausência de informações atualizadas sobre o número de beneficiários do BEPAH permite inferir o lugar de descaso que esse benefício assume na Política de Assistência Social em um contexto em que as estatísticas do Ministério da Saúde têm estimado o retorno de número elevado de pessoas incapacitadas para o trabalho devido aos estigmas e as mutações decorrentes do reaparecimento da hanseníase na Região Amazônica, principalmente no Pará.

Considerando o estabelecido na LOAS, a oferta do BE — nas modalidades Auxílio-Natalidade e Auxílio-Funeral — é obrigatória em todo o território nacional, embora não aconteça de forma efetiva em um considerável número de municípios, chegando a constituir-se moeda de troca utilizada pela maioria dos vereadores, conforme foi sinalizado nos relatórios da pesquisa de campo dos estados do Pará, Maranhão e Ceará. (Silva *et al.*, 2018).

Em relação ao PBF no Estado do Pará, a cobertura, em dezembro de 2018, era de 958.618 famílias, apresentando uma cobertura de 115% (Silva *et al.*, 2018), considerando as 828.999 famílias pobres, segundo o IBGE (2010).

Considerando as injunções governamentais sinalizadas pelos técnicos, conselheiros e gestores e a observação *in loco*, conclui-se que embora houvesse uma oferta dos serviços, programas, projetos instituídos nacionalmente pela PAS, a insuficiência de financiamento tendia a inviabilizar não só o acesso, uma vez que a oferta não respondia à demanda, mas principalmente a qualidade quando se observava a condição física dos prédios alugados, marcados por problemas de infraestrutura, forte odor devido às infiltrações, má divisão dos cômodos para atendimento, mobília danificada e insuficiência de aparelhos refrigeradores como ar condicionado e ventiladores. Esses dois últimos necessários aos municípios que integram o Estado do Pará devido ao clima quente úmido.

O conteúdo exposto deixa claro que a avaliação da capacidade de atendimento, conhecimento, acesso e qualidade dos serviços ofertados nos equipamentos alvos da Política de Assistência Social no Pará tinha estreita relação com o nível de organização da implementação do SUAS no município. Nesse sentido, os municípios em que as ações estavam mais desenvolvidas, a despeito das contradições estruturais, como Belém e Abaetetuba, os limites e possibilidades de efetivação dos serviços eram explicitados com maior clareza. De todo modo, a referência do território, entendida pela conotação espacial de localização dos equipamentos mais na sua conotação espacial do que social, foi consensuada como êxito da Assistência Social.

4.2.3 Os trabalhadores do SUAS nos municípios: composição das equipes, capacitação dos técnicos e condições de trabalho

Sem dúvida, deve-se considerar um avanço na definição dos parâmetros organizadores do trabalho no âmbito do SUAS, pois, outrora, a área da Assistência Social foi acometida de certa *banalização* do trabalho, como se não houvesse *expertise* para esse campo de atuação, deixando um flanco aberto para que qualquer pessoa tivesse a prerrogativa de realização do trabalho no âmbito dessa política social. Estabelecer normas, exigir formação e qualificação profissional para o atendimento de famílias em situação de *vulnerabilidade social* significou imputar importância aos sujeitos demandatários dessa política pública, compreendidos como sujeitos de direitos.

A preocupação com os trabalhadores da Política de Assistência Social, expressa pela Norma Operacional Básica de Recursos Humanos

(NOB-RH) de 2006, é considerada uma das principais inovações apresentadas pelo SUAS. Nela, pela primeira vez, esta reivindicação antiga de técnicos que atuam na referida Política se concretizou formalmente em um contexto que tinha como legado a *demonização* do servidor público, iniciada com Fernando Collor de Melo e reforçada por Fernando Henrique Cardoso (FHC). De acordo com a NOB-RH,

> [...]. As equipes de referências são aquelas constituídas por servidores efetivos responsáveis pela organização e oferta de serviços, programas, projetos e benefícios de proteção social básica e especial, levando-se em consideração o número de famílias e indivíduos referenciados, o tipo de atendimento e as aquisições que devem ser garantidas aos usuários. (Brasil, 2006, p. 25)

Os dados resultantes da pesquisa nos municípios do Pará revelaram que a questão da organização do trabalho no SUAS, e, particularmente, as equipes de referência, constituídas por servidores efetivos, encontravam-se em processo lento de organização. Tratava-se de uma questão complexa, haja vista que envolvia níveis de capacidade financeira e administrativa na esfera municipal e mobilização dos trabalhadores para a operacionalização do SUAS. Nesse sentido, mesmo o SUAS tendo previsto a estrutura mínima de pessoal para que se implante um equipamento socioassistencial em nível municipal, os técnicos e conselheiros participantes da pesquisa expressaram muitas críticas a essa questão, uma vez que, contraditoriamente, as prefeituras tinham adotado o *mínimo* como parâmetro de estruturação da equipe social no município.

> *A equipe mínima é prevista na NOB-RH. Então eu acho que ela é o primeiro ponto que contradiz a proposta política de Assistência como direito. Infelizmente esse ano nós não conseguimos, mas saiu como demanda da Conferência justamente isso, que fosse revisto a questão da equipe mínima dentro do SUAS. Pra quê? Porque hoje, o que acontece? Os municípios, já que têm uma equipe mínima, eles acabam trabalhando pelas equipes mínimas e isso faz com que o*

servidor não tenha condições, é humanamente impossível, como a Elza colocou, dois servidores darem conta de dez usuários, quando esses dez usuários moram dentro daquele espaço, a questão dos serviços de acolhimento, moram dentro daquele espaço, tem episódios de transtorno, tem crianças com transtorno, tem adulto com transtorno e a gente tem dois educadores por plantão. Porque nós vivemos numa sociedade capitalista, trabalhamos com a lei de responsabilidade fiscal. Então, é claro que o gestor vai trabalhar, se ele pode, com a equipe mínima, e não com o quadro que seja realmente aquele que o servidor precisaria. (Informação verbal)[30].

[...] A proteção especial está ali no CREAS, é onde nós temos a maior deficiência no que diz respeito a recursos humanos, nós temos uma assistente social, uma psicóloga, uma recepcionista. Não está completo o quadro, a equipe mínima dentro do que preconiza a NOB-RH deveria ser pelo menos sete pessoas, com psicólogo, pedagogos, não temos, e assim, acontece com bastante dificuldade. (Informação verbal)[31].

[...] com relação às equipes, nós procuramos manter as equipes de referência. No momento nós estamos sem um psicólogo no CRAS Paulo 7, mas vai ser contratado uma psicóloga agora, que é a única equipe que não tava completa. [...] a gente procurou manter sempre as equipes de referência que são exigidas pela NOB. (Informação verbal)[32].

Como se pode observar, não é difícil responder a uma composição técnica tão reducionista. No caso dos CRAS, CREAS e Centro Pop pesquisados no Pará, observou-se que os equipamentos conseguiam compor uma equipe técnica conforme o previsto pela legislação, todavia a questão não se colocava pela composição das equipes, mas pela impossibilidade de trabalhar, atender duas, sete mil famílias com uma equipe extremamente pequena.

Em que pese as conquistas da PAS nos governos de Luís Inácio Lula da Silva (2003-2010) e de Dilma Roussef (2011-2014), a orientação

---

30. Depoimento retirado do grupo focal realizado com a Conselheira de Belém.
31. Depoimento retirado da entrevista realizada com a Gestora Municipal de Salinópolis.
32. Depoimento retirado da entrevista realizada com a Gestora Municipal de Abaetetuba.

neoliberal permaneceu. O governo de coalisão teve que estabelecer diretrizes a partir de determinações exigidas e impostas pelas organizações multilaterais, especialmente o Fundo Monetário Internacional (FMI), comprometendo os investimentos em políticas sociais. Esta injunção interfere e em certa medida determina as dificuldades enfrentadas nos municípios, acrescido do grau de empobrecimento da população em municípios como os da amostra da pesquisa. Esses municípios possuíam baixa arrecadação e dependiam largamente das outras esferas governamentais, tornando a execução e a implementação do SUAS ainda mais difícil e limitada, principalmente no que diz respeito à valorização do servidor público.

Nas equipes de referência verificou-se que, numericamente, os assistentes sociais eram majoritários, seguido dos psicólogos e em alguns casos de pedagogos, exceção para Abaetetuba e Belém. Outro aspecto observado estava na capacitação e na pouca realização de concurso público, principalmente nos municípios de porte pequeno. A equipe técnica, além de *mínima*, era contratada como temporária por indicação dos gestores municipais, colocando em risco a qualidade do serviço. Ressalta-se, que, nesses municípios, a equipe era contratada com recursos transferidos pela esfera nacional de governo, o que dificultava a realização de concurso público, exceção novamente para Belém e Abaetetuba.

A capacitação pensada pela Política como uma forma de possibilitar a atualização de conhecimentos dos trabalhadores sobre legislação, desafios impostos pelo cotidiano do trabalho, dentre os quais as possibilidades e limites das políticas públicas no enfrentamento das desigualdades socioeconômicas, raciais, geração, sexo, gênero, dentre outras questões, também foi informada que ocorria de forma esporádica. Destaque foi dado ao Capacita SUAS, que encontrava como um dos empecilhos a dificuldade de liberação de técnicos e descontinuidade de acompanhamento no curso, conforme ficou claro no relato de gestora de Breves.

Vou dar um exemplo que deixa claro o limite da capacitação como exigência do Sistema: quando nós tivemos a Conferência Estadual de Assistência, se colocava a questão do capacita SUAS. O capacita SUAS é um bom programa? É um bom programa. É adequado? É adequado, mas ainda insuficiente pra realidade, até mesmo porque o capacita SUAS pra Breves só podem participar oito técnicos da Proteção básica, três técnicos da Especial. Para o número de técnicos que nós temos, sem falar que como ele é um programa por módulos, quem participou do primeiro módulo precisa participar do segundo. Então acaba ficando em um grupo de profissionais que foram selecionados por um outro motivo, de uma outra forma, mas fica fechado aquele grupo. Então acaba não abrangendo todos os profissionais do SUAS, principalmente os profissionais de nível superior que são os que agem diretamente com a população. (Informação verbal)[33].

Sobre a efetividade dos servidores, os entrevistados rebateram denunciando a falta de concurso público. Assim,

A falta de concurso público deixa a gente assim também porque nas unidades o fluxo de atendimento é intenso e a equipe é mínima. Noventa e nove por cento dos servidores é temporário, eu digo relativamente, porque a gente às vezes ainda consegue ficar um ano ou até ultrapassar pro segundo, mas é temporário. O salário, aqui nós temos três tipos, cada um ganha um valor para fazer o mesmo trabalho. (Informação verbal)[34]

[...] A Fundação hoje passa por uma situação de total estrangulamento com relação a isso, nós não temos servidores suficientes e todos os serviços estão com essa dificuldade. (Informação verbal)[35].

[...] No CRAS são duas assistentes sociais e uma meia, que é a mesma técnica do CREAS, passa dois dias em um, três dias em outro, que é a psicóloga. E compõe também de nível médio a recepcionista e as outras pessoas que também trabalham lá a nível médio também. (Informação verbal)[36].

---

33. Depoimento retirado do grupo focal realizado com a Secretária de Assistência Social de Breves.
34. Depoimento retirado do grupo focal realizado com a Técnica de Breves.
35. Depoimento retirado do grupo focal realizado com a Técnica de Belém.
36. Depoimento retirado do grupo focal realizado com o Conselheiro de Salinópolis.

[...] A maioria é temporário, contrato que vence a cada ano. Alguns, seis meses, mas a Dilma falou que não vai ter esse ano né? Por causa da questão política acredito que não saia mais, mas estava previsto (Informação verbal)[37].

Além da ausência de concurso público na maioria dos municípios, os trabalhadores apontaram os baixos salários como outra variável relevante na ilustração da precarização das condições de trabalho dos trabalhadores do SUAS. Denunciaram que trabalham muito, uma vez que precisam responder às situações de insuficiência de condições materiais, exposição à violência e ainda têm que enfrentar o custo de vida, sem reajuste e, portanto, sem valorização salarial. No Pará, segundo dados do IPEA (2016), em 2014, as taxas de pobreza e de extrema pobreza eram correspondentes a 20,02% e 5,98%, respectivamente. (Silva e Lima, 2018, p. 28)

A questão salarial foi levantada pelos trabalhadores associada à ausência de planos de carreira para Assistência Social, conforme prevê a NOB-RH (Brasil, 2006), exceção para Abaetetuba, que se encontrava em debate, e Belém, que já possuía o plano aprovado em lei. Nos municípios de Breves e de Salinópolis, os trabalhadores mencionaram:

[...]. Essa questão do contrato que a colega ressaltou é extremamente relevante hoje na cidade porque acontece algo muito sério que é a diferenciação dos salários, por exemplo, o servidor concursado ganha um salário e o servidor contratado pela folha da prefeitura é um outro salário bem mais inferior e o temporário do programa, que eles costumam dizer assim, é mais inferior ainda e todos exercendo a mesma função, com a mesma carga horária, então isso é muito problemático. (Informação verbal)[38].

[...]. Houve em 2009 uma negociação com relação à carga horária e à remuneração deles, eles recebiam uma remuneração bem abaixo do da Saúde, porque a Saúde já tem plano de cargos e carreiras e remunerações, e nós não temos, então ele era bastante abaixo. [...]. Quando eu entrei me incomodou essa diferença e a única

---

37. Depoimento retirado do grupo focal realizado com a Técnica de Vitória do Xingu.
38. Depoimento retirado do grupo focal realizado com a Técnica de Breves.

maneira que eu encontrei de equiparar foi que eles continuassem com a carga horária de 40h semanais, deveria ser de 30h, continua 40h semanais e eu elevei o salário deles, a remuneração deles igualou com a da Secretaria de Saúde, isso falando dos técnicos. Os demais funcionários é contrato e são pessoas de nível fundamental, médios, que vem de outras políticas [...] (Informação verbal)[39].

A insuficiência de trabalhadoras(es) para executar a PAS no Pará, mencionado pela maioria dos técnicos no grupo focal, aliado à precariedade da infraestrutura, geravam desânimo e adoecimento, pois os equipamentos nem sempre possuíam ambiente adequado para o atendimento dos usuários e para desenvolver as ações planejadas pelas equipes, conforme descrito anteriormente. De acordo com a Resolução n. 109/2009 — Ministério do Desenvolvimento Social e Combate à Fome (MDS), que trata da *Tipificação*, os serviços estão definidos com estrutura mínima para o funcionamento dos serviços da PAS[40]. Contudo, se verificou que a condição de atendimento da população usuária deixava a desejar, pois, de acordo com técnicos e usuários da PAS,

[...] Não ter o aparelhamento necessário, o equipamento necessário pra que você possa realmente fazer o teu trabalho de técnico. Então isso aí é uma angústia geral, então algumas pessoas acabam nesse processo sim adoecendo. São coisas a princípio simples, mas que depois você vai vendo que vai tomando um corpo maior. E isso é ruim por quê? Porque ele faz um impacto negativo no trabalho, a insatisfação do profissional também por conta da estrutura traz um impacto para o trabalho, que é preciso também ser visto. (Informação verbal)[41].

[...] No caso deles aqui a questão do transporte deles porque muitas das vezes tem denúncias que ligam pra cá pra elas fazerem uma visita em tal lugar, em

---

39. Depoimento retirado da entrevista com a Gestora Municipal de Salinópolis.

40. A normatização da Tipificação define os conteúdos específicos, o público a ser atendido, os objetivos e os resultados a serem alcançados, sob a ótica dos direitos socioassistenciais. Além das provisões, aquisições, condições e formas de acesso, a Tipificação define as unidades de referência para a sua realização, período de funcionamento, abrangência, a articulação em rede, o impacto esperado e suas regulamentações específicas e gerais. (Brasil, 2013).

41. Depoimento retirado do grupo focal realizado com a Técnica de Belém.

> *tal bairro e ela não tem o transporte delas pra levar elas e trazer. Às vezes sai do próprio bolso delas mesmo, pagar a passagem de ônibus pra ir. Logo que eu cheguei aqui tinha uma van que era alugada pelo órgão, no caso a prefeitura de Belém, só que eu não sei o que foi que aconteceu que aquela van sumiu daqui. Aí depois veio outra van de novo e já desapareceu. Como você pode ver quem chegar aí na frente não tem nenhuma van estacionada aí fora esperando elas justamente na questão de denúncia e fazer visita elas irem e já ter o carro disponível pra levar elas lá pra fazer a visita, não existe isso. Então às vezes sai do bolso delas mesmo o custo da passagem de ônibus delas.* (Informação verbal)[42].

> *[...] muita das vezes a gente percebe que elas querem fazer o trabalho delas, mas tem que ser cancelado por falta de água, por falta de alguma coisa, porque tá muito quente, porque o ventilador quebrou. Não tem aquele material que elas estão precisando pra fazer o trabalho com a gente.* (Informação verbal)[43].

Mesmo com a sistemática do cofinanciamento entre as esferas de governo, ficou evidente na pesquisa que os investimentos realizados para execução do SUAS, na maioria dos casos, advinha da esfera federal, inclusive para a metrópole, Belém. A falta de compromisso do poder público municipal acabava por tornar o trabalho da Assistência Social uma *tormenta* para a equipe responsável em executar as ações planejadas, causando adoecimento e constantes afastamentos do serviço, havendo descontinuidades e provocando taxas de evasão significativas, conforme se observa nas falas a seguir:

> *[...] Como eu falei, nós entramos em 2013, então a maioria dos técnicos ainda vai fazer 3 anos em 2016, mas eu já percebo, é nítido que mesmo esses técnicos que entraram há pouco tempo já tem certos indícios, que a gente pode dizer, desse adoecimento. Eu comparo muito a equipe quando entrou com o que a equipe é hoje. Apesar de realizar o trabalho, mas a gente percebe que tem alguns técnicos que já não realizam com o mesmo desejo, com a mesma vontade, com o mesmo empenho que tinha antes, parece que não tem mais tanta paciência*

---

42. Depoimento retirado do grupo focal realizado com usuário de Belém.
43. Depoimento retirado do grupo focal realizado com o usuário de Belém.

pra determinadas situações, já estão desacreditados que vai chegar material, que vão chegar as coisas que a gente precisa pra realizar o serviço. Então, isso desmotiva muito, isso falando de 2 anos, 2 anos e 3 meses de trabalho na assistência. Então, eu fico imaginando como vai ser daqui a 10 anos, 20 anos, como vão estar esses profissionais. (Informação verbal)[44].

[...] Nós ficamos sem o carro, sem o motorista, sem 4 educadores, sem 4 técnicos. Dentre esses técnicos, nós ficamos sem o técnico de esporte e lazer, sem o psicólogo, sem o assistente social. Isso é grave, porque até hoje a FUNPAPA não recuperou, não colocou um psicólogo lá e nós temos quadros reais de articulação e a gente tenta articular com a casa de saúde mental, mas a gente não consegue, porque a casa de saúde mental acaba por trabalhar com toda a população de Belém, então nós não temos como priorizar o atendimento pra população em situação de rua. (Informação verbal)[45].

[...] Nós passamos dezembro inteiro com os telefones cortados da FUNPAPA, início de janeiro inteiro, metade de fevereiro inteiro. Eu não costumo sofrer porque eu acho que o limite é institucional, ele não é o limite [...] Nós fazemos muito esforço pra poder garantir os direitos da população, mas eu tive um caso em que a Santa Casa colocou uma pessoa morrendo na porta do Centro Pop às 15 pras 16 por debaixo da chuva. Disse que ela estava de alta e ela não estava de alta. Essa moça nem andava, ela tava com HIV, ela tá grávida hoje e ela está quase morrendo de novo lá na Santa Casa e eu tive que chorar porque eu não tinha telefone, eram sete e trinta da noite já, eu não tinha telefone, eu não tinha carro, todos os funcionários cortados, era uma quinta-feira à noite num temporal em Belém. [...]. Então, essa situação toda acaba adoecendo o trabalhador, porque ele se sente impotente dentro de uma questão que é uma ausência de estrutura real para o trabalho. (Informação verbal)[46].

[...] Dois colegas que a gente visualiza que estão bem diferentes talvez até por um princípio de adoecimento. Um ele diz explicitamente que foi por excesso de trabalho, que ele começou a acumular funções. Eu esqueci de dizer, isso é uma coisa muito comum na assistência. Você está na coordenação, no serviço de convivência,

---

44. Depoimento retirado do grupo focal realizado com a Técnica de Belém.
45. Depoimento retirado do grupo focal realizado com a Técnica de Belém.
46. Depoimento retirado do grupo focal realizado com a Técnica de Belém.

responsável pelos orientadores e ainda executa o PAIF quando pode, entendeu? Então você começa a assumir uma demanda de responsabilidade muito grande. Agora a nossa outra colega não, a gente viu, a gente tem um contato diário com situações de extrema vulnerabilidade, não respondendo a muitas delas e a gente verificou que isso causa um impacto na nossa colega e mais algumas situações de caso, mas a gente não tem um aparato médico. (Informação verbal)[47].

O adoecimento das(os) técnicas(os) que encontrava causas na falta de infraestrutura adequada às exigências regionais considerando as intempéries como chuva, muito sol, forte umidade, presença de insetos e animais peçonhentos, rios largos, florestas etc. colocava em evidência o descaso com o art. 62º da Resolução n. 33/2012, que reconhece: "[...] o cofinanciamento dos serviços socioassistenciais de proteção social básica e especial deverá considerar fatores que elevam o custo dos serviços na Região Amazônica [...]" (Conselho Nacional de Assistência Social, 2012, p. 21).

Nesse sentido, as(os) técnicas(os) reclamaram:

[...]. Outra situação é a falta de reconhecimento dessa realidade que nós temos e de falar no censo SUAS sobre isso, nós não temos nem endereço, nós não podemos colocar rio fulano de tal, braço de ilhas, furo, igarapé, nós não podemos colocar isso lá, porque não existe, mas não é por falta de não dizer que existe porque existe. (Informação verbal)[48].

[...] A questão da necessidade de uma equipe volante. Não há cofinanciamento da equipe volante e vocês veem na fala da técnica de CRAS a necessidade de uma equipe volante. O município já custeou a equipe volante até pra ajudar nas ações de CRAS, mas aí essa situação de crise, mais arrecadação, teve que haver um ajuste na folha e infelizmente nós perdemos a nossa equipe volante por conta até de atraso para repasse de recurso vem atrapalhando muito a ação da assistência (Informação verbal)[49].

---

47. Depoimento retirado do grupo focal realizado com a Técnica de Breves.
48. Depoimento retirado do grupo focal realizado com a Técnica de Abaetetuba.
49. Depoimento retirado do grupo focal realizado com a Técnica de Abaetetuba.

[...] tem uma lancha que foi dada pelo MDS, mandada, muito linda, mas ela não atende a minha demanda. A equipe volante tem que chegar até comunidades mais distantes, mas necessita mesmo daquele atendimento. Com a lancha que o MDS mandou eu não consigo realizar esse atendimento, pra mim chegar a uma extremidade do município de Breves eu demoro aí quase um dia pra chegar, se não um dia e meio, mas com a lancha que eu utilizo no momento. Ela não tem como montar rede, ela não tem como fazer, digamos, uma estadia nesse meio de transporte. Ou seja, quando eu tenho que me deslocar pra algum desses lugares eu preciso de uma lancha alugada sendo que nós temos uma lancha. (Informação verbal)[50].

Novamente observa-se que a não observância do *fator amazônico* aparece na avaliação crítica das condições de trabalho dos trabalhadores do SUAS no Pará. Desse modo, as constatações feitas pela pesquisa no que tange às condições de trabalho, envolvendo financiamento, espaço-ambiente, equipe e remuneração podem ser analisadas pelo prisma de que o SUAS, embora se constitua em uma importante conquista para os segmentos considerados vulnerabilizados e em risco social pela PAS, ainda enfrenta desafios que precisam ser superados pelas três esferas de governo.

Nesse sentido, pelos relatos e observação *in loco*, verificaram-se poucas alterações nas condições de trabalho nos municípios pesquisados. A despeito de uma norma específica sobre valorização de trabalhadores, como a RH/SUAS-2006, a desvalorização, no período da pesquisa de campo, era uma realidade, tendo como legitimação a própria legislação que se traduz pela concepção dos mínimos sociais. Tinha-se, por conseguinte, deterioração das condições físicas e mentais do servidor público, que tinha como explicação a fragilidade do financiamento da Política, incapaz de possibilitar a efetivação de concursos e de um plano de cargo e carreira com definição de um piso salarial condizente com a complexidade do trabalho realizado.

---

50. Depoimento retirado da entrevista realizada com a Gestora Municipal de Breves.

4.2.4 Participação dos usuários e controle social

A participação no âmbito da PAS e do SUAS ainda se constitui grande desafio para os operadores e usuários dessa política pública. Desde os anos que antecederam a Constituição Federal de 1988, que trabalhadoras(es) ligados à área da Assistência Social participaram de processos de mobilização social com vistas ao reconhecimento e garantia desse campo como política pública, tendo sempre como propósito a qualidade dos serviços. Aprovou-se o texto constitucional, sancionou-se e promulgou-se, mas a luta não cessou. Foram muitos anos de participação e mobilização para superar os entraves e se alcançar a aprovação do texto que regulamentaria a Assistência Social como política de direitos, objetivada em 1993, por meio da LOAS que em seu Art. 5º, Inciso II preconiza a "[...] participação da população, por meio de organizações representativas, na formulação das políticas e no controle das ações em todos os níveis". (Brasil, 1993).

A pesquisa realizada revelou que a participação no âmbito da Assistência Social no Pará ainda apareceu como uma expressão de despolitização, haja vista que não bastam as definições legais, é necessário que a gestão pública garanta espaços de participação e controle social no âmbito da Política de Assistência Social. Evidenciou-se que nos municípios pesquisados a participação emergia como acessório à política, resumindo-a ao papel desempenhado pelos conselhos setoriais, que são formados a partir da lógica normativa de que todos os municípios para acessarem recursos públicos das esferas estadual e federal devem obrigatoriamente ter o conselho constituído, confundindo-se participação com gestão.

Novaes (2012, p. 140), ao analisar a questão da participação em Belém do Pará, considera "[...] uma não potencialização das possibilidades engendradas pelos movimentos sociais no processo de luta no processo de democratização no Brasil". Esse pressuposto pode ser associado ao processo de implantação e implementação do SUAS nos municípios do Pará, pois, verificou-se que nessa esfera administrativa, tanto os trabalhadores quanto os usuários não tinham poder de interferir na gestão da PAS. Exemplo disso foi o município de Belém que possui histórico de mobilização e participação, tendo, inclusive, vivenciado a experiência de Orçamento Participativo e Congresso da Cidade como projeto municipal de planejamento participativo na metade da década de 1990 e início de 2000. Mesmo assim, a pesquisa constatou que as experiências de movimentos sociais e de participação não foram potencializadas pelas ações vinculadas ao SUAS desde o ano 2005 como resgata o relato a seguir.

> [...] A área da assistência social em associação com a área dos direitos da criança e do adolescente, Belém registra uma relação de marcante presença da sociedade civil organizada desde a década de 1970, com expressiva presença de movimentos que emergiram na luta contra a ditadura militar, como por exemplo a República de Emaús, ligada ao movimento católico progressista, o Centro de Defesa do Menor etc. e que nos anos 1980 se estenderam por dentro do movimento constituinte nas áreas mencionadas, como o Movimento Nacional de Meninos e Meninas de Rua. Antes mesmo da concretização dos Conselhos de Direitos nas distintas políticas sociais, já, de alguma forma, pressionavam o Estado para controlar e protagonizar a defesa dos direitos sociais através de políticas sociais. (Informação verbal)[51].

Mesmo se tratando de um município com história de participação popular, mobilização, movimentos sociais, contraditoriamente, verificou-se que o processo de participação e controle social da PAS sofria os efeitos de políticas neoconservadoras que começaram a ganhar força a partir de 2013 (Mota, 2015; Santos, 2008). Para conselheiros e conselheiras participantes da pesquisa, sejam governamental ou não-governamental, as falas tinham a mesma sintonia:

> Não é fácil a gente articular a sociedade civil hoje. A gente ainda percebe dos próprios conselheiros. [Prossegue a mesma conselheira: [...] eu cheguei aqui. Eu não sabia nem porque eu tinha vindo, mas eu fui pro Conselho, eu fui lá

---

51. Depoimento retirado do grupo focal realizado com a Técnica de Belém.

[...] às vezes a gente percebe que o conselheiro não representa a população ou a sociedade, ele tá representando a entidade dele [...] (Informação verbal)[52].

Eu só gostaria que os "civis" tivessem essa consciência e viessem junto conosco, porque muitas vezes a gente não pode bater. Eu posso tá, hoje, mas quem sabe, amanhã já me tirou e colocou outro, entendeu? (Informação verbal)[53]

A sociedade civil realmente passa por um grande enfraquecimento, grande desinteresse pelas questões do conselho. (Informação verbal)[54].

[...] há um interesse muito pessoal, um interesse de garantir as questões da própria instituição e o conselho de assistência [...] como eu sou da sociedade civil eu posso falar com toda tranquilidade e também participo de outros conselhos, a gente tem um diferencial no conselho de assistência porque os técnicos que estão lá, do governo, muitas vezes brigam mais pelas questões da política do que a própria sociedade civil. [...] não é o CRAS indicar uma pessoa, ela estar lá que é representação de usuário, não é. Isso não é, tanto que os que foram assim, os que chegaram lá dessa forma não permaneceram (Informação verbal)[55].

A reflexão teórica de movimentos sociais sinaliza que movimentos sociais, após os anos 1990, passaram por formas de institucionalização, especialmente as entidades que assumiram lugar nos conselhos setoriais ou de direitos. Outra perspectiva aponta que durante os governos do Partido dos Trabalhadores (PT) várias lideranças deslocaram o seu lugar de atuação para os espaços governamentais, fragilizando a questão da participação popular em contextos de planejamento governamental. As agendas e pautas reivindicativas se confundiram com a execução da política pública. A recém-criada PAS inicia sua implantação em meio a essa conjuntura de governos democráticos e populares, imbricada com a dinâmica de institucionalização dos

---

52. Depoimento retirado do grupo focal realizado com a Conselheira de Belém.
53. Depoimento retirado do grupo focal realizado com a Conselheira de Belém.
54. Depoimento retirado do grupo focal realizado com a Conselheira de Belém.
55. Depoimento retirado do grupo focal realizado com a Conselheira de Belém.

movimentos sociais e, em certa medida, de partidarização da participação e neutralização das lideranças nacionais e locais.

No Pará, esse quadro se apresenta em sintonia com a tradição, pois associa-se também à dinâmica estadual de se fazer política com práticas clientelistas e oligárquicas ainda com muita força, mesmo na metrópole e nos municípios de grande porte. Assim, tem-se, nos municípios pesquisados, conselheiros indicados pelos gestores ou articulados e mobilizados por eles, sem que a sociedade civil, organizada em defesa dos interesses da classe trabalhadora, tivesse participação em qualquer processo de escolha, tornando o controle social acessório da PAS na realidade municipal.

Com exceção de Abaetetuba e Belém, observou-se em todos os municípios a intervenção da gestora municipal, centralizando as decisões, decidindo e definindo as ações sem que os conselheiros opinassem, seguindo a lógica e a perspectiva ideopolítica do(a) prefeito(a), principalmente nos dois municípios em que a gestão da PAS se confundia com o primeiro damismo. Assim, para a gestora de Salinópolis,

[...] Ele (o prefeito) tem uma forma específica de trabalhar, como eu disse, ele tem uma forma específica de trabalhar, diferente da gestão passada, então eu me adequei sim a forma de trabalho e acabei planejando. (Informação verbal).[56]

Em quase todos os municípios pesquisados os conselhos enfrentavam problemas de infraestrutura, autonomia e protagonismo, o que levou à constatação da distância entre a intenção de que os conselhos se constituíssem em espaço privilegiado de discussão da PAS em âmbito municipal, como podemos perceber nas falas dos conselheiros que ressaltaram mais aspectos estruturais e condições objetivas, criticando seus limites: "Nós encontramos um conselho que não tinha um espaço adequado, não muito diferente da maioria

---

56. Depoimento retirado da entrevista realizada com a Gestora Municipal de Salinópolis.

dos nossos equipamentos." (Informação verbal)[57]; "Como é que eu vou até uma entidade que desenvolve um trabalho socioassistencial, [...] vou exigir que essa entidade esteja toda de acordo [...] se o nosso próprio conselho não tem uma estrutura." (Informação verbal)[58]. "Até mesmo a história desse conselho foi perdida justamente por conta dessa não equiparação desse equipamento, dessa estrutura funcional do Conselho". (Informação verbal)[59].

> *O nosso conselho aqui né? Estamos estruturando aqui, mana, agora nós ganhamos aqui, que eu venho brigando há muito tempo, querendo, porque não temos condições de alugar, a situação financeira não cabe. E eu entrei em parceria com a educação aonde era o depósito da Educação, que se encontra aqui na principal, muito bonito o espaço lá e eu vinha buscando, buscando e eu consegui. Então, nós vamos agora mobiliar, fizemos a compra né, todo o equipamento pra eles. Estamos comprando um carro também, já foi licitado, está sendo licitado agora, é pra deixar à disposição do Conselho. O espaço lá maravilhoso, eles mesmo me disseram que na hora que a gente entregar vão sair na avenida fazendo festa [...] (Informação verbal)[60].*

> *É nessa sala mesmo que a gente se reúne, tem o secretário, ele que fica aqui e coordena essa parte. Não temos sede. Atualmente quem tá presidindo é ela aqui, porque o presidente saiu e ela era a vice, né? (Informação Verbal)[61].*

> *O CMAS funciona aqui na sala do RH, tem computador, um armário lá com as coisas do Conselho, mas dizer que tem um prédio próprio para o Conselho, não tem. (Informação verbal)[62].*

> *No momento estamos sem secretária executiva, a moça teve que viajar por problemas pessoais, pediu demissão assim de repente aí ainda não mais ninguém.*

---

57. Depoimento retirado do grupo focal realizado com a Conselheira de Belém.
58. Depoimento retirado do grupo focal realizado com a Conselheira de Belém.
59. Depoimento retirado do grupo focal realizado com a Conselheira de Belém.
60. Depoimento retirado do grupo focal realizado com o Conselheiro de Inhangapi.
61. Depoimento retirado do grupo focal realizado com a Conselheira de Vitória do Xingu.
62. Depoimento retirado do grupo focal realizado com técnicos e conselheiros de Vitória do Xingu.

A mesma coisa foi o presidente, saiu por problemas familiares. Era da Secretaria de Assistência, teve um problema de saúde e teve que sair de repente, a nossa secretária executiva foi mesma situação. (Informação verbal)[63].

Como se pode perceber (exceção para o primeiro relato) registraram-se críticas sobre o abandono do poder público municipal do espaço dos conselhos, visto que, além de tudo, os espaços abrigavam vários conselhos e se encontravam precários. Ademais, foi apontada incoerência em relação à missão de fiscalização de outras entidades e suas precárias condições para funcionamento. A gestão corrobora com a crítica: "[...] dividem o espaço com o conselho da criança, mas, o CMAS não está satisfeito [...] Há pendências administrativas desde 2013, 14 e 15." (Informação verbal)[64].

Além da questão da infraestrutura que comprometia a ação dos conselheiros, diminuindo o seu poder de atuação, ainda foram encontrados(as) gestores(as) se referindo aos conselhos como *parceiros*, esvaziando a função do controle social assegurado na regulamentação da PAS e passando uma ideia de domesticação dos conselheiros. Assim, para a gestão:

Vai funcionar bem estruturado, né? Quando ela (a gestora) fala assim: pacífico, conselho satisfatório, a gente consegue, como ela falou assim, a gente tem uma parceria boa, com a Assistência Social, quando a gente fala de governo, secretária. Então, se é pacífico, satisfatório é porque está satisfazendo também, graças a Deus, os nossos anseios, as nossas angústias, que deixaram talvez de ser anseios e angústias. Tá caminhando, a gente tá dialogando, indo pelo caminho certo, chegando ao mesmo consenso de que da melhor forma possível atender as necessidades, como eu falei, do todo, da população de Inhangapi. (Informação verbal)[65].

O Conselho e a Assistência caminham junto, eu já disse e vou continuar dizendo, dona Cristina (a gestora) é quem faz o Conselho funcionar, sem ela

---

63. Depoimento retirado do grupo focal realizado com a Conselheira de Vitória do Xingu.
64. Depoimento retirado da entrevista realizada com a Gestora Municipal de Belém.
65. Depoimento retirado do grupo focal realizado com o Conselheiro de Inhangapi.

o Conselho não funcionaria, é ela que traz os problemas pra a gente, é quem tá por dentro de todo processo, a gente só faz avaliar e dizer sim ou não, na maioria é sim porque quando vem já vem de uma pessoa que tem a cabeça no lugar. E com isso o Conselho trabalha com a maior facilidade, sem problemas, a assistente social é secretária executiva aí elas duas né, a gente fica só na "manha", aprovando, tá perfeito. O Conselho é imparcial. (Informação verbal)[66].

Destaca-se, contudo, que nos municípios de maior porte, a relação com os conselhos, particularmente os da PAS, enfrentava conflitos, contradições e desafios, mas estabeleciam relações políticas e interinstitucionais que demarcavam um tempo, cuja participação reivindicava o lugar do controle social na PAS, podendo ser reconhecida como *prática social que buscava alargar o poder de decisão.*

O controle social na área da Assistência Social no município de Abaetetuba, em comparação a outras municipalidades investigadas, revela avanços e entraves, ambos compreensíveis em face da historicidade das relações endógenas e exógenas da Política em estudo. (Informação verbal)[67].

O município de Abaetetuba ilustrava uma forma diferenciada de participação e controle social dos demais municípios pesquisados, podendo ser destacado juntamente com a metrópole Belém, como experiências que buscavam garantir as condições necessárias e adequadas para a realização do controle e fiscalização da PAS nesses municípios. Em ambos, verificou-se dificuldades em relação à questão da estrutura para o pleno funcionamento dos conselhos, contudo observou-se que politicamente as relações eram mais amplas no que tange à elaboração dos planos municipais, à fiscalizações das ações realizadas e também do monitoramento, o que contribuía para a organização da Vigilância Socioassistencial, a partir da produção de

---

66. Depoimento retirado do grupo focal realizado com o Conselheiro de Inhangapi.

67. Depoimento retirado do grupo focal realizado com Conselheiros e Técnicos de Abaetetuba.

dados, contribuindo com a qualidade da PAS no contexto do Estado do Pará, conforme é observado posteriormente.

Na visão da gestora do município de Abaetetuba, é possível perceber a relevância dada ao controle social na perspectiva da garantia dos direitos como produto da relação democrática entre vários segmentos:

> *Nós priorizamos a questão do controle social, porque nós sentimos que é de fundamental importância que exista esse controle social e que o conselho seja participante ativo do processo. A nossa relação com o conselho não é uma relação de cooptar conselheiro, é uma relação democrática onde eles têm acesso, eles vêm aqui dentro olhar documento.* (Informação verbal)[68]

> *[...] pessoas das entidades da sociedade civil [...] que fala das mudanças que a política de assistência sofreu no município, do crescimento, da evolução da política que foi um processo de construção. Ela não começou na nossa gestão, ela começou lá atrás, a gente tava lá em 95, quando a gente fez a primeira conferência, que a gente começou a discutir a estruturação da secretaria, o que fortaleceu foi a organização da sociedade civil, que fortaleceu essa criação da secretaria, que fortaleceu o conselho. Nós tivemos um conselho atuante, houve um momento de latência, hoje ele voltou a ser atuante. [...]. Foi ela [sociedade civil] que cobrou que deixasse de ser só assistencialismo social, que deixasse de ser só a cesta básica, de ser só doar cadeira de rodas, de ser uma farmácia que tinha dentro da ação social.* (Informação verbal)[69]

> *Então, a sociedade civil teve um papel fundamental aqui e hoje esse papel continua hoje reconhecendo a política como um direito do cidadão. O que fortalece a secretaria de assistência hoje é esse reconhecimento da sociedade civil, tanto que nos primeiros momentos que a prefeita sofreu pressão para eu saísse, quem foi lá foi a sociedade civil exigir que eu permanecesse, porque durante esses anos todos ela sofreu muita a pressão para me tirar daqui, pelo grupo que não queria que assistência social fosse o que é e a sociedade civil tava lá comprando a defesa.* (Informação verbal)[70]

---

68. Depoimento retirado da entrevista realizada com a Gestora Municipal de Abaetetuba.
69. Depoimento retirado do grupo focal realizado com a Gestora Municipal de Abaetetuba.
70. Depoimento retirado da entrevista realizada com a Gestora Municipal de Abaetetuba.

Considera-se, então, que a participação na PAS se revelou parcial, pois ao formalizar os conselhos nos municípios pesquisados não se conseguiu concretizar um dos princípios da NOB, em seu art. 6º, inciso XI, qual seja:

> [...] garantia incondicional do exercício do direito à participação democrática dos usuários, com incentivo e apoio à organização de fóruns, conselhos, movimentos sociais e cooperativas populares, potencializando práticas participativas. (Conselho Nacional de Assistência Social, 2012, p. 4).

Diante do exposto, conclui-se que, no Pará, a PAS implementada nos municípios enfrentava ainda muita dificuldade no que tange à questão da participação e do controle social. Mesmo que seja uma exigência e uma condição a formação dos CMAS, foram identificados sérios limites de condições para que desenvolvessem suas finalidades, conforme preconizam os parâmetros legais. Mesmo nos municípios em que se verificou algum avanço, constatou-se ou a ausência de usuários nos conselhos, ou quando estavam presentes, não tinham discernimento do papel que deveriam desempenhar como conselheiros municipais. Associa-se ainda o fato de que, dos seis municípios pesquisados, em quatro os conselhos eram conduzidos pelos gestores da Secretaria de Assistência Social, transformando-os em lugar de reprodução da concepção clientelista, fisiológica, assistencialista, da política do favor.

4.3 Vigilância Socioassistencial: sistematização e funcionamento

Esse tópico apresenta a realidade da Vigilância Socioassistencial (VSA) nos seis municípios do Estado do Pará que integraram a amostra da pesquisa objeto do presente capítulo. Discute a concepção, os conceitos centrais e as formas de organização da VSA a partir dos documentos oficiais e de publicações sobre a temática, bem como, com base em pesquisa empírica, apresenta e problematiza as percepções dos sujeitos da pesquisa sobre essa função da Política de Assistência Social no referido Estado.

4.3.1 Vigilância Socioassistencial no SUAS: aproximação conceitual

Partindo da compreensão de que conceitos emergem da apreensão do movimento das categorias do real e são apropriados dialeticamente pela razão (Lukács, 1979), a Vigilância Socioassistencial é uma formulação intrínseca à Política de Assistência Social brasileira que foi sendo construída em meio às necessidades teórico-práticas da própria política pública, mas que carrega consigo as contradições inerentes às históricas tensões entre as classes. A categoria/conceito emerge da convergência de três mediações históricas, a saber: a reforma do Estado, a revolução informacional e as conquistas sociais do pós-ditadura no Brasil pelas forças de centro-esquerda (Couto *et al.*, 2017; Lojkine, 2002). Logo, a VSA é resultante de um movimento tendencial de renovação da assistência social em meio à implantação de uma nova visão de seguridade social, mas teve que enfrentar a chegada ao país de uma onda neoliberal, que se instala a partir dos anos 1990, cuja influência persiste até os dias atuais.

Importa lembrar que historicamente a área da Assistência Social trouxe o ranço do clientelismo e do assistencialismo. Em face disso, tradicionalmente essa área obedece(u) o ditame *serviços pobres para pobres*. Havia baixa ou nenhuma preocupação com a cobertura da demanda e menos ainda com a aferição da qualidade dos serviços oferecidos. (Pereira, 2007) O advento da VSA, como parte estruturante da PNAS, revela um claro avanço de *status* dessa Política, já que aponta uma tendência nova: preocupação com a aferição das demandas, qualidade e alcance da Política.

Pode-se identificar uma clara tensão intrínseca à VSA: por um lado, a continuidade da *vigilância*, estigmatização e controle sobre os pobres, que vem incrustada nos atavismos do assistencialismo; por outro lado, o avanço político e normativo da vigilância como conhecimento profundo do território e controle sobre os padrões de qualidade dos serviços, fortalecendo o protagonismo dos sujeitos da Política no controle social. Essa tensão termina por gestar duas possibilidades históricas em franca tensão por hegemonia.

A VSA não nasce a partir da LOAS de 1993, entretanto, a necessidade de monitorar, avaliar e construir diagnósticos sempre esteve em pauta na Assistência Social, enquanto necessidade de execução e análise das ações, bem como a necessidade de refletir sobre a realidade social. Dessa forma, identificamos que a VSA nasce, enquanto função da Assistência Social, na NOB 2005 e legaliza-se com a atualização da LOAS em 2011 (Lei n. 12.435/2011), expandindo-se com a NOB/2012 (Resolução CNAS n. 33 de 12 de dezembro de 2012) e ganhando mais sistematização operacional com as Orientações técnicas do MDS. (Brasil, Universidade Federal do Rio Grande do Sul, 2016). Com referência nessa base normativa, depreende-se que a função da VSA é sinteticamente: "[...] conhecer o território para garantir as seguranças socioassistenciais (seguranças de: acolhida, convívio, renda e sobrevivência, autonomia)." (Brasil, Universidade Federal do Rio Grande do Sul, 2016, p. 15).

Como é possível observar na base normativa que a regulamentou, a Vigilância Socioassistencial é compreendida como uma das funções integrantes estruturais da PAS, compondo um tripé ao lado das funções de *proteção social e defesa social*. Segundo estabelece a NOB/2012, a VSA se realiza por intermédio da produção, sistematização, análise e disseminação de informações territorializadas e trata: "I — das situações de vulnerabilidade e risco que incidem sobre famílias e indivíduos e dos eventos de violação de direitos em determinados territórios; II — do tipo, volume e padrões de qualidade dos serviços ofertados pela rede socioassistencial." (Brasil, 2012, p. 40).

A VSA é ao mesmo tempo *processo* e *produto*, precisando gerar resultados que impliquem a garantia de proteção social e a defesa de direitos, concretizando, dessa forma, sua condição de *política pública*. Em outras palavras, ela não só se responsabiliza pela mensuração dos resultados alcançados, como também por anunciar a dimensão do *não-alcançado*, da revelação da inefetividade da própria política social, constituindo-se, dessa forma, tanto instrumento para a efetivação da proteção social, como para a defesa de direitos socioassistenciais, quando apresenta, onde, como e por que a política pública não incluiu e enfrentou a desigualdade.

Assim, a VSA não se limita a ser um *setor* isolado da PAS que produz informações e facilita o controle da Política, seja de usuários, seja, inclusive, de servidores. Pode e deve ter um setor, mas que não esgote a possibilidade de ação integrada na função de VSA transversal a todo o sistema, e que deve seguir os princípios da matricialidade sociofamiliar, territorialização, descentralização e participação democrática.

No âmbito da VSA, segundo as orientações oficiais (Brasil, 2016), deve-se produzir conhecimentos sobre: demandas sociais descobertas, provações, vulnerabilidades e riscos sociais; ofertas de serviços socioassistenciais, sua cobertura, barreiras de acesso e padrões de qualidade. Também no mesmo âmbito deve orientar sistematização, análises e disseminação de informações territorializadas sobre: necessidades e demandas por seguranças socioassistenciais em diversas escalas territoriais e institucionais; grau de adequação da oferta de serviços, programas e benefícios socioassistenciais; padrão de qualidade da oferta das expressões da PAS.

Marque-se a importância do conceito de território para a função VSA na seguinte definição de Santos (2002, p. 14) de que

> O território tem que ser entendido como o território usado, não o território em si. O território usado é o chão mais a identidade. A identidade é o sentimento de pertencer àquilo que nos pertence. O território é o fundamento do trabalho; o lugar da residência, das trocas materiais e espirituais e do exercício da vida.

A concepção de território definida pelo autor é adotada pela PAS oficialmente, e se trata de uma avançada e complexa definição teórica, que condiciona o entendimento dessa função da PAS, de modo a ultrapassar uma concepção restritiva ligada a controle e produção de dados de forma vertical e autoritária. Tal concepção coloca a VSA como campo estratégico, criando novas práticas de registro e análise da realidade voltada ao aprimoramento da gestão, do cotidiano dos processos de trabalho e do controle social.

Ainda assim, há que se ter prudência em avançar no campo da *vigilância* social, devido ao antigo conteúdo ético-político que subjaz na história de assistência à pobreza que sempre implicou controle, vigilância e subordinação desses contingentes populacionais, cuja herança se encontra na persistência do assistencialismo e autoritarismo nas práticas de agentes da PAS. (Silva, 2015).

Acerca desta noção de território e sua importância para a Vigilância Socioassistencial, importa destacar a análise construída pelos(as) pesquisadores(as) do Estado do Pará:

> [...] Trata-se de uma avançada e complexa definição teórica, que condiciona o entendimento dessa função da PAS, de modo a ultrapassar uma concepção restritiva ligada a controle e produção de dados de forma vertical e autoritária. Tal concepção coloca a Vigilância Socioassistencial como campo estratégico, criando novas práticas de registro e análise da realidade voltada ao aprimoramento da gestão, do cotidiano dos processos de trabalho e do controle social. (Pará, 2019, p. 93).

Os trabalhadores do SUAS, lotados nos equipamentos socioassistenciais (CRAS, CREAS e Centros Pop), com destaque para os técnicos, são fundamentais no registro de dados, no intercâmbio dessas informações nos e entre os equipamentos, bem como nas análises feitas pela Vigilância Socioassistencial para melhoria dos serviços. Além desses, considera-se pertinente que usuários (as)e suas famílias, que disponibilizam informações sobre suas condições de vida, sejam incluídos nos processos de avaliação do acesso e da qualidade da prestação dos serviços socioassistenciais, nos níveis de gestão e de execução da Política de Assistência Social.

O Relatório Final de Pesquisa de Campo no Estado do Pará (2018) salienta que a não criação de um setor de Vigilância Socioassistencial pode fortalecer o discurso de atribuir essa função a um profissional dos equipamentos socioassistenciais, implicando, assim, não na contratação de equipe específica para sistematização e análise das informações.

No âmbito do debate conceitual e da sua operacionalidade, identifica-se um importante risco aos avanços da PAS, que se objetiva no trato com as categorias território, risco e vulnerabilidade; na realidade, se localizam nos territórios os *riscos e as vulnerabilidades* com o perigo de atrelá-los a aspectos próprios do território (que ocultam e revelam o concreto), sem correlacioná-los com a totalidade dos processos estruturais do modo de produção capitalista, estigmatizando, dessa forma, os *territórios da pobreza* como gênese e objetivação das tensões produzidas pela dominação/exploração na relação capital-trabalho.

4.3.2 A Vigilância Socioassistencial: a experiência do Pará

A VSA, na esfera do governo do Estado do Pará, através de sua Secretaria especializada SEASTER, possuía um setor específico: a Coordenadoria de Vigilância Socioassistencial, composto por uma equipe experiente e multidisciplinar, mas quantitativamente insuficiente para cobrir um Estado de enormes proporções e com características amazônicas. A equipe foi solícita no processo da pesquisa desenvolvida, mas nem sempre conseguiu disponibilizar os dados solicitados. No trabalho de campo verificaram-se inúmeras queixas dos municípios no tocante à necessária assessoria a ser prestada, em especial aos municípios de pequeno porte, que se sentiam abandonados técnica e financeiramente.

De um modo geral, o nível de implementação da PAS/SUAS no Estado do Pará era bastante heterogêneo. Levou-se em consideração, também, a ação do governo do Estado.

Todo ano a SEASTER vem fazer o que eles chamam de monitoramento. Eles procuram, por exemplo, durante um mês, digamos, no ano, aí eles vêm, conhecem todos os espaços, vão em todos os espaços, discutem com as equipes. O restante do ano é pontual, de acordo com a necessidade (Informação verbal)[71].

A NOB/SUAS 2012, em seu art. 93-II, ressalta ainda a responsabilidade dos Estados no sentido de "[...] apoiar tecnicamente a estruturação da Vigilância Socioassistencial nos municípios do Estado." (Brasil, 2012, p. 43). Entendemos esse apoio fundamental como condição primordial para que os municípios consigam, de fato, instituir e fazer funcionar a sua Vigilância Socioassistencial.

Quanto à realidade estudada no Estado do Pará nos seis municípios componentes da amostra da pesquisa, identificamos consonâncias e discrepâncias na apresentação das análises e conclusões provisórias a que chegamos na comparação dos dados e informações obtidas das análises documental, das entrevistas, grupos focais e observações de campo realizadas.

Considerando o referencial indicado antes, sobre a função da VSA na PAS, de um modo geral, entre os municípios participantes da amostra da pesquisa de campo do Pará predominou a discrepância entre a conceituação apresentada e as concepções e práticas identificadas. Registre-se a exceção de Belém e Abaetetuba, que apresentaram essa dimensão bastante institucionalizada, mas também com deficiências no alcance da proposta desenhada pela Política em tela.

Existe na fundação a vigilância, porém tem uma equipe mínima como todos os "serviços". [...] eles não conseguem fazer o trabalho de levantamento de dados nas comunidades. [...] eles utilizam os dados que os espaços dão pra eles e condensam essas informações em materiais informativos dessa rede [...] mas eles não têm pernas pra tá no território, pra tá fazendo levantamento ou mapeamento de rede (Informação verbal)[72].

---

71. Depoimento retirado da entrevista realizada com a Gestora de Belém.
72. Depoimento retirado do grupo focal realizado com Técnicos e Conselheiros de Belém.

> [...] *são uma equipe interdisciplinar, tem um assistente social, um antropólogo, uma economista e uma analista de sistemas. Realmente o processo são dados, eles coletam a partir dos nossos relatórios, eles emitem semestralmente os boletins que é a coleta de todos esses dados, é feita uma análise bem criteriosa, mas é com base nos relatórios.* (Informação verbal)[73].

Quanto à expressão da função VSA nos municípios da amostra da pesquisa, ficou evidenciado que apenas dois municípios possuíam um setor específico de VSA, Belém e Abaetetuba, municípios classificados como metrópole e grande porte, respectivamente. Como já demonstrado anteriormente, possuem um histórico mais antigo que os demais quanto a ações de governos de esquerda que investiram na base da estruturação de um setor de planejamento e monitoramento estável. Importa registrar que a existência do setor pode, como vimos na definição, até desfocar o sentido da VSA em face das demais funções. Mas esse não é o caso desses municípios.

Na percepção do gestor e auxiliares diretos, havia um claro avanço graças à aplicação de duas estratégias:

> [...] *a primeira foi a elaboração dos boletins: a gente faz boletim semestral. [...] Todo mês nós recebemos os relatórios de todos os espaços. A gente insere no sistema nacional, a gente insere no banco de dados local; mas aí como fazer a devolutiva pros espaços, né? Como fazer? Aí foi quando a gente teve a ideia de elaborar boletins. No semestre eu pego todos os CRAS, os relatórios de todos os CRAS, faço tabela, nós temos um técnico de referência pra cada complexidade lá na vigilância, da básica, da média e da alta e a gente faz tabelas, faz comparativos entre CRAS. [...] Isso tem gerado momentos fecundos de discussão. Porque a gente pega, põe na sala todo mundo e a gente vai discutir como tá um, como tá outro, o que que foi alcançado, o que que não foi alcançado. Então é a forma de dar devolutiva, ver se eles estão alcançando a meta ou se não estão alcançando, ver se precisam reestruturar. Então, a gente faz isso em agosto com os dados do primeiro semestre e a gente faz no começo do ano com os dados do ano todo. Tem sido superimportante* (Informação verbal)[74].

---

73. Depoimento retirado do grupo focal realizado com Técnicos e Conselheiros de Belém.
74. Depoimento retirado da entrevista realizada com a Gestora de Belém.

Segundo os técnicos, o resultado para a execução na base era profícuo: "[...] hoje a gente estava discutindo com o Centro Pop", aí a coordenadora do Centro Pop disse: "[...] gente, isso é melhor do que qualquer trabalho de pesquisa" (Informação verbal)[75].

Torres (2015) identifica alguns riscos da setorização e da não setorização. No primeiro caso, o autor aponta para a possibilidade de, ao setorizar, perder-se a dimensão de totalidade e burocratizar o tratamento dos dados. No segundo risco, ele afirma que

> [...] é a possibilidade de romper com o discurso que abriga a ideia de que os CRAS ou organismos das Proteções Sociais podem desenvolver as ações da Vigilância Socioassistencial, e por isso, não seria necessária a inserção ou contratação de uma equipe especifica para cuidar dos dados, podendo ser assumida por uma pessoa para constar como alcance de meta do Pacto de Aprimoramento de Gestão do Governo Federal. (Torres, 2015, p. 169)

O caso de Breves que, embora não tivesse um setor determinado para a VSA, a fala dos técnicos demonstrou que existia a atividade de monitoramento e sistematização de dados, sem grande ênfase na avaliação e planejamento de ações futuras.

> *Nós temos os nossos dados, inclusive nossos mapas e nossos monitoramentos, tudo é muito bem registrado, catalogado, os nossos relatórios anuais inclusive são de muitas páginas, mas os dados ficam mais entre a Unidade e gestão e Sistema, mas não chegou a ter esse caráter da publicização.* (Informação verbal)[76].

Os municípios de pequeno porte apresentaram a pior apreensão da função VSA. Em Salinas, os dados de acompanhamento e monitoramento eram exclusivos de uso da gestora, enquanto em Inhangapi, além do desconhecimento quase completo, o entendimento era de que

---

75. Depoimento retirado do grupo focal realizado com Técnicos e Conselheiros de Belém.
76. Depoimento retirado do grupo focal realizado com Técnicos de Breves.

essa função deveria ser da SEASTER. A pior de todas as situações se encontrava em Vitória do Xingu: total desconhecimento e negação da função. "Não! Avaliação? Nós não temos... Um sistema de avaliação nós não temos." (Informação verbal)[77]

Já em Salinópolis, "[...] a Vigilância Socioassistencial, tudo fica bastante centralizado mesmo em mim." (Informação verbal)[78].

No que diz respeito à compreensão da VSA pelos diferentes sujeitos da pesquisa, verificou-se total desconhecimento pelos usuários de todos os municípios; os conselheiros de Belém e Abaetetuba apresentaram algum nível de entendimento da VSA; o mesmo se identificou em relação aos gestores. Os técnicos, em todos os municípios, com exceção de Vitória do Xingu e Inhangapi, revelaram pelo menos um conhecimento inicial do significado da função VSA.

> *Pensar em avaliação é pensar alguns conceitos básicos, por exemplo, pensar e avaliar território é um elemento essencial para reavaliar a Política; pensar o conceito de rede também é um elemento novo trazido por alguns autores que trabalham esse conceito, mas esse conceito precisa ser mais elaborado, mais trabalhado [...]* (Informação verbal)[79].

De um modo geral, podemos concluir que, dada a complexidade da função VSA, cuja realização contava com a força contrária da tradição assistencialista da área, já se encontrava exemplo de avanço consolidado no Estado do Pará, principalmente em Belém e Abaetetuba. Todavia, apenas a capital logrou produzir seu diagnóstico sócio-territorial, o que revelou a existência de um longo caminho a percorrer no Estado, já que a realidade em que a VSA foi encontrada em pior situação foi nos municípios de pequeno porte, que representavam a maioria dos municípios do Estado.

---

77. Depoimento retirado do grupo focal realizado com Técnicos e Conselheiros de Vitória do Xingu.
78. Depoimento retirado do grupo focal realizado com Técnicos e Conselheiros de Salinópolis.
79. Depoimento retirado do grupo focal realizado com Técnicos de Inhangapi.

Digna de nota é a questão do entendimento do conceito de território, como já sinalizado, base determinante para a construção da função VSA, em estreita articulação com as funções da PAS: Proteção social e defesa de direitos. Ocorria o que Torres sinaliza: "O conceito de territorialidade é entendido como lugar das possibilidades e soluções dos problemas, sem correlação com as dimensões da questão social e da divisão social e técnica do trabalho." (Torres, 2015, p. 170). A identificação das *vulnerabilidades e riscos* ganha caráter instrumental e se plasma na dimensão territorial *física* perdendo o contorno mais complexo que evoca *vidas e vivências, histórias e tragédias*, articulando à relação singular-universal-particular, construindo totalidade social. (Lukács, 1979) A realidade empírica estudada ainda demonstrou distância de uma concepção e prática mais refinada no entendimento da PAS, que incorporasse a VSA com a devida compreensão dessa função, mas que a simples presença da VSA na estrutura da Política era reveladora da concepção assistencialista da Assistência Social.

Resta acrescentar que, entre as razões que justificavam tal situação, encontrava-se o atraso na conquista do nível gestão plena pela maioria dos municípios do Pará, e, além disso, e com mais força determinadora, o refluxo dos investimentos na área da Assistência Social, bem como a quebra da lógica da PNAS, após o golpe representado pelo *impeachment* da Presidente Dilma Rousseff, em 2016.

4.4 Conclusão: avanços, limites e desafios da Política de Assistência Social no Pará

Pelo conteúdo exposto neste capítulo concernente à realidade e especificidades da implementação do SUAS e da PAS no Estado do Pará, particularmente nos municípios que constituíram amostra da pesquisa, podemos concluir que:

Em relação aos avanços, ficou demonstrado que a PAS somente na metrópole e no município de porte grande (Belém e Abaetetuba) era gestada e executada segundo os parâmetros institucionais do SUAS, numa busca de adequar a estrutura municipal às exigências legais. A preocupação em responder aos documentos oficiais não ocorria fragmentada do conhecimento teórico de perspectiva crítica sobre a política social, em geral, e a PAS, em particular. Esta articulação entre domínio técnico, teórico e político apareceu nos relatos das gestoras, dos técnicos e dos conselheiros, ao discorrerem sobre os avanços e desafios da Política nas três esferas de governo, reiterando a perspectiva da busca de superação de práticas residuais e não estatal.

Outro avanço observado, no conjunto dos municípios, diz respeito ao fato de que todos possuíam um órgão específico para o comando da PAS, implantados, na maioria, a partir de 2006.

Ainda como avanço, identificou-se a superação do primeiro-damismo em quatro dos seis municípios. As gestoras de novo perfil eram técnicas de carreiras, assistentes sociais, formada em curso presencial, sem vínculos de parentesco com políticos locais. A superação do primeiro-damismo por gestoras, técnicas e conselheiros foi reconhecida como resultado da percepção qualificada da PAS, como política pública nos últimos 12 anos, pelo poder executivo.

Em relação aos limites da PAS e do SUAS no Pará, foi identificado um rol maior, conforme indicado a seguir.

As condições de trabalho foram problematizadas pelos limites decorrentes da equipe reduzida dos trabalhadores dos SUAS, reduzida ao mínimo do mínimo, na maioria dos municípios. Belém e Abaetetuba, a despeito do número significativo de trabalhadores, com predomínio de assistentes sociais, não ingressaram nas secretarias através de concurso público, mas foram contratados como temporários, fato que na avaliação dos sujeitos prejudicava a continuidade, a qualidade do trabalho desenvolvido e, principalmente, era responsável pelo adoecimento dos técnicos. Soma-se a isto a ausência de uma política de planos, cargos e salários, conforme prescrito na lei.

Os equipamentos, principalmente os CRAS urbanos, estavam compatíveis com a legislação, ou seja, implantados nos territórios mais vulneráveis, e, por conseguinte, próximos ao local de moradia dos usuários, todavia nenhum dispunha de prédio próprio. A condição de alugados não possibilitava reformas que permitissem sanar problemas como odor de mofo, cômodos mal estruturados, infiltrações, mobília e insegurança dos imóveis. Ademais, o único CRAS rural, dirigido para uma comunidade quilombola, não dispunha de sede física e uma equipe técnica compatível com as necessidades de ordem geográfica do Município.

A garantia de equipamentos como lanchas volantes em alguns municípios ribeirinhos inapropriadas para a particularidade dos rios apareceu como uma das principais ilustrações do não atendimento ao *fator amazônico*.

Ainda no tocante aos limites, o reconhecimento do Poder Executivo da qualificação da PAS não se refletia em seu comprometimento efetivo na contrapartida municipal como ampliação de recursos municipais bem como não influenciava no Legislativo, identificado por técnicos, gestores e conselheiros como o maior obstáculo às aprovações de leis e decretos municipais necessários à regulamentação da PAS.

Também com relação a limites, pode-se destacar que a observação das atividades dos grupos de convivência e fortalecimento de vínculos indicou uma ênfase ao entretenimento e escuta dos problemas pessoais, familiares, não ficando claros possíveis investimentos em vínculos familiares. Aliás, os membros dos Grupos de Convivência eram fragmentados considerando sua identidade etária ao molde da tradicional Política de Assistência Social.

A questão da capacitação dos trabalhadores aparece de forma muito tímida com algumas referências de participação no Capacita SUAS, criticado pelo alcance e cobertura que tensionava com a equipe reduzida.

Por fim, no rol dos limites salientou-se a fragilidade do exercício de mobilização para a participação e controle social. Apesar de discursos comprometidos de técnicos e conselheiros com a democratização das relações, os CMAS não permitiam nos municípios do Pará aos beneficiários da Política serem chamados a participar, conhecer, debater e se apropriar dos diversos aspectos da Política, no sentido de qualificar e elevar o nível de consciência social. A questão do financiamento e cofinanciamento era restrita ao conhecimento dos gestores, seja da PAS seja do gestor municipal.

Assim, considerando os limites mencionados, os interlocutores da pesquisa no Estado do Pará propuseram como desafios para superação da situação vivenciada à efetivação do SUAS em relação: a) à garantia de equipes de trabalhadores de referência, qualificada, contratada por meio de concursos públicos conforme prescreve a NOB-RH/SUAS com substituição da terminologia equipe mínima; b) à efetivação da Resolução n. 33/2012, que reconhece a questão do *fator amazônico;* c) à ampliação de serviços na proteção social especial de alta complexidade; d) à discussão com os usuários da Política sobre a distinção entre Assistência Social e Assistencialismo; e) à superação da lógica normativa dos conselhos setoriais; f) à qualificação de conselheiros visando a distinção entre participação e controle social e, acima de tudo, a politização da PAS no contexto das desigualdades sociais, raça/etnia, gênero e geração; g) à mobilização dos usuários para sua participação nos CMAS; h) à estruturação dos CMAS com garantia de sede e trabalhadores próprios; i) à ampliação de recursos nos municípios, participação do Estado no cofinanciamento da Política e ampliação do cofinanciamento federal; j) ao equipamento e aprimoramento da Vigilância Socioassistencial onde já existe e implantação nos outros municípios; k) ao Investimento na compra de prédios próprios para os espaços de materialização da PAS (CRAS e CREAS e Centro Pop); l); ao investimento nos equipamentos e mobília dos CRAS e CREAS e Centro Pop; m); à ampliação do número de CRAS e criação de CREAS nos municípios de pequeno porte.

Pelo exposto, verificamos que as recomendações dos sujeitos da pesquisa no Pará partem da realidade vivenciada nos municípios, ou seja, solicitaram a materialização do SUAS como Sistema que propõe um novo formato de saber e fazer a PAS, visando reduzir a distância entre o legal e o real, redução não condicionada aos interesses individuais, como os trabalhadores da Política, mas às situações econômica, política e sociais vivenciadas na atualidade brasileira.

É oportuno, ainda nesta conclusão, reiterar o destaque que a pesquisa evidenciou no Estado do Pará, no tocante à especificidade da realidade do *Fator Amazônico*, em termos da cultura, mas sobretudo em relação às condições para locomoção e acesso aos moradores, principalmente as populações ribeirinhas. Essa realidade coloca demandas e exigências que precisam ser consideradas no âmbito da PAS e da implementação do SUAS, o que requer a aplicação efetiva da Resolução n. 33/2012, que reconhece o *fator amazônico*.

Referências

BRASIL. Lei nº 8.742, de 7 de setembro de 1993. Dispõe sobre a organização da Assistência Social e dá outras providências. *Diário Oficial da União*, Brasília, DF, 1993. Disponível em: https://www.planalto.gov.br/ccivi l_03/LEI S/ L8742compilado.htm. Acesso em: 6 jun. 2018.

BRASIL. Ministério do Desenvolvimento Social e Agrário. Secretaria de Avaliação e Gestão da Informação. Secretaria Nacional de Assistência Social. UNIVERSIDADE FEDERAL DO RIO GRANDE DO SUL. *Curso de atualização em vigilância sociassistencial do SUAS*. Brasília, DF, 2016. Disponível em: https://aplicacoes.mds.gov.br/sagi/dicivip_datain/ckfinder/userfiles/ files/Vigil%C3%A2ncia%20Socioassistencial/Aluno%20-%20Miolo%20-%20 Vigil%C3%A2ncia%20Social.pdf. Acesso em: 23 out. 2018.

BRASIL. Ministério do Desenvolvimento Social e Controle à Fome. *Tipificação Nacional de Serviços Socioassistenciais*. Brasília, DF, 2013.

BRASIL. *Norma Operacional Básica de Recursos Humanos do SUAS-NOB-RH/ SUAS*. Brasília, DF, 2006.

BRASIL. *Norma Operacional Básica NOB/SUAS*. Brasília, DF, 2012.

CONSELHO NACIONAL DE ASSISTÊNCIA SOCIAL. Resolução no. 33, de 13 de dezembro de 2012 — NOB SUAS. Aprova a Norma Operacional Básica do Sistema Único de Assistência Social — NOB SUAS. *Diário Oficial da União*, Brasília, DF, 2012.

COUTO, B. R. *et al.* (Orgs.) *O Sistema Único de Assistência Social no Brasil*: uma realidade em movimento. 5. ed. São Paulo: Cortez, 2017.

INSTITUTO BRASILEIRO DE GEOGRAFIA E ESTATÍSTICA. *Censo Demográfico*. Rio de Janeiro, 2010.

INSTITUTO DE PESQUISA ECONÔMICA APLICADA. *Ipeadata:* Radar IDHM. Rio de Janeiro, 2016. Disponível em: http://www.atlasbrasil.org.br/2013/pt/radar-idhm/. Acesso em: 23 out. 2018

KOGA, D. Aproximações sobre o conceito de território e sua relação com a universalidade das políticas sociais. *Serviço Social em Revista*, Londrina, v. 16, n.1, p. 30-42, jul./dez. 2013.

LOJKINE, J. *Revolução informacional*. São Paulo: Cortez, 2002.

LUKÁCS, G. *Ontologia do Ser Social:* os princípios ontológicos de Marx. Trad. Carlos N. Coutinho. São Paulo: Ciências Humanas, 1979.

MARANHÃO. *Projeto Pesquisa Avaliando a Implementação do Sistema Único de Assistência Social na Região Norte e Nordeste*: significado do SUAS para o enfrentamento à pobreza nas regiões mais pobres do Brasil. São Luís: GAEPP, 2016. Mimeo.

MOTA, A. E. A centralidade da assistência social na Seguridade Social brasileira nos anos 2000. *In:* MOTA, A. E. *O mito da assistência social*: ensaios sobre Estado, política e sociedade. São Paulo, Cortez, 2009.

MOTA, A. E. Prefácio. *In:* NASCIMENTO, M. A. (Org.). *Tempo de Bolsas:* estudos sobre programas de transferência de renda. Campinas: Papel Social, 2015.

NOVAES, J. dos S. *Território e lugar:* a construção democrática da Metrópole — o congresso da cidade de Belém do Pará. 2012. Tese (Doutorado) — Universidade de São Paulo, São Paulo, 2012.

PARÁ. *Relatório Final — Projeto Avaliando a Implementação do Sistema Único de Assistência Social na Região Norte e Nordeste*: significado do SUAS para o enfrentamento à pobreza nas regiões mais pobres do Brasil. Belém: Universidade Federal do Pará, 2018. Mimeo.

PEREIRA, P. A. P. A assistência social prevista na Constituição de 1988 e a operacionalização pela PNAS e pelo SUAS. *Revista Ser Social*, Brasília, DF, n. 20, p. 63-83, jan./jun. 2007.

RODRIGUES, M. P. Balanço Crítico do SUAS e o Trabalho do/a Assistente Social. SEMINÁRIO NACIONAL O TRABALHO DO/A ASSISTENTE SOCIAL NO SUAS, 2009, Rio de Janeiro. *Anais* [...]. Rio de Janeiro: CFSS, 2009.

SANTOS, M. *A natureza do espaço:* técnica e tempo, razão e emoção. São Paulo: Edusp, 2002.

SANTOS, M. *Da totalidade ao lugar*. 1. ed. São Paulo: Edusp, 2008.

SILVA, M. L. L. *Mudanças recentes no mundo do trabalho e o fenômeno população em situação de rua* — 1995-2005. Brasília, DF: UnB, 2006.

SILVA, M. O. da S. e *et al*. *Relatório Final de Pesquisa de Campo das Regiões Norte e Nordeste do Projeto Avaliando a Implementação do Sistema Único de Assistência Social na Região Norte e Nordeste:* significado do SUAS para o enfrentamento à pobreza nas regiões mais pobres do Brasil. São Luís: Universidade Federal do Maranhão, 2018. Mimeo.

SILVA, M. O. da S. e; LIMA, V. F. S. de A. *Pontuando a realidade socioeconômica das Regiões, Estados e Municípios espaços da pesquisa empírica*. São Luís: GEAPP, 2018. Mimeo.

SILVA, T. G. M. da. A Vigilância Socioassistencial da Política de Assistência Social: desafios conceituais e operacionais. JORNADA INTERNACIONAL DE POLÍTICAS PÚBLICAS, 7., 2015. *Anais* [...]. São Luís: PPGPP/UFMA, 2015.

TEIXEIRA, J. B. A Amazônia e a Interface com o SUAS. *In:* CRUZ, J. F. da *et al*. *20 anos da Lei Orgânica de Assistência Social*. Brasília, DF: MDS, 2013.

TORRES, A. L. *Gênese, lugar e perspectivas da vigilância socioassistencial:* estudos no campo da Política de Assistência Social nos municípios de Belém e Ananindeua. 2015. Dissertação (Mestrado em Serviço Social) — Universidade Federal do Pará, Belém, 2015.

5

A implementação do SUAS no estado do Maranhão:
desafios de uma realidade em movimento

Maria Ozanira da Silva e Silva
Maria Eunice Ferreira Damasceno Pereira
Annova Míriam Ferreira Carneiro
Cleonice Correia Araújo
Margarete Cutrim Vieira
Maria do Socorro Sousa de Araújo
Salviana de Maria Pastor Santos Sousa
Valéria Ferreira Santos de Almada Lima

5.1 Introdução

Neste capítulo são apresentados e problematizados resultados da pesquisa de campo realizada no Estado do Maranhão no contexto do projeto: *Avaliando a implementação do Sistema Único de Assistência Social na Região Norte e Nordeste: significado do SUAS para o enfrentamento à pobreza nas regiões mais pobres do Brasil.*

O espaço geográfico para a realização da pesquisa empírica no Estado do Maranhão, seguindo critérios e orientações indicadas na introdução do livro, foi composto dos seguintes municípios: metrópole: São Luís; município de grande porte: Açailândia; médio porte: Barreirinhas; pequeno porte II: Cururupu e Pequeno Porte Nível I: Bacabeira e Davinópolis.

A seleção dos municípios e dos equipamentos (CRAS, CREAS e Centros POP), partindo dos critérios prévios estabelecidos, coube aos pesquisadores responsáveis pelo estudo no Estado, com a participação de representantes institucionais: Secretária Adjunta da SEDES e da Secretária Adjunta e uma técnica da Secretaria Municipal da Criança e Assistência Social (SEMCAS), órgão gestor da PAS na capital, gestores municipais e técnicos inseridos na implementação da Política de Assistência Social no Estado.

Sobre as atividades de pesquisa realizadas nos municípios, conforme definido no projeto, ocorreram entrevistas com os gestores municipais, grupos focais com técnicos e conselheiro e grupos focais com usuários, além de observações de CRAS, CREAS e Centros Pop para verificação das condições concretas e da dinâmica de funcionamento desses equipamentos. Assim, em termos quantitativos, foram realizadas entrevistas semiestruturadas com secretarias municipais de

Assistência Social nos 6 municípios e o gestor estadual de Assistência Social; realizados 23 grupos focais nos 6 municípios, congregando 65 técnicos, 110 usuários e 21 conselheiros, envolvendo um total de 196 sujeitos integrantes da pesquisa; foram ainda realizadas visitas para observação em 8 CRAS, 1 CREAS e 1 Centro Pop.

O calendário das atividades de pesquisa foi elaborado pelos gestores e técnicos locais, sendo que os técnicos também se responsabilizaram pela mobilização dos sujeitos indicados para participação na pesquisa de campo: gestores municipais, técnicos, conselheiros e usuários.

A pesquisa de campo foi realizada no período de janeiro a novembro de 2016, com duração média, de permanência da equipe de pesquisadores, organizados em dupla, em cada município do interior do Estado de cinco dias. Em São Luís, por não implicar em grandes deslocamentos dos pesquisadores e constituir uma área que abriga um número maior de equipamentos e atividades de Assistência Social, a pesquisa de campo foi realizada em período mais estendido.

A seguir, é desenvolvido esforço de análise e problematização dos resultados do estudo empírico, procurando estabelecer articulação da realidade com o desenvolvimento do SUAS. Na conclusão, são destacados avanços, recuos, limites, dilemas e perspectivas da PAS e do SUAS no Estado.

5.2 Resultados do estudo empírico: articulação da realidade com a implementação do SUAS no estado do Maranhão

Neste item, os resultados da pesquisa empírica realizada nos seis municípios do Maranhão apresentam e problematizam conteúdos que destacam os eixos temáticos que orientaram o desenvolvimento da pesquisa: percepção dos sujeitos: gestores municipais e estadual;

técnicos, conselheiros e usuários sobre a PAS e o SUAS; serviços e benefícios disponibilizados nos CRAS, CREAS e Centro Pop; trabalhadores(as) do SUAS; participação dos usuários no SUAS e controle social; sistematização e funcionamento da Vigilância Socioassistencial.

5.2.1 A Política de Assistência Social e o SUAS sob a percepção do gestor estadual, dos gestores municipais, técnicos, conselheiros e usuários

A Assistência Social como ação de solidariedade e ajuda mútua entre os seres humanos sempre esteve presente nos diferentes grupos sociais e sociedades, em maior ou menor grau, conforme o nível de organização das práticas sociais, políticas, econômicas, culturais e religiosas.

No Brasil, a Assistência Social tem se caracterizado historicamente como campo da tutela e do favor, marcada desde sua origem pelas relações sociais que constituíram o processo de formação social, econômica, política e cultural da sociedade brasileira e o seu posterior desenvolvimento. Assim, a Assistência Social se originou no âmbito das relações privadas e se ampliou, posteriormente, assumindo características diversificadas nas diferentes esferas da vida social. Passou a configurar-se como parte de um sistema das relações sociais expressas e materializadas na figura dos provedores sociais e políticos, através de práticas protecionistas, de *favorecimento pelo afeto*[1], de uma cultura da dádiva[2] e do favor, que permaneceram durante longo tempo na sociedade brasileira e que ainda permeiam as relações sociais[3], resguardadas as devidas dimensões e configurações.

---

1. A respeito das práticas de favorecimento pelo afeto como parte das relações sociais constituídas no processo de formação da sociedade brasileira, ver Holanda (1995).

2. Ver Mauss (1974), que analisa um tipo de regime contratual e de trocas estabelecido entre grupos em sociedades denominadas arcaicas, e que expressam vínculos de reciprocidade entre doadores e beneficiários.

3. Ver análises de Araújo (2013) a respeito da atual relação entre poder de mando, filantropia e prefeiturização das relações sociais no Maranhão.

Nesse contexto, a recente configuração da Assistência Social como política pública inserida no campo da Seguridade Social no Brasil decorre de um processo historicamente construído a partir da luta de diferentes grupos e sujeitos sociais pela institucionalização da proteção social como responsabilidade estatal, o que vem se efetivando a partir da CF de 1988, e regulamenta-se pela LOAS de dezembro de 1993.

A partir da pesquisa de campo realizada nos seis municípios maranhenses, verificamos a percepção dos diferentes sujeitos: Secretárias Municipais de Assistência Social e Secretário Estadual; Técnicos(as), Conselheiros(as) e Usuários(as) sobre a Política de Assistência Social e sobre o SUAS, considerando a recente institucionalização da Política e o processo de implementação do SUAS no país.

Em relação à compreensão acerca da PAS, predominou nas falas das gestoras municipais a indicação de que houve uma melhor compreensão do que é a PAS, em termos da definição das suas atribuições e competências, conforme definido no âmbito do SUAS. Dessa forma, a Política é compreendida a partir do marco regulatório do SUAS, ou seja, como era organizada antes do SUAS e como é ou como deveria ser a partir do proposto por esse Sistema.

Segundo foi possível constatar, tal demarcação está fundamentada na concepção de que o SUAS propiciou uma melhor definição das competências e atribuições da Política e da atuação dos próprios gestores e técnicos. A divisão da proteção social em tipos e níveis de complexidade é percebida como facilitador da compreensão do que é a Política, o que, por sua vez, contribui para sua execução no município.

Seguramente, no que diz respeito ao aspecto normativo, a PNAS e o SUAS alteram sobremaneira as referências relativas aos conceitos adotados, à estrutura organizativa e à dinâmica de financiamento, gestão e controle social dos serviços e benefícios no âmbito da Assistência Social. Nesse aspecto, é de extrema relevância a implementação do SUAS, como um Sistema Único, cuja dinâmica perpassa as três esferas de governo, que requer e pressupõe a oferta sistemática de serviços e benefícios socioassistenciais com um padrão de atendimento, com definição de objetivos, com planejamento e execução de ações e serviços baseados em critérios estabelecidos nos níveis de proteção definidos na PNAS, Proteção Social Básica e Proteção Social Especial.

Em alguns dos municípios, as gestoras afirmaram, ainda, que o SUAS teria propiciado visibilidade à PAS enquanto política pública, se comparada às Políticas de Saúde e Educação, por exemplo, sendo que não há unanimidade em relação a essa questão. Também alguns trabalhadores afirmaram que, a despeito do SUAS, a Assistência Social continuou relegada, também em comparação às políticas de Saúde e Educação, como em Davinópolis, por exemplo, consoante a afirmação: "Eu trabalho na Assistência desde o primeiro prefeito aqui, sempre essa política fica em último lugar"; "a Assistência vem atrás e sempre com esse tabu de fazer assistencialismo." (Informações verbais)[4].

Essa secundarização da PAS, mencionada em grande parte dos municípios, decorre do processo histórico de institucionalização de práticas assistencialistas no Brasil e no Maranhão e, dessa forma, mesmo após a institucionalização e implementação da Política, em determinados municípios ainda prevalece a concepção de que os serviços e benefícios socioassistenciais possuem o cunho assistencialista da ajuda e, em sendo ajuda, podem ser realizados da forma como for possível, sem prioridade e supostamente sem legitimidade.

Em relação à compreensão do que é o SUAS e do que é a PAS, foi ainda ressaltado que a implementação do SUAS, em termos de sua gestão, requer a compreensão acerca do que é o Sistema, como está estruturado e organizado, o que demanda estudo e competência, constituindo-se um desafio para quem assume a gestão.

O domínio do conteúdo técnico e normativo acerca da PAS e do SUAS constitui-se processo que exige estudos e formação continuada para todos os profissionais envolvidos na gestão e implementação da Política, sendo ainda fundamental a compreensão da Política para além dos aspectos técnicos e legais, o que significa uma compreensão política, econômica, social e cultural relacionada ao processo histórico

---

4. Depoimento retirado do grupo focal realizado com Técnicos e Conselheiros de Davinópolis.

de formulação e implementação de políticas públicas no contexto da realidade maranhense e brasileira.

Algumas das gestoras entrevistadas destacaram a questão de que o SUAS possibilitou a estruturação da Assistência Social, oportunizando a diferenciação entre assistência e assistencialismo. Assim, a estruturação e oferta dos serviços por níveis de proteção e de complexidade, a configuração dos serviços e a oferta dos serviços nos CRAS e CREAS vêm propiciando uma oportunidade de ruptura com a *cultura do dar* estabelecida pelos políticos locais e com "[...] a ideia de que a Assistência Social era responsável por organizar, fazer eventos no município." (Informação verbal)[5], conforme enfatizou a ex-gestora do município de Cururupu.

Em relação a esse aspecto, a pesquisa revelou que, em alguns municípios, os técnicos e gestores não fazem referência à interferência dos políticos na concessão dos benefícios, sendo que, em um município, a gestora afirmou não haver interferência, e, em alguns outros, gestoras e técnicos afirmaram que ainda persiste o assistencialismo, sendo que as atividades e benefícios da PAS ainda funcionam como *moeda de troca*.

Quando questionadas acerca das condições gerais de funcionamento da Política de Assistência Social nos municípios, as gestoras destacaram que uma das dificuldades existentes em relação à uma boa gestão da Política é o fato de que não vem sendo executada plenamente de acordo com as determinações do SUAS. Assim, há uma organização da PAS no formato do SUAS, mas isso não ocorre efetivamente, conforme explicitado no seguinte depoimento:

> *Uma das coisas que eu te falei, das dificuldades, foi de estar organizado como solicita o SUAS. Aqui na gestão tinha que ter a Coordenação da Proteção Básica, pra a gente poder estar coordenando melhor esses trabalhos, né? Esses serviços, e a Proteção Especial, que atualmente não está estruturada fisicamente dessa forma, está só na estrutura do papel, na lei. Porque tem que estar estruturada*

---

5. Depoimento retirado da entrevista realizada com a ex-Gestora Municipal de Cururupu.

da forma como está desenhada na Política pra que funcione realmente bem. (Informação verbal)[6].

Portanto, verificou-se que a grande maioria das gestoras municipais entrevistadas entende que, na prática, ainda não ocorre nos municípios a execução da PNAS conforme está previsto no SUAS. Existe uma configuração formal, normativa, mas, que não está sendo implementada como previsto, demonstrando que há um distanciamento entre o proposto pela Política e sua efetiva implementação.

E ainda, conforme foi ressaltado por alguns conselheiros, costuma haver uma visão limitada acerca da PAS por parte da gestão municipal, como se a Política se reduzisse ao Programa Bolsa Família, conforme esta fala: "[...] *a visão da Política de Assistência Social é muito pequena, até da própria gestão, como se fosse uma coisa assim, Bolsa Família, somente Bolsa Família.*" (Informação verbal)[7].

Tal situação configura uma realidade que demonstra que ainda há um longo caminho a percorrer no que diz respeito ao reconhecimento da PNAS como política pública e da necessidade da efetiva implementação do SUAS, tendo em vista, inclusive, a perspectiva de construção de uma cultura institucional por parte dos gestores e demais sujeitos do processo, apoiada na concepção da PNAS como política pública e na apropriação dos princípios, diretrizes e eixos da Política, bem como na sua forma de organização e de gestão.

Algumas das gestoras municipais demonstraram conhecimento restrito acerca da PAS, revelando conteúdos circunscritos aos aspectos normativos e legais relacionados à gestão municipal quando questionadas acerca da PAS e do SUAS. Dessa forma, tendem a relacionar a PAS e o SUAS às questões advindas dos problemas e dificuldades quando da realização da gestão municipal, principalmente, as dificuldades financeiras impostas para efetivação das ações e atividades.

---

6. Depoimento retirado da entrevista realizada com a Secretária Adjunta de Assistência Social de Barreirinhas.

7. Depoimento retirado do grupo focal realizado com a Conselheira do CMAS de Bacabeira.

A pesquisa revelou, portanto, que as concepções verbalizadas acerca da PAS e do SUAS pela maioria das gestoras municipais advêm, sobretudo, da posição de onde falam, ou seja, do lugar que ocupam no processo de implementação da Política.

Da mesma forma, o gestor estadual da PAS no Maranhão, quando questionado sobre a PAS e sobre o SUAS, abordou somente aspectos relacionados à gestão do SUAS, no que se refere à competência do Estado enquanto ente federativo. Nesse sentido, destacou que o papel do Estado estava restrito quase que exclusivamente ao cofinanciamento da PAS junto aos municípios, o que de fato nem isso ocorre. Isso causa um distanciamento do Estado em relação à possibilidade de execução direta da Política.

A concepção das gestoras municipais e do gestor estadual, que se constituem como administradores da Política, ou seja, como responsáveis pela administração da Política, demonstra que são movidos por "[...] uma racionalidade baseada nos procedimentos, na aplicação das normas e na competência legal que se expressam pela lógica legal." (Silva, 2001, p. 41).

Em relação à compreensão dos(as) trabalhadores(as) do CRAS e conselheiros acerca da concepção da Política de Assistência Social, na discussão dos grupos focais, parece predominar a concepção de que a PAS é uma política pública de Estado que se efetiva através de um processo de luta dos movimentos sociais pela consolidação dos direitos garantidos pelo SUAS.

Por conseguinte, na fala da maioria dos(as) trabalhadores(as) e conselheiros, vigorou o discurso formal e legal de que a PAS se constitui um direito, conforme descrito nos enunciados da legislação brasileira, a exemplo da Constituição Federal de 1988, da LOAS, da PNAS de 2004 e do SUAS. Desta forma, é frequente os técnicos e conselheiros fazerem referência a tais marcos regulatórios para afirmarem que a Política de Assistência Social se constitui "[...] um direito do usuário, um dever do Estado." (Informação verbal)[8].

---

8. Depoimento retirado do grupo focal realizado com a Técnica do CRAS de Bacabeira.

Outra concepção predominante nas falas dos(as) trabalhadores(as) advém da compreensão da política pública como possibilidade de acesso aos direitos socioassistenciais por parte de seus usuários denominados como *cidadãos*. Desta forma, reforçaram a necessidade de socializar informações sobre o SUAS, sobre serviços, projetos, programas e benefícios inscritos no campo dos direitos socioassistenciais; e fundamentaram-se nos marcos regulatórios como estratégia para ruptura com a cultura da dádiva ainda presente nas práticas de distintos sujeitos que compõem esse campo, sendo, contudo, que o processo de reconhecimento da Política de Assistência Social pela ótica da cidadania requer ir além da incorporação ou da disseminação dos aspectos normativos da PAS e do SUAS e pressupõe:

> [...] recolocar o debate sobre o espaço da política no campo do acesso ao excedente do capital como forma de garantir vida digna a todos os cidadãos brasileiros. Para que isso seja possível [...] é necessário insistir no debate da política enquanto direito e reafirmar o lugar do usuário na condição de cidadão, pois os preconceitos fazem parte do cotidiano da atenção prestada pela assistência Social. (Couto *et al.*, 2010, p. 219).

Nesse sentido, esses sujeitos detêm-se nas questões técnicas e burocráticas relativas ao desenvolvimento de suas atividades diárias, principalmente as dificuldades e desafios. Assim, ressaltam que tentam romper com o assistencialismo que tem predominado historicamente, mas, conforme destacam os técnicos do município de Davinópolis, a troca de favores existente na implementação da Política ainda é "[...] uma prática rotineira da qual os próprios políticos se aproveitam". (Informação verbal)[9].

Verificou-se, ainda, no contexto da pesquisa, que há, por parte significativa de técnicos dos diferentes municípios, uma compreensão equivocada na interpretação de que *a assistência social é destinada a quem dela necessitar*, não levando em conta que essa afirmação diz

---

9. Depoimento retirado do grupo focal realizado com a Técnica de Davinópolis.

respeito ao aspecto de que a Política é destinada a qualquer pessoa, independentemente de ter realizado contribuição à seguridade social (Brasil, 2015), não se referindo, portanto, exclusivamente a um determinado grupo de necessitados, ou pobres. Portanto, faz-se necessária a ampliação da concepção acerca das demandas de proteção social que exigem cobertura da PAS no âmbito da Seguridade Social. Ademais, parece prevalecer por parte de expressivo número de técnicos uma compreensão equivocada e estigmatizante acerca do pobre e da situação de pobreza. Nesse sentido, identificou-se uma preocupação de que a garantia da transferência de renda deve ser assegurada somente por um determinado período e mediante o estabelecimento de metas de saída, conforme enfatizado na seguinte fala:

> *Mas, eu acho que **a gente tem que estipular metas** porque se todos os municípios fizerem isso a gente vai avançando, porque senão [...] a gente vai ficar só enxugando gelo e vai jogar para os nossos filhos a missão de ficar tirando dinheiro dos tributos para ficar pagando Assistência.* (Informação verbal, grifo nosso)[10].

Assim, no âmbito dos serviços socioassistenciais, por muitas vezes os(as) trabalhadores(as) do SUAS, ao fazerem referências aos denominados usuários, dão ênfase à necessidade de resignação, de ajustamento, de uma condição passiva de usuário(a), que são elementos integrantes da ordem conservadora. É esperada deste segmento, por exemplo, a conformidade e satisfação com os serviços e as perspectivas de incorporação pelo mercado de trabalho e melhoria da renda após os cursos profissionalizantes ofertados pela Política, enfatizando que essa incorporação dependerá de *esforços pessoais*, da determinação e empenho. Dessa forma, parece prevalecer uma compreensão de que a situação de pobreza caracterizaria em si uma vulnerabilidade social possível de ser superada pela Política de Assistência Social ou pelo

---

10. Depoimento retirado do grupo focal realizado com Técnicos e Conselheiros do CREAS de Açailândia.

esforço individual dos usuários. Esses técnicos desconsideram o fato de que a situação de pobreza não se constitui uma vulnerabilidade social, nem é de reponsabilidade individual, familiar ou grupal, sendo decorrente da posição de classe ocupada no modo de produção capitalista, ou, dito de outra forma, da posição ocupada pelo sujeito social no campo econômico e produtivo, devendo, os supostos riscos e vulnerabilidades sociais, serem compreendidos em decorrência de determinações estruturais e conjunturais.

Assim, grande parte dos profissionais que atuam na Política de Assistência Social parece preocupada mais em conhecer e cumprir as exigências técnicas e legais instituídas pela PAS. Nesse sentido, como bem enfatiza Rojas, referindo-se em especial aos assistentes sociais, mas a partir de uma compreensão que pode ser ampliada a todos os profissionais que atuam na PAS:

> O trabalho na assistência social tem sido um grande desafio, uma vez que é preciso ir além das regulações institucionais. Isso para garantir que a população tenha acesso àquilo que lhe é de direito. Esse trabalho exige, como bem nos aponta a professora *Marilda Iamamoto*, um profissional sintonizado com o tempo presente, qualificado teórica e tecnicamente. De outra forma, podemos ficar reféns do senso comum, incorporar no trabalho critérios meritocráticos, trabalhar na perspectiva de enquadramento e acima de tudo despolitizar nossa relação com a população e a realidade que ela vive, culpabilizando a mesma pela situação que enfrenta. (Rojas, 2015, p. 4, grifo da autora).

Dentre os sujeitos da pesquisa destacamos também os(as) usuários(as), considerando que a maioria desses sujeitos demonstrou relativo desconhecimento sobre a Política de Assistência Social. Predomina, para os usuários, a compreensão da Assistência Social como ajuda, reiterando a histórica lógica do favor e da gratidão. Ademais, muitos(as) usuários(as) associaram a Política de Assistência Social aos equipamentos sociais públicos, destacadamente os CRAS, aos serviços e a algumas ações específicas realizadas pelos profissionais que atuam nos CRAS, CREAS e Centro Pops, o que também denota conhecimento circunscrito sobre a Política de Assistência Social.

Para os usuários, geralmente violados em seus direitos fundamentais, as respostas em relação à percepção da PAS se deslocam para as dificuldades pessoais vividas cotidianamente, expressas na luta pela sobrevivência, na insegurança em garantir o pão de cada dia, nos receios em relação ao dia seguinte, ao futuro sempre incerto, a ausência de perspectivas e a possibilidade iminente de perda da segurança que os serviços e benefícios representam. Nesse contexto, suas expectativas em relação à PAS tendem a se reduzir, também às questões mais imediatas como a alimentação, a urgência no repasse do aluguel social, o recebimento da cesta básica, a obtenção da passagem para retorno ao local de origem, dentre outras ações de caráter imediato e emergencial.

Os denominados usuários, na sua maioria, possuem histórias de vida marcadas por adversidades difíceis de serem superadas, de imediato, no contexto de suas condições objetivas de existência. Dessa forma, consoante destacam Sousa e Araújo (2018), os que se autodenominam pobres tendem a considerar a *pobreza como sinônimo de desafios e dificuldades*. Afirmam que as carências, as ausências, as mais diferentes faltas e lacunas que supostamente caracterizam a pobreza levariam ao desafio cotidiano de vencer as limitações e obstáculos impostos aos pobres; e assim, tendem a ressaltar que, embora as adversidades estejam presentes na vida de todas as pessoas e em todos os modos de vida e trabalho, para as pessoas em situação de pobreza as dificuldades estão mais presentes, sendo *companhias fieis, da infância até a velhice*. E, tais adversidades culminam, grande parte das vezes, com a redução de suas perspectivas, horizontes e desejos, de forma que demonstraram satisfação e conformidade com o que recebem. Tendem, portanto, a reiterar a lógica conservadora, reproduzindo o trato moral de ajuste à normatividade da Política como o pobre merecedor, ou seja, o pobre que conhece o seu lugar, que valoriza os serviços recebidos sem reclamar, avaliar ou questionar (Pereira, 2002), expresso no ideal do *pobre incivil*. (Telles, 1999)

Na busca de identificar a concepção dos sujeitos da pesquisa sobre a PAS e o SUAS, é preciso considerar a recente institucionalização da Assistência Social como política pública, e, ainda, considerar todo o processo histórico de sua associação à benesse e caridade, no Maranhão e no Brasil. Esse histórico contribui para que ainda predomine a concepção de que a Assistência Social é uma prática benevolente, exercida por pessoas *que se preocupam em ajudar aos necessitados*. Assim, a oferta dos serviços e benefícios socioassistenciais e o trabalho desenvolvido pelos profissionais no âmbito dos CRAS, CREAS e Centros Pop é ainda comumente associado a práticas benevolentes, caridosas e de ajuda. A superação dessa concepção demanda aos sujeitos inseridos no campo das políticas públicas o desafio de politizar as questões e práticas relacionadas à PAS na perspectiva de trazer para o campo dessa política social a participação popular num processo de organização coletiva, considerando os usuários, trabalhadores e conselheiros da Política como parte da classe trabalhadora.

Pelo exposto, coloca-se como um dos desafios para avanços do SUAS a necessidade de que as(os) gestoras(es) da PAS ultrapassem a concepção de gestão restrita a uma perspectiva meramente gerencial e legal. Todavia, ressaltamos que, no conjunto das gestoras municipais entrevistadas, duas delas expressaram uma concepção mais ampliada acerca da PAS e do SUAS, destacando uma abordagem do processo histórico, político e cultural relacionado à constituição dessa Política no país no contexto da conjuntura atual de limites de recursos orçamentários e de desmonte de direitos, o que impõe desafios à gestão e execução da Política em âmbito nacional e municipal. Desta forma, não se detiveram apenas nos aspectos normativos e nos marcos legais relacionados à PAS e ao SUAS, nem somente nas dificuldades da gestão da Política nos respectivos municípios.

Em relação aos técnicos e conselheiros, destacamos que parece haver compromisso e empenho na atuação no âmbito do SUAS, sendo, contudo, necessário ultrapassar a concepção predominantemente técnica e legalista e avançar na organização política dos sujeitos sociais. Conforme pondera Rojas (2015, p. 5, grifo da autora): "[...] para que a Assistência Social seja efetivamente um *direito social*, é preciso dar a esse campo uma institucionalidade politizada, com debate sobre acesso, financiamento, enfim, todos os elementos da política". Nesse sentido, cabe destacar que, em São Luís, no que diz respeito aos(às) Conselheiros(as), de modo geral, estes demonstraram conhecimento sobre a PAS para além dos enunciados nos marcos legais, expressando a compreensão de que o processo de implementação da Política ainda é recente e, dessa forma, como processo em construção, está permeado por contradições, avanços, limites, possibilidades e desafios.

5.2.2 Serviços, programas, projetos e benefícios desenvolvidos nos CRAS, CREAS e Centros Pop: qualidade dos serviços e benefícios, capacidade de atendimento, conhecimento e acesso pelos usuários

A inserção da Política de Assistência Social no âmbito da Seguridade Social ratifica seu caráter protetivo e atribui a esta Política responsabilidades no atendimento de demandas expressas por seus usuários, sobretudo daquelas decorrentes do acirramento da pobreza e desigualdade social no país.

O conjunto de ações da Assistência Social, sobretudo os serviços socioassistenciais, enquanto meio de acesso às seguranças sociais, gratuitos, são de responsabilidade dos entes federados, conforme pacto federativo estabelecido: "[...] no qual devem ser detalhadas as atribuições e competências dos três níveis de governo na provisão das ações socioassistenciais, em conformidade com o preconizado na LOAS e NOB." (Brasil, 2005c, p. 13).

O pacto federativo significa, portanto, que as três esferas de governo têm a responsabilidade de garantir meios e condições para a oferta e gestão das ações socioassistenciais, incluindo-se os serviços visto constituírem-se em:

> [...] campo de atenções, apoios e cuidados às pessoas, famílias e aos grupos que demandam proteção social do Estado, independentemente

de sua condição de renda. Cumprem a função de proteger, reduzir danos, monitorar riscos e prevenir a incidência de agravos ao ciclo de vida, à dignidade humana e à fragilidade das famílias. (Brasil; Pontifícia Universidade Católica de São Paulo, 2013, p. 41-42).

Nesta direção, os serviços e benefícios socioassistenciais constituem-se em respostas públicas (do Estado) diante das situações de desproteção, de privações econômicas, sociais e de fragilização de vínculos. Isso significa que "Suas respostas (do Estado) devem impactar positivamente às condições sociais daqueles que deles se utilizam, requerem ou venham deles a necessitar." (Brasil; Pontifícia Universidade Católica de São Paulo, 2013, p. 41).

Neste item, são abordados os serviços, programas, projetos e benefícios implementados nos seis municípios que compuseram a amostra da pesquisa empírica realizada sobre a implementação do SUAS no Estado do Maranhão. O objetivo é compreender a capacidade de atendimento, conhecimento, acesso pelos usuários e qualidade dessas ações.

No Maranhão, a rede socioassistencial do SUAS é constituída por 319 CRAS, 123 CREAS municipais, 08 Centros POP e 03 Centros Dia (02 em São Luís e 01 em Imperatriz)[11]. O Estado também possui diversas unidades de acolhimento para a oferta dos serviços de alta complexidade com o envolvimento de 25 municípios. Dentre as unidades estão: 10 Residências Inclusivas, 03 Casas Lar, 07 unidades de Acolhimento adulto (população em situação de rua), 01 Instituição de Longa Permanência para Idosos (ILPI), 03 unidades de Acolhimento para idosos, 03 Serviços de Acolhimento em Família Acolhedora, 24 unidades de Acolhimento de Crianças[12].

---

11. Dos 03 Centros Dia, somente um encontrava-se em funcionamento até o mês de dezembro/2017. Os outros dois tinham previsão de inauguração para esse mesmo mês. A informação é de que o segundo Centro Dia de São Luís, a ser inaugurado, atenderá crianças com deficiência, com prioridade para aquelas com microcefalia e que o Centro Dia de Imperatriz será totalmente mantido com recursos do município.

12. Informações disponibilizadas pela Secretária Adjunta da Sedes mediante conversa informal.

No processo de implementação da Política de Assistência Social no Maranhão, o órgão gestor, a SEDES, conta com o CadÚnico para Programas Sociais do Governo Federal. No Estado do Maranhão, a estimativa de famílias com perfil[13] Cadúnico, calculada com base nos dados do Censo IBGE de 2010, era de 1.075.986; no entanto, estava cadastrado um total de 1.514.658 famílias (mar. 2019), representando uma cobertura de 140% da estimativa de famílias pobres no Estado. (Brasil, 2019a).

A Assistência Social enquanto política pública, no Maranhão, disponibiliza serviços e benefícios nos CRAS, CREAS, Centros Pop, unidades de acolhimento institucional e nas redes complementares, municipais, não governamentais, conveniadas com as prefeituras. Os programas são executados mediante serviços ofertados nas unidades de atendimento, pelas equipes de referência e, no caso do Programa Criança Feliz, com equipes complementares, contratadas para essa finalidade.

No que se refere aos equipamentos existentes na rede socioassistencial nos municípios da amostra da pesquisa constatamos a distribuição indicada na tabela a seguir:

Tabela 4. Distribuição do número de CRAS, CREAS e Centros Pops pelos municípios da amostra da pesquisa

Município	Total de CRAS	Total de CREAS	Total de Centros Pops
Açailândia	3	01	--
Bacabeira	01	--	--
Barreirinhas	02	01	--
Cururupu	01	01	--
Davinópolis	01	--	--
São Luís	20	05	02

Fonte: Relatório da pesquisa de campo realizada no Estado do Maranhão (2017).

---

13. As famílias com perfil CadÚnico são aquelas com renda mensal *per capita* de até meio salário mínimo; famílias com renda mensal total de até três salários mínimos ou famílias com renda maior que três salários mínimos, desde que o cadastramento esteja vinculado à inclusão em programas sociais. Também podem ser cadastradas pessoas em situação de rua, sozinhas ou com família (Disponível em: www.mds.gov.br).

Como pode ser observado na Tabela 4, São Luís, a capital, possui o maior número de equipamentos. Todavia, há que se considerar que o município tem uma população estimada de 1.091.868 habitantes (IBGE, 2017), e, portanto, tem porte de metrópole, o que por si só justifica a existência de mais Centros de Referência para atendimento da população, sobretudo para atendimento das famílias em situação de vulnerabilidade social que na capital maranhense chegam, segundo o Relatório de Ações e Programas do MDS (Brasil, 2017), a 102.579 famílias consideradas pobres ou extremamente pobres.

A inexistência de CREAS em Bacabeira e Davinópolis deve ser considerado, posto que as demandas de proteção social de média complexidade nesses municípios não raro são direcionadas para os CRAS, cuja atribuição é a proteção social básica. Contudo, sabe-se que, pelo fato de os dois municípios serem de pequeno porte, não atendem aos parâmetros para implantação de CREAS, que requer municípios com uma população de mais de 20.000 habitantes. (Brasil, 2011b). Todavia, a existência de demanda justificaria a garantia do atendimento das famílias em CREAS Regionalizado, o que parece ser uma necessidade que não se limita a esses municípios, mas que pode refletir a realidade dos demais municípios de pequeno porte I. A fala da técnica, a seguir, expressa essa situação:

> *Nós não temos um número de habitantes, conforme a exigência da NOB SUAS, para aderir um CREAS. Mas não deixamos de atender. Criamos uma sala depois que veio o monitoramento para atender demandas individuais em dias determinados pela psicóloga e pelo jurídico. Então, a psicóloga, além de atender a proteção básica também faz esse atendimento individualizado, porque nós não temos a contra-referência para encaminhar para o CREAS de Imperatriz. E a Regional não atende. Então, não deixamos de atender a demanda, mas é assim!* (Informação verbal)[14].

No que se refere à situação dos equipamentos nos municípios pesquisados, pôde-se identificar que a maioria funciona em prédios

---

14. Depoimento retirado do grupo focal realizado com a Técnica de Davinópolis.

alugados pela Prefeitura. Dos 06 (seis) municípios, somente 03 (três) possuíam alguns equipamentos funcionando em prédios próprios: Davinópolis, Bacabeira e São Luís. Todavia, ressalta-se que, mesmo na capital, a maioria das unidades funciona em prédios alugados, o que ocasiona mudanças que incidem sobre a capacidade de atendimento, conforme o relato:

> [...] uma coisa que precisa dentro do Sistema Único de Assistência é você ser referência, ter o espaço próprio, que não se tem. De 2009 pra cá, que é o período que estou no CRAS, nós tivemos três casas em vias de ir para a quarta. Falam que a gente vai ganhar uma sede mais adequada e isso é uma coisa que é muito ruim, porque você não tem um espaço próprio com acomodação ideal, se a gente demorar um pouquinho mais aqui vai escurecer e não temos luz. Fora outras necessidades básicas, água, a exemplo, não trouxe o copo novamente porque não tinha (Informação verbal)[15].

Sobre a estrutura física dos Centros de Referência, quase a totalidade dos que funcionam em casas alugadas apresenta estrutura inadequada no que se refere aos espaços (tamanho, quantidade, distribuição e ventilação). Portanto, a maioria desses locais não atende às indicações contidas nas Orientações Técnicas relativas aos CRAS e CREAS (Brasil, 2009, 2011b). Nesse sentido, a exceção são equipamentos construídos pelo Governo Estadual e entregues às Prefeituras. Em São Luís, foram entregues 04 CRAS e 2 CREAS e, em Bacabeira, 01 CRAS, todos construídos de acordo com as Orientações Técnicas emitidas pelo então MDS.

As informações obtidas na pesquisa empírica e documental mostraram que existe uma diversidade de serviços em implementação nos municípios estudados, tais como: PAIF, PAEFI, SCFV, Acolhimento, Serviço Especializado em Abordagem Social, Medidas Socioeducativas, Ações Estratégicas do Programa de Erradicação do Trabalho Infantil (PETI). Quanto aos benefícios, são disponibilizados BE, BPC, PBF, dentre outros. A capital, São Luís, apresentava maior cobertura de

---

15. Depoimento retirado do grupo focal realizado com a Técnica do CRAS de São Luís.

atendimento, disponibilizando todos os serviços da rede socioassistencial da proteção social básica e especial, com exceção do Serviço de Acolhimento em República que estava em processo de estruturação e o Serviço de Proteção Social Especial para Pessoas com Deficiência, Idosas e suas famílias[16], que é desenvolvido parcialmente no CREAS, quando a família demanda espontaneamente ou é encaminhada pela justiça. Nos demais municípios, foi considerada a necessidade de ampliação da proteção social básica e indicada crescente demanda pela proteção social especial, o que foi expresso por significativo número de participantes dos grupos focais.

Ressaltamos que nos municípios inscritos na gestão básica, é crescente a demanda pelos serviços de proteção social especial, sobretudo no que se refere a medidas direcionadas a crianças e adolescentes, demonstrando a necessidade de investimento em serviços regionalizados que viabilizem esses atendimentos. Destacamos, portanto, a ausência, no Estado, de serviços regionalizados, na PAS, que deem conta da demanda nos municípios. Trata-se de uma fragilidade que envolve questões de ordem política, interesses, prioridade e, sobretudo, finanças, considerando o cofinanciamento do Estado, quase inexistente para os serviços ofertados nos municípios.

É marcante, na oferta dos serviços socioassistenciais, a prevalência de práticas de improvisação e de atendimento emergencial das demandas espontâneas e individuais, em desarticulação com as demandas coletivas e da realidade na qual os demandantes estão inseridos. Tais práticas baseadas no imediatismo, no emergencial, na improvisação e fragmentação das ações, que historicamente marcaram e continuam marcando o campo da Assistência Social no Brasil, precisam ser superadas mediante iniciativas que visem conhecer a realidade no local em que a Política esteja sendo implementada e seus resultados na vida das famílias, individual e coletivamente.

No que diz respeito à transferência de renda direta às famílias pobres e extremamente pobres, atendidas pelo Bolsa Família, e às

---

16. Informações fornecidas pela SEDES — Superintendência de Gestão do SUAS 2017 e pelo Relatório de Gestão.

famílias com pessoa idosa e pessoa com deficiência atendidas pelo BPC, os dados demonstram que no Estado do Maranhão e nos municípios da amostra da pesquisa, esses benefícios são implementados regularmente e contemplam um número expressivo de famílias, conforme demonstrado nos quadros a seguir:

Quadro 7. Benefícios federais disponibilizados pela Política de Assistência Social no estado do Maranhão: público-alvo e cobertura

Benefício disponibilizado	Público-alvo	Cobertura
Benefício de Prestação Continuada — BPC	Pessoas com deficiência, de qualquer idade, e pessoas idosas a partir de 65 anos que vivam em famílias com renda *per capita* inferior a 1/4 do salário mínimo.	117.710 pessoas com deficiência e 74.199 pessoas idosas, totalizando 191.909 beneficiários (março/2019)
Programa Bolsa Família	Famílias pobres e extremamente pobres, inscritas no Cadastro Único, com renda *per capita* familiar de até R$ 85,00.	977.020 famílias (abril/2019)

Fonte: Brasil. Ministério do Desenvolvimento Social e Combate à Fome. *Relatório de Informações Bolsa Família e Cadastro Único.* Brasília, DF, 2019b. Disponível em: https://aplicacoes.mds.gov.br/sagi/RIv3/geral/relatório. Acesso em: 26 abr. 2019; BRASIL. Ministério do Desenvolvimento Social e Combate à Fome. *Benefício de Prestação Continuada — Benefícios ativos em março de 2019 Maranhão.* Brasília, DF, 2019c. Disponível em: http://www.mds.gov.br/relcrys/bpc/docs/downloads/2019/MarMA.pdf. Acesso em: 26 abr. 2019.

Tabela 5. Benefícios federais disponibilizados pela Política de Assistência Social nos municípios pesquisados: público-alvo e cobertura

Município	Bolsa Família			BPC Cobertura (mar. 2019)	
	Estimativa famílias pobres com perfil PBF (Censo 2010)	Cobertura: famílias beneficiárias (abr. 2019)	% de Cobertura do público-alvo (abr. 2019)	Pessoas idosas	Pessoas com deficiência
Açailândia	11.521	8.996	78,1%	1.099	1.842
Bacabeira	2.231	3.116	139,7%	84	123
Barreirinhas	8.387	11.770	140,3%	241	944
Cururupu	4.884	7.226	148%	678	569
Davinópolis	1.769	1.641	92,8%	94	99
São Luís	77.096	79.443	103%	25.282	19.577

Fonte: Brasil. Ministério da Cidadania. Cadastro Único para Programas Sociais. *Relatório de Programas e Ações.* Brasília, DF, 2019a. Disponível em: https://aplicacoes.mds.gov.br/sagi/ri/relatorios/mds/index.php. Acesso em: 26 mai. 2019.

Constatamos que em 2019 foi registrada significativa cobertura do PBF nos municípios maranhenses, bem como um expressivo número de pessoas idosas e pessoas com deficiências atendidas pelo BPC. Esse aspecto pode ser ilustrado pelo atendimento do Bolsa Família nos municípios pesquisados, em abril de 2019, cuja cobertura foi superior a 100% da estimativa de famílias pobres em Bacabeira, Barreirinhas, Cururupu e São Luís, ou seja, em 4 dos 6 municípios pesquisados. Já os municípios de Açailândia e Davinópolis não alcançaram a cobertura de todas as famílias com perfil para o Bolsa Família, o que aponta para a necessidade de identificação dessas famílias elegíveis para inserção no Programa, mediante CadÚnico.

Também chama a atenção o significativo número de pessoas idosas e de pessoas com deficiência atendidas com o BPC, no Estado Maranhão, totalizando 191.909 beneficiários, em março de 2019. Essa cobertura coloca o Maranhão, em termos de atendimento desse público, na 4ª posição quando comparado com os outros estados da região Nordeste[17]. Ademais, expressa a existência de significativo número de pessoas idosas e pessoas com deficiência em situação de pobreza no Maranhão e a importância do benefício para a garantia de sobrevivência dos atendidos[18].

---

17. Os três Estados com maior atendimento de beneficiários do BPC são: Bahia (449.823), Pernambuco (312.032) e Ceará (272.173). (Disponível em: http://www.mds.gov.br/relcrys/bpc/docs/downloads/2019/Mar.pdf).

18. O BPC tem sido um dos temas polêmicos da proposta de reforma da Previdência, que propõe a redução da idade de concessão do benefício para 60 anos, no caso de pessoas idosas pobres, mas diminui os valores iniciais de um salário mínimo para R$ 400,00, o que contraria a definição constitucional, que estabelece o valor de 01 (um) salário mínimo mensal para esse benefício. Pela proposta de Reforma da Previdência 2019, somente ao atingir 70 anos as pessoas idosas receberiam o salário mínimo. Na atualidade, o BPC destina-se à pessoa idosa a partir dos 65 anos e a pessoa com deficiência de qualquer idade, quando incapacitada para o trabalho e ambos vivendo em famílias com renda *per capita* de até 1/4 do salário mínimo. Para estes últimos, o texto da reforma não apresenta alteração, ou seja, permanecem os mesmos critérios (Arts. 41º e 42º da Proposta de Emenda à Constituição — PEC nº 06/2019). Convém registrar que a proposta apresentada vem sendo largamente rejeitada pela sociedade e pelo Poder Legislativo.

No âmbito do Estado do Maranhão existe o Programa Bolsa Escola[19] (Mais Bolsa Família) em que o governo estadual complementa o benefício do PBF, para famílias que têm crianças e adolescentes na escola, com o objetivo de garantir a compra do material escolar dos estudantes.

Para além dos benefícios federais (Bolsa Família e BPC) e o programa estadual (Mais Bolsa Família), os municípios disponibilizam Benefícios Eventuais, previstos no art. 22 da LOAS, que objetivam ao pagamento de auxílio por natalidade ou morte, ou para atender necessidades advindas de situações de vulnerabilidade temporária, com prioridade à criança, à família, ao idoso, à pessoa com deficiência, à gestante, à nutriz e também em casos de calamidade pública. No Maranhão, dos 217 municípios, 180 têm leis para regulamentação dos Benefícios Eventuais e 33 municípios com Benefícios Eventuais cofinanciados pelo Governo do Estado.

Dados da pesquisa de campo demonstraram que a concessão dos Benefícios Eventuais nos seis municípios pesquisados ocorre em todos eles e são estabelecidos por lei específica. Quanto ao tipo de benefício eventual, majoritariamente são ofertados em todos os municípios o auxílio funeral e auxílio natalidade, sendo que em Davinópolis, embora exista a legislação pertinente que estabelece outros tipos de benefícios, os técnicos destacaram que "[...] os benefícios eventuais são reduzidos à entrega de urnas funerárias, pois o município não recebe recursos de cofinanciamento, em razão de pendências." (Informação verbal)[20].

Embora estabelecidos por lei específica, a pesquisa constatou, nos municípios estudados, que a concessão de benefícios eventuais,

---

19. O Programa Bolsa Escola, iniciativa do Governo do Maranhão, consiste na transferência direta de recursos para aquisição de material escolar às famílias beneficiadas, que tenham em sua composição crianças e adolescentes com idade entre 4 e 17 anos, regularmente matriculados em escolas da rede pública de ensino. Cerca de 1 milhão de estudantes são beneficiados em todo o Estado. O valor do repasse é de R$ 51,00 por filho. (Disponível em: http://www.ma.gov.br/tag/bolsa-escola-mais-bolsa-familia/; http://www.ma.gov.br/governo-disponibiliza-ferramentas-tecnologicas-para-acesso-as-informacoes-do-bolsa-escola/).

20. Depoimento retirado do grupo focal realizado com Técnicos e Conselheiros do CRAS de Davinópolis.

mediante critérios legalmente definidos, ainda é um desafio a ser enfrentado pela maioria dos municípios, em razão de práticas políticas clientelistas que terminam por desconsiderar os critérios definidos para concessão dos benefícios. Assim, dos 6 (seis) municípios, somente em 2 (dois) os técnicos e gestores afirmaram não haver interferência política no processo de concessão dos benefícios. Nos demais municípios, parece ainda existir a interferência de práticas clientelistas e assistencialistas no acesso dos usuários aos Benefícios Eventuais e demais proteções sociais disponibilizadas pelo SUAS.

Sobre a capacidade de atendimento dos equipamentos, a pesquisa demonstrou, a partir das observações e depoimentos nos grupos focais e entrevistas, que todos os municípios pesquisados apresentavam limitações. Verificamos que, no geral, há um esforço em cumprir as orientações previstas nas normas técnicas para CRAS, CREAS, Centro Pop e, efetivamente, constatamos que houve avanços; porém, o volume crescente de demandas, seu grau de complexidade, os recursos escassos associados à burocratização do aparato estatal impõem limites à capacidade de atendimento da PAS nos municípios pesquisados. Nesta direção, entendem os técnicos de Davinópolis que *"[...] a capacidade de atendimento do CRAS é reduzida também porque a rede socioassistencial disponível é muito limitada."* (Informação verbal)[21]. Segundo os depoimentos da equipe técnica de Bacabeira, *"[...] o atendimento às demandas se depara com dificuldades financeiras e estruturais, [...] decorrentes principalmente da inexistência de uma rede prestadora de serviços e da própria estrutura do órgão gestor."* (Informação verbal)[22].

Sobre o conhecimento dos serviços e benefícios ofertados, pôde-se apreender, a partir dos relatos, que nos seis municípios pesquisados no Maranhão, os usuários apresentaram muita dificuldade em falar sobre a Política de Assistência Social e sobre os serviços ofertados nos CRAS, CREAS e Centro Pop, demonstrando desconhecimento sobre esses serviços. A esse respeito, os técnicos e conselheiros de

---

21. Depoimento retirado do grupo focal realizado com Técnicos de Davinópolis.
22. Depoimento retirado do grupo focal realizado com Técnicos de Bacabeira.

Barreirinhas, por sua vez, deram destaque ao fato de que ainda *"[...] há por parte da população, em geral, e dos usuários, muito desconhecimento acerca do que é a PAS e quais outros serviços e benefícios socioassistenciais que oferece para além do Bolsa Família."* (Informação verbal)[23].

Outro aspecto destacado durante a realização da pesquisa referiu-se ao acesso dos usuários aos equipamentos. Nesta questão, foi possível observar que a maioria dos equipamentos disponibilizados, pelos municípios, para a implementação da Política de Assistência Social, nem sempre atendem aos requisitos colocados pelas normativas do SUAS, visto que nem sempre estão localizados próximos dos territórios mais pobres de modo a permitir o acesso dos usuários.

No que diz respeito ao acesso e qualidade dos serviços, a secretária de Cururupu destacou que: *"[...] para melhoria do acesso e qualificação do trabalho no SUAS faz-se necessário que o município tenha garantidas as condições para adotar os parâmetros estabelecidos pelo SUAS."* (Informação verbal)[24], o que aponta para a necessária efetivação do pacto federativo na perspectiva da consolidação da Assistência Social como política pública.

Outro aspecto a ser ressaltado que repercute diretamente na qualidade do trabalho realizado nos centros de referência diz respeito aos recursos humanos envolvidos na oferta dos serviços e concessão de benefícios. Com a pesquisa, evidenciou-se que, embora todos os municípios tenham realizado concurso para composição do quadro de pessoal da PAS, na maioria ainda prevalece o tipo de vínculo empregatício caracterizado por contrato temporário, com exceção do município de Davinópolis, cuja maioria dos profissionais é concursada. Desse modo, a falta de estabilidade dos profissionais, equipe reduzida, alta rotatividade profissional, baixos salários nos municípios onde trabalham dificulta a sistemática de acompanhamento das famílias e compromete a qualificação da PAS e o trabalho do SUAS, enquanto responsável pela implementação dos serviços e benefícios.

---

23. Depoimento retirado do grupo focal realizado com Conselheiros e Técnicos de Barreirinhas.

24. Depoimento retirado da entrevista realizada com a Secretária de Cururupu.

Todavia, apesar das dificuldades e limites apresentados, ratifica-se que o SUAS tem conseguido avançar no atendimento do seu público, com a construção de prédios próprios, ainda que em número pouco expressivo diante da demanda, com o trabalho multidisciplinar realizado nos centros de referência e na publicização da Assistência Social como direito social. A própria instituição do SUAS, no país, representa um avanço democrático na consolidação de uma política pública que tem sua importância e lugar numa sociedade fortemente marcada pela pobreza e desigualdade social.

5.2.3 Os trabalhadores do SUAS nos municípios: composição das equipes, capacitação dos técnicos e condições de trabalho

Este item versa sobre a configuração geral dos(as) trabalhadores(as) do SUAS nos municípios maranhenses de Açailândia, Bacabeira, Barreirinhas, Cururupu, Davinópolis e São Luís onde se desenvolveu a pesquisa no Estado do Maranhão. Destacam-se nesta reflexão a composição e capacitação das equipes e suas condições de trabalho.

Trabalho é aqui entendido como fruto da relação metabólica entre o homem e a natureza, componente mediador entre a arena das necessidades e a de sua realização. (Antunes, 1999; Mészáros, 1989).

No contexto do atual paradigma produtivo e tecnológico dominante, a concepção de trabalho tem fulcro em dois argumentos centrais. O primeiro é econômico. Seu substrato é que a pobreza decorre da falta de esforço individual e resulta na incapacidade de acessar bens, serviços e conhecimento disponíveis no mercado. De fato, sob o capitalismo, a relação com a mercadoria é tão visceral que, como lembra Marx (1974), não podendo ir ao mercado para serem trocadas, as mercadorias levam consigo os homens para realizar a tarefa. Essa alienação, que é parte da própria natureza do capitalismo, transforma-nos em empreendedores

[...] não mais de coisas apenas, mas fundamental e abertamente, de nós mesmos. Não mais apenas dominados pelas mercadorias, mas, nós próprios, uma mercadoria que produzimos, nela investimos e fazemos circular, para ser consumida. (Miranda, 2016, p. 50).

O segundo argumento é moral e seu fundamento é a ideia de que o não-trabalho provoca a desordem social. O paradigma produtivo e tecnológico é ideologicamente envolto na ideia de que o caminho adequado para acessar o trabalho é a educação que profissionaliza, sendo que esse acesso confere prestígio e adquire tonalidades mais apreciadas de acordo com os diferentes graus de inserção conseguidos. (Sousa, 2004) Desse modo, o trabalho é a referência ética de sustentação da autonomia e da autoestima.

Esses dois argumentos podem ser visualizados na fala de Carvalho (2014) quando se refere ao grande dilema que se materializa no campo do trabalho, neste início do século XXI. Para a autora, nas balizas do capitalismo, milhões de trabalhadores jovens-adultos vivem numa espécie de presenteísmo contínuo, sem uma relação orgânica com o passado público da época em que vivem e sem perspectiva de futuro[25].

Os dois argumentos (econômico e moral) se entrecruzam e podem ser visualizados em diferentes espaços da vida cotidiana. O campo da Assistência Social é paradigmático por ser espaço para onde fluem, no Estado Moderno, os que não trabalham e aqueles cujos ganhos são insuficientes para seu autossustento. E, no Brasil, a despeito da nova configuração institucional representada pelo SUAS[26], esse campo ainda

---

25. Alves (2016) lembra a *Geração à Rasca* de Portugal, a *Geração Sem-Sem*: sem trabalho, sem casa, sem acesso a direitos... Ou, então, como na condição dos *Indignados*, na Espanha, como a *Geração Ni-Ni: ni estuda, ni trabaja*.

26. Com o SUAS foram implantados 8.288 CRAS alcançando 30 milhões de famílias referenciadas. Em 2018, mais de 90% dos municípios ofereciam Serviço de Convivência Familiar e fortalecimento de Vínculos. Os CREAS estão implantados em 95,6% dos municípios com mais de 20 mil habitantes e foram implantados 230 Centros Especializados para População de Rua e 18 Centros Dia para pessoas com Deficiência. Outras importantes inovações foram adotadas na Assistência Social como 1.226 equipes volantes e 123 lanchas para cobertura em rios do país. (Yazbek, 2018, p. 101 *apud* Brasil, 2016).

associado à monotônica[27] inclusão dos mais pobres entre os pobres à prestação de serviços e transferência de renda.

A pesquisa realizada nos 06 (seis) municípios maranhenses, identificou que a maioria dos trabalhadores e trabalhadoras do SUAS é formada por assistentes sociais e psicólogos, mas é relevante a presença de outros trabalhadores, entre os quais se destacam administradores, pedagogos e bacharéis em Direito, além do pessoal de nível médio e fundamental.

Em grande parte, esses trabalhadores do SUAS vivenciam, no exercício laboral, situações semelhantes à dos próprios usuários, porém, a realidade cotidiana de pobreza e desigualdade vivenciadas pelos demandantes dos serviços, era encarada sem grandes questionamentos, quase naturalizada, sendo que a identificação com os usuários se colocava em uma relação profissional-usuário. Miranda lembra que essa negação da identidade de classe "[...] é o maior foco da desconstrução promovida no âmbito dos antagonismos capital-trabalho, em tempos de reestruturação da vida inteira e em resposta a mais uma crise do projeto dominante." (Miranda, 2016, p. 47).

Por outro lado, os(as) profissionais entrevistados(as), em sua maioria, tinham uma clara noção sobre a configuração geral do SUAS e das particularidades da ação profissional. Consideravam que historicamente o clientelismo e o favorecimento fizeram parte da dinâmica desse espaço da política pública, tanto que, como refere uma entrevistada *"[...] o acesso à Política como um dever do Estado e um direito do cidadão é uma transição que tem sido um norte para o nosso trabalho"* (Informação verbal)[28].

Do ponto de vista qualitativo da situação laboral, as observações das pesquisadoras e as falas dos(as) entrevistados(as), sobretudo, gestores(as) e técnicos(as), permitiram constatar que a inserção no espaço laboral se efetivava mediante contratos provisórios, níveis de

---

27. Conferir, sobre o tema da desigualdade, Arretche (2015).
28. Depoimento retirado do grupo focal realizado com técnicos e conselheiros em Açailândia.

remuneração aquém das expectativas, condições de trabalho inadequadas, rotatividade de pessoal e, consequentemente, desperdício dos recursos empregados em capacitação, resultando em recomeços constantes.

De fato, pode-se identificar que o quadro de pessoal nos municípios pesquisados, em sua maioria, era insuficiente para desenvolver as ações previstas e a situação dos(as) trabalhadores(as) engajados(as) no processo de implementação da PAS/SUAS expressava-se pela precarização dos vínculos contratuais, das condições de trabalho e da remuneração. E tal problema se repetia, mesmo nos casos em que os trabalhadores possuíam vínculos estáveis mediante aprovação em concurso público, uma vez que a remuneração auferida era sempre muito baixa e as condições concretas em termos infraestruturais também não eram adequadas.

Desse modo, como lembra uma entrevistada do segmento dos(as) técnicos(as):

> [...] *somos poucos e quando é realizado o concurso nos municípios sempre são oferecidos valores de salário muito baixos [...] tanto é que a Assistente Social, por exemplo, tem que trabalhar em dois, até três lugares. Então é difícil!* (Informação verbal)[29].

O desdobramento de tal situação era tão acentuado que, em alguns municípios, havia alguns CRAS quase desativados em razão da falta de técnicos, pois a validade de um concurso realizado já havia expirado. Em uma das cidades, houve um seletivo e, ainda assim, continuava com problema de pessoal técnico para compor as equipes de trabalho, o que pode ser corroborado pelas falas a seguir: "[...] *o que acontece é que o município está sem técnicos. Desde que eu entrei na secretaria, para exercer a gestão do SUAS, que falo da falta de equipe técnica*". "*Sendo essa a situação contratual dos trabalhadores evidenciamos

---

29. Depoimento retirado do grupo focal realizado com técnicos e conselheiros em Açailândia.

que, no geral, as equipes técnicas são incompletas nos CRAS e CREAS, até mesmo na capital (São Luís) este fato é presente." (Informações verbais)[30].

Em alguns municípios, os CRAS e CREAS não se encontravam em integral atividade porque muitos profissionais haviam sofrido interrupção dos seus contratos de trabalho, situação comum em alguns municípios nos meses de janeiro, justificada pelos gestores como decorrência de perdas nas receitas municipais e da crise econômica que o país vivencia.

Essa cessação temporária de contratos, além de afetar a vida pessoal dos(as) trabalhadores(as), impactava na qualidade e quantidade dos atendimentos realizados. Nesse sentido, onde a validade dos concursos havia expirado, foram encontrados CRAS com atividades reduzidas e situações em que um mesmo profissional revezava atendimentos em CRAS e CREAS por turnos. Tal situação de precariedade dos vínculos contratuais e trabalhistas acarretava prejuízos ao andamento das ações, refletindo na qualidade do trabalho em decorrência das constantes necessidades de adaptações e na quebra do vínculo de confiança já estabelecido entre o usuário e as equipes alocadas nos equipamentos (CRAS, CREAS e Centros POP).

Por outro lado, é importante salientar que o desdobramento do trabalho desenvolvido pelos técnicos em CRAS e CREAS, e Casas Abrigo, e acumulando coordenações do setor e de equipes volantes, constitui-se em sintoma de uma realidade que, como lembra Antunes (2018), ainda que apareça como situação passageira, na verdade, reflete a precarização estrutural do campo do trabalho no Brasil: *"[...] eu trabalho aqui no CRAS, mas também dou apoio na SEMDES (órgão gestor) na parte burocrática".* (Informação verbal)[31].

No caso do SUAS, no texto da NOB-RH publicado em 2005, já se alertava que a precarização do trabalho e a falta de renovação de quadros técnicos, preexistente quando da formulação dessa norma, criou, além da "[...] defasagem de profissionais qualificados, enorme

---

30. Depoimento retirado de entrevista realizada com Gestora de São Luís.
31. Depoimento retirado da entrevista com a Coordenadora do CRAS de Bacabeira.

contingente de pessoal na condição de prestadores de serviços, sem estabilidade de emprego, sem direitos trabalhistas e sem possibilidade de continuidade das atividades." (Brasil, 2005b, p. 15).

Em relação ao processo de qualificação profissional das equipes técnicas, a pesquisa apontou que a solução construída para suprir essa defasagem indicada na NOB-RH, embora agregasse esforços dos gestores, particularmente do nível federal, através do programa CapacitaSuas, ainda era considerado insuficiente. Isto porque, além de não incluir todos os profissionais nos diferentes níveis das capacitações oferecidas, não se havia conseguido criar condições adequadas, nos municípios, de repasse das informações recebidas nesses cursos.

> *Então, devemos melhorar em termos de capacitação de gestores e funcionários. Porque estive em um modulo do CapacitaSuas representando outro município onde também presto serviços, e não me lembro de ter visto ninguém de Açailândia.* (Informação verbal)[32].

> *Acaba não se dando continuidade ao processo de capacitação, porque você vai no primeiro módulo, mas não vai no segundo [...] E ninguém passa as informações adiante [...]* (Informação verbal)[33].

Outro ponto destacado por entrevistados, sobretudo conselheiros, em relação ao processo de capacitação permanente, diz respeito ao fato de que só abrange o pessoal de nível superior, embora haja grande demanda para o pessoal de nível médio em termos de apoio sistemático à recepção dos demandantes dos serviços.

Com base na NOB-RH/SUAS, foi formulada uma Política Nacional de Educação Permanente do SUAS — PNEP/SUAS buscando imprimir a oferta de ações de formação e capacitação para o conjunto dos trabalhadores de todos os níveis de escolaridade e setores ou órgãos em que estejam inseridos. Porém, o que tem sido evidenciado

---

32. Depoimento retirado do grupo focal realizado com Conselheiros e Técnicos de Açailândia.
33. Depoimento retirado do grupo focal realizado com Conselheiros e Técnicos de Açailândia.

nas pesquisas é que isso não se efetiva, pois, as capacitações têm se direcionado basicamente para os trabalhadores de nível superior não contemplando aqueles de nível médio.

No que diz respeito às condições físicas dos equipamentos sociais, essencial para possibilitar o bom encaminhamento das atividades laborais, pode-se verificar que, em alguns municípios, o sistema web/SUAS não funcionava adequadamente, além do que esses equipamentos estavam instalados em prédios alugados e adaptados. Nesse caso, os espaços disponíveis, muitas vezes, não oportunizam o adequado e necessário resguardo do sigilo nos diálogos entre profissional e usuário no momento dos atendimentos. Ademais, nesses prédios, havia dificuldade de acesso a segmentos de usuários da política, pessoas idosas e pessoas com deficiência.

Os elementos expostos nesse texto relativos à configuração do campo do trabalho e expressos pelo quadro de pessoal disponível, processo de capacitação dos técnicos e condições de trabalho, refletiam-se negativamente na implementação dos serviços desenvolvidos aos demandantes, na ausência de processos de busca ativa, e, particularmente, na constituição de sistemas de planejamento, monitoramento e avaliação. Tal fato indica que muito ainda precisa ser construído para que a gestão do trabalho no SUAS se coadune com as normas legais sistematizadas na NOB-RH, sobretudo considerando o atual contexto de crise do capital e de refluxo de direitos no Brasil, que se vem acentuando a partir de 2016 e instrumentalizado pela Lei n. 13.467, de 13 de julho de 2017[34].

Porém, mesmo nesse contexto adverso é importante ressaltar que, embora reconheçam as dificuldades estruturais dos municípios, os vínculos precarizados e a fragilidade nas condições de trabalho, membros dos segmentos das equipes técnicas, dos(as) conselheiros(as) e dos(as) gestores(as) demonstraram compreender a necessidade de esforço coletivo no sentido de adequar a PMAS ao caráter público,

---

34. Reforma Trabalhista no Brasil de 2017 que ocorreu durante o Governo Temer (2016-2018), que provocou mudanças relevantes na Consolidação das Leis do Trabalho (CLT).

descentralizado e participativo definido pelo SUAS. Da mesma forma, reconheceram que se faz necessário o aprofundamento de conhecimentos e práticas que propiciem a construção de estratégias coletivas de gestão com a participação dos usuários.

> Pela experiência que eu tenho, em relação a municípios, temos realizado um trabalho bem feito na área da Assistência Social. Coletivamente, as técnicas têm garra e vontade. Fazem diferença! Embora saibam que precisam aprofundar conhecimentos desenvolvem o trabalho, por gostar do que fazem e para ter melhor entendimento da dinâmica do trabalho. Então, eu acho fazemos um bom trabalho. (Informação verbal)[35].

Considerando os pequenos avanços, os limites e as dificuldades registradas, alguns desafios foram ressaltados por gestores e técnicos: a) necessidade de ampliação das equipes de trabalhadores para atender às demandas que são colocadas para a Política; b) valorização e composição de equipes de referência permanentes; c) capacitação continuada para todos os trabalhadores do SUAS nos próprios municípios; d) realização de concursos públicos para composição de quadro permanente em consonância com as prerrogativas da NOB-RH/SUAS.

Pode-se concluir, assim, que, em relação ao processo de trabalho, a formulação da NOB-RH/SUAS sinaliza avanços no sentido de superação de limites históricos no campo da assistência social, ao mesmo tempo em que reconhece que a qualidade dos serviços depende da estruturação do trabalho e da qualificação e valorização dos trabalhadores que prestam tais serviços. Tais sinalizações apontadas pela norma legal, porém, dado os refluxos que se tem verificado no campo do Trabalho e da Seguridade Social e a histórica secundarização da Assistência Social no Brasil, deparam-se com barreiras que, se não intransponíveis, são difíceis de serem superadas.

---

35. Depoimento retirado da entrevista realizada com a Gestora Municipal de Bacabeira.

De fato, as inúmeras transformações societárias alteraram e ainda continuam derruindo as bases das diversas arquiteturas dos Sistemas de Proteção Social, até mesmo daqueles já tidos como consolidados. No caso do Brasil, que historicamente contou com um esquema frágil de proteção, sobretudo no campo socioassistencial, ainda que essa área tenha crescido e estruturado um arcabouço normativo legal significativo, do ponto de vista do trabalho e dos(as) inúmeras categorias profissionais engajadas na operacionalização de suas ações, pode-se afirmar que não são evidenciados avanços significativos. Na verdade, tais trabalhadores(as) têm convivido com profundos desafios, muitos deles, decorrentes da própria forma como a essa inserção laboral tem sido efetivada. Sem contar ainda com todas as interpelações em função das "[...] transformações estruturais e das novas manifestações e expressões da questão social." (Yazbek, 2018, p. 101), que tais profissionais experimentam no próprio cotidiano laboral no âmbito dessa política.

5.2.4 Participação dos usuários na implementação do SUAS e controle social

Participação e controle social foram dimensões investigadas no decorrer desta pesquisa desenvolvida nos municípios maranhenses de Açailândia, Bacabeira, Barreirinhas, Cururupu, Davinópolis e São Luís[36], com base em três elementos centrais: compreensão dos sujeitos sociais envolvidos; regulamentação das instâncias de controle social e estrutura dos equipamentos sociais; dinâmica do controle social.

A Carta Constitucional de 1988 considera a participação da sociedade, no Brasil, como componente essencial e estratégico na formulação e gestão das políticas públicas. O SUAS foi constituído nessa visão paradigmática. No campo da Assistência Social, a participação e a

---

36. Conferir os relatórios de campo dos municípios maranhenses de Açailândia, Bacabeira, Barreirinhas, Cururupu, Davinópolis e São Luís (2017).

conformação de Conselhos[37] e Conferências são apoiadas por diferentes leis ordinárias que, ao se entrecruzarem, permitem a visualização das garantias previstas aos cidadãos demandantes dos serviços, inclusive a de deliberar e avaliar a aplicação de recursos do Fundo Público.

Na análise aqui desenvolvida, parte-se da perspectiva de que a existência e a dinâmica de organismos institucionalizados como redes, movimentos sociais, grupos, fóruns e conselhos denotam que, na imagem construída sobre o controle social, como forma de participação sistematizada, subjaz a compreensão de que os governantes são guardiães das normas legais. E, na medida em que os cidadãos autorizam a ação dos dirigentes, devem também adotar medidas preventivas contra os desvios da ação estatal que podem se expressar na incapacidade, na corrupção e na incompetência desses curadores da cidadania.

A visão moral desse potencial de resistência do indivíduo é fundante, na perspectiva de Locke (1978)[38], quando trata da configuração do contrato social. Para esse autor, o cidadão, além de ser alguém que exerce direitos, cumpre deveres ou goza de liberdades em relação ao Estado, é também titular, ainda que parcialmente, de uma função ou poder público. O controle social e, em certos casos, a rebelião, para além de uma necessidade, é um direito que se deve manifestar contra a degeneração política.

A visão humanista presente nessa perspectiva liberal, porém, vem sendo diluída em grande velocidade. Mbembe (2016, p. 1) entende que a "[...] noção humanística e iluminista do sujeito racional capaz de deliberação e escolha" vem sendo "[...] substituída pela do consumidor conscientemente deliberante e eleitor". Santos (2002) lembra que, embora floresçam, ao redor do planeta, experiências institucionalizadas, ou não, relacionadas à construção de formas de democracia

---

37. Ribeiro e Raichellis (2012) desenvolvem uma boa reflexão sobre a origem dos Conselhos: de um lado, identificam a inspiração socialista da Comuna de Paris e dos sovietes russos; de outro, orientações de agências internacionais ligadas à ONU e as que foram criadas a partir da Conferência de Bretton Woods: Banco Mundial e Fundo Monetário Internacional.

38. Filósofo inglês, considerado o pai do liberalismo.

participativa, a globalização hegemônica "[...] tem devorado não só as promessas da liberdade, da igualdade, da não discriminação e da racionalidade, como a própria ideia de luta por elas", uma vez que a "[...] desordem automática dos mercados financeiros é a metáfora de uma forma de regulação que não precisa da ideia de emancipação para se sustentar e legitimar." (Santos, 2002, p. 17)[39].

Nesse sentido, lembra o autor, há que se reinventar a democracia! (Santos, 2002). E o controle político representado na configuração de Conselhos, Conferências e outros fóruns criados em conformidade com a legislação que regula o SUAS foi pensado sob essa perspectiva. De acordo com o CNAS, esse sistema tem como um dos seus desafios "[...] a participação do usuário nos espaços de controle social e na gestão dos serviços socioassistenciais, transitando da inaceitável condição de subalternidade para sua efetiva e autônoma afirmação como sujeito de direitos". (Conselho Nacional de Assistência Social, 2009, p. 4).

Como advoga Pires (2007), diversamente do controle mercantil que se ampara em relações de compra e venda mediadas pelo dinheiro, o controle político pode ser indireto, mediante o uso de sistemas de freios e contrapesos, ou exercido diretamente pela população e usuários dos serviços públicos, através de canais legalizados, ou não institucionalizados (mídia, movimentos sociais, igrejas, sindicatos, associações).

Na medida em que se relaciona com a garantia de direitos sociais e com as transações que envolvem a luta pelo poder, o controle direto, objeto deste texto, apresenta a peculiaridade de ser atravessado por métodos e ações ao alcance de uma diversidade de sujeitos que transitam nas instâncias governamentais: políticos eleitos, burocratas nomeados, tecnocratas recrutados por mérito, eleitores e demandantes dos serviços. Esse processo expõe de saída limitações que estão na base do sistema, sobretudo, dos Conselhos, em relação ao potencial de construção da democracia participativa, posto que seus

---

39. Sobre as dificuldades de vivenciar a democracia e a disseminação de formas de ódio, conferir Santos (2016).

componentes não partem de um patamar comum, inclusive relativo ao conhecimento das próprias normativas da Política de Assistência Social, como se pode comprovar pelo teor de depoimentos expressos no decorrer deste texto.

5.2.4.1 *Compreensão dos sujeitos envolvidos na implementação do SUAS sobre o significado e a importância do controle social*

O resultado da pesquisa desenvolvida em municípios do Maranhão aponta que, embora os diferentes segmentos de sujeitos tenham apresentado reduzido conhecimento sobre os fundamentos da PNAS e acerca dos instrumentos normativos do SUAS, já foram introjetados, como verdadeiros, os elementos que justificam a relevância de uma gestão partilhada e a necessidade de controle da sociedade sobre as ações do governo. Também pode-se verificar que parcelas importantes dos envolvidos consideram os espaços institucionalizados de controle como territórios de exercício da democracia e a ausência de participação como impedimento para efetivação de direitos sociais.

Há entrevistados, tanto técnicos quanto conselheiros, para os quais a participação somente se efetivaria, de fato, através da superação de marcas históricas da Assistência Social como o imediatismo, o clientelismo e o assistencialismo. Nesse sentido, a mudança paradigmática apontada pelo SUAS é tida como um desafio, na medida em que, nas instâncias municipais, o emprego de critérios político-clientelistas para indicação dos dirigentes ainda se sobrepõe ao uso de critérios técnicos. Essa prevalência, inclusive com a manutenção do primeiro-damismo, favorece a elaboração de agendas que influenciam processos de decisão política contestados, muitas vezes, nas normativas do SUAS e contra interesses da população usufrutuária dos serviços.

> *As ações da Política de Assistência Social ainda são muito usadas como moeda de troca. Infelizmente, tal movimento é decepcionante [...] Eu, como assistente*

social, tive muitos sonhos que foram esquecidos, vão passando os anos de formação e a gente vai se desgastando com aquilo ali, porque você faz, faz, e não vê resultado (Informação verbal)[40].

Nesse contexto, foi possível perceber e ouvir orientações de deliberado reforço às práticas denominadas de ação social com vista a canalizar demandas para as Prefeituras e SMAS. A fala da gestora, a seguir, reflete essa situação:

Antigamente a Secretaria de Desenvolvimento Social chamava-se Ação Social, então o que era "ação social"? Era ação, doar, hoje não se trabalha mais assim, capacita as pessoas, trabalha em cima de capacitação. Mas, a população ainda tem aquele hábito da "ação", acha que assistência social, a Secretaria de Assistência Social, acha que a Secretaria de Desenvolvimento Social ainda é "ação social", que é para fornecer cesta básica, passagem, enxoval. Nós não temos esses programas, mas lutamos para ter recursos para fazer doação de enxoval, doação de urnas funerárias [...] (Informação verbal, grifos nossos)[41].

As marcas históricas da Assistência Social e a deliberada ingerência de alguns gestores e técnicos na conformação e na dinâmica dos CMAS rebatem diretamente na desconstrução da identidade social de usuários e conselheiros como interlocutores legítimos no processo de edificação de formas de gestão da Assistência Social afinadas com as normativas do SUAS. É o que as falas, a seguir, refletem:

As instituições que estão presentes que estão num assento garantido não são as instituições mais atuantes que poderiam contribuir muito mais. Então é uma questão também de lei, a gente tem que reformular a lei pra ter mais garantido... porque até mesmo por parte do poder público porque quem está presente na lei não são as políticas públicas de maior relevância para a Assistência Social (Informação verbal).[42]

---

40. Depoimento retirado do grupo focal realizado com técnicos e Conselheiros de Açailândia.
41. Depoimento retirado da entrevista realizada com a Gestora Municipal de Davinópolis.
42. Depoimento retirado da entrevista realizada com a Gestora Municipal de Cururupu.

Eu acho que acontece na maioria dos conselhos, a pessoa é indicada, ela não tem a menor identificação com essa questão de conselho, mas acaba tendo que participar. (Informação verbal)[43].

[...] um trabalho voluntário nem todo mundo quer, se tivesse remuneração eu acredito que teria era gente brigando pra entrar. (Informação verbal)[44].

Considerando que historicamente o clientelismo e o favorecimento fizeram parte da Assistência Social, o acesso à Política como um direito, um dever do Estado e um direito do cidadão, é uma transição que tem sido um norte para o nosso trabalho. (Informação verbal)[45].

Um elemento proeminente na fala de conselheiros foi que, nos CMAS, os representantes da sociedade civil tendem a ser identificados apenas pela deficiência ou carência. *"[...] eles vão para os seus conselhos da política específica [...]. Talvez, uma ideia minha mesma, talvez priorizando uma política em que ele tenha mais relação"*. E os próprios conselheiros tendem a priorizar a participação em Conselhos em que se sintam representados: *"Uma política onde ele se sente parte, ele se sente mais parte do que no Conselho de Assistência."* (Informação verbal)[46]

Nesse sentido, entre os desafios mencionados que podem favorecer a compreensão do SUAS como direito e instância de participação política, foi registrado o aprofundamento de conhecimentos e práticas que propiciem a construção de estratégias coletivas de gestão. Porém, isso só é possível *"[...] com uma equipe técnica de referência, qualificada, contratada mediante concursos públicos, em consonância com as prerrogativas da NOB-RH/SUAS."* (Informação verbal)[47], o que ainda não ocorre na maioria dos municípios.

---

43. Depoimento de Psicóloga do CREAS de Barreirinhas.
44. Depoimento retirado do grupo focal realizado com Técnicos e Conselheiros de Açailândia.
45. Depoimento de Técnica no grupo focal do município de Açailândia.
46. Depoimento retirado do grupo focal realizado com Conselheiros de Barreirinhas.
47. Depoimento retirado do grupo focal realizado com Conselheiros e Técnicos de Açailândia.

5.2.4.2 Regulamentação das instâncias de controle social e equipamentos sociais utilizados pelos Conselhos

A questão da participação e do controle social no SUAS está situada num conjunto de dispositivos jurídicos na esfera dos três poderes que podem ser acionados pela população, para garantir o seu direito à assistência social. Esse arcabouço jurídico institucional (sobretudo, elementos centrais que definem a LOAS — Lei n. 8.742/1993, a PNAS n. 2004, a NOB/SUAS e a NOB/RH) já foi incorporado pelos sujeitos responsáveis pela implementação do SUAS nos municípios, o que foi apontado tanto por técnicos quanto por alguns conselheiros e gestores, como avanço da institucionalidade da Política: concepções de territorialidade, matricialidade familiar, intersetorialidade, descentralização e participação.

De fato, nos casos em que foram encontrados documentos escritos sobre o papel dos conselhos, parecia claro que a função básica dessas esferas é a de garantir a implementação de duas das funções basilares da democracia: a participação e a *accountability* do sistema, de modo a contribuir para romper com um traço histórico do processo de formação da sociedade brasileira — a privatização do espaço público por agentes privados.

Quanto às condições estruturais, a maioria dos municípios ainda não conta com prédios próprios e equipamentos adequados para criar e manter referência num determinado território, garantindo a acessibilidade aos usuários e a prioridade estabelecida para implantar serviços. Esse aspecto foi observado pelas pesquisadoras e referendado em algumas falas, como as seguintes: "Não temos nada, não, tem o armário e eu acho que é só o armário, só o arquivo com as pastas, mas mobiliário não, a gente usa tudo do *Conselho Municipal dos Direitos da Criança e do Adolescente (CMDCA). Nem computador, usamos o particular da secretária*"; "*Assim, eu gosto muito de ler e lá dizia tudo que o Conselho tem e não temos nada daquilo, não temos nada, não temos nem sede própria.*" (Informação verbal)[48].

---

48. Depoimento retirado do grupo focal realizado com Conselheiros e Técnicos de Açailândia.

O que não deveria acontecer, mas infelizmente [...] já foi até para a Câmara, não sei se vai ser aprovado, para criar a Casa dos Conselhos, cada conselho teria uma sala, facilitaria muito. Na verdade, eu acho que o único conselho que tem sede é o dos servidores públicos, é sindicato, né? (Informação verbal)[49].

A maior reclamação que se tem hoje dessas entidades é falta de recurso, mas o controle mesmo das entidades junto com o órgão gestor é pouco, não se tem, tanto do gestor com as entidades e as entidades com o gestor fazer esse controle. Não se cobra, porque, você sabe, tem a parte do recurso, se a entidade for reclamar para o gestor público que não tem o controle vai penalizar de não passar o convênio e tudo o mais, aí fica ligado a uma questão mais pessoal, aí não se tem o controle. (Informação verbal)[50].

No caso dos CMAS, a inexistência de espaço físico adequado é reconhecida como óbice ao debate dos conselheiros, às ações de capacitação, ao planejamento e à implementação de outras ações de caráter coletivo necessárias ao exercício do controle social.

5.2.4.3 Dinâmica do controle social

A dinâmica da representação tende a ser percebida pelos técnicos entrevistados *"[...] como 'objeto de reflexões'"*. Nessas análises, o cumprimento das exigências normativas do SUAS foi configurado como maneira de solidificar a democracia, *"[...] questionar o próprio sentido do controle social nas situações reais em que a cultura político-clientelista ainda predomina."* (Informação verbal)[51].

Alguns conselheiros aludiram à Conferência Municipal de Assistência Social como estratégia para *ouvir a voz* do povo.

---

49. Depoimento retirado do grupo focal realizado com Conselheira de Bacabeira.

50. Depoimento retirado do grupo focal realizado com Conselheiros e Técnicos de Davinópolis.

51. Depoimento retirado do grupo focal realizado com Conselheiros e Técnicos de Davinópolis.

[...] nas Conferências o que se fez? Lá nos CRAS procurou regionalizar pra ele poder participar, o usuário, porque talvez ele não venha na Conferência, mas pelo menos escutar qual a proposta que ele tem, como ele tá sentindo a Política, né, participar do planejamento, né, os próximos dez anos, nessa perspectiva de escutar muito, o que se tem que evoluir na Política, o controle social. (Informação verbal)[52].

Além disso, mencionaram que é possível identificar avanços na dinâmica da Política

Porque muitas entidades trabalhavam com assistencialismo mesmo, uma pessoa precisando ali de um alimento, de uma cesta básica, então vamos dar cesta básica, precisando ali de um remédio, vamos dar remédio, está precisando ali de um benefício, de um cimento, uma areia, então, ficava muito na área do assistencialismo mesmo. Mas depois do que já foi falado se deu esse salto e se está amadurecendo essa política e realmente a gente está percebendo que tanto os usuários quanto nós, as pessoas que estão fazendo essa política. [...] A gente está percebendo esse amadurecimento porque está tendo vínculo mais próximo entre os usuários e as entidades responsáveis por fazer acontecer essa política. (Informação verbal)[53].

Alguns conselheiros também reforçaram a importância do seu papel social.

Olha, desde quando eu assumi eu tenho me tornado, não sei enquanto cidadão, mas enquanto presidente, um calo do sapato da Secretária [...] (Informação verbal)[54].

Em um município, usuários do Centro Pop ouvidos, também destacaram a relevância da PAS: avaliaram o funcionamento das medidas implementadas nos equipamentos sociais, além de fazerem

---

52. Depoimento retirado de grupo focal realizado com o Conselheiro de São Luís.
53. Depoimento retirado de grupo focal realizado com Conselheiro de São Luís.
54. Depoimento retirado do grupo focal realizado com o Conselheiro e Técnicos de Açailândia.

sugestões quanto ao fornecimento da alimentação em restaurante popular para superar dificuldades de deslocamento e enfrentamento das longas filas.

A participação de uma das gestoras ouvidas, em espaços de debate e deliberação nacionais, como a CIB, o Colegiado Nacional de Gestores Municipais de Assistência Social (CONGEMAS) e o acento no Fórum de Metrópoles Brasileiras, para discutir a particularidade do SUAS e a conformação de demandas e do próprio cofinanciamento foi registrado como fator que vem colaborando para clarificar limites e possibilidades do processo de participação.

Em relação à existência de inovações na dinâmica dos Conselhos, detectou-se o credenciamento de organizações sociais realizado pelo CMAS em um município, ação que vem contribuindo para favorecer a publicização, a transparência e a ruptura com pressões políticas no acesso a recursos públicos.

Por outro lado, vários obstáculos ao processo de participação e controle social foram identificados, entre os quais:

- Composição do CMAS. Registrada como problema de difícil solução, uma vez que há número restrito de organizações da sociedade civil na maioria dos municípios, os Conselhos são formados, em geral, por entidades religiosas, culturais e comunitárias. É comum, ainda, que conselheiros sejam indicados mais pela disponibilidade em participar das reuniões do que pelo seu engajamento e atuação política; *"[...] é uma dificuldade pra indicar, quando indica é qualquer pessoa pra participar do Conselho, uma pessoa que não entende, entendeu?"* (Informação verbal)[55]. Além disso, *"[...] tem uma grande rotatividade né, porque vira e mexe tem alguém saindo e alguém para substituir."* (Informação verbal)[56].

- Indicação de representantes feita pela própria burocracia municipal;

---

55. Depoimento retirado do grupo focal realizado com a Conselheira e Técnicos de Açailândia.
56. Depoimento retirado do grupo focal realizado com a Conselheira e Técnicos de Davinópolis.

Os representantes do poder público, às vezes o Secretário, escolhe aquele funcionário que não tem muito trabalho a fazer, não gosta muito de trabalhar. Aí ele escolhe aquele funcionário pra ir para as reuniões do conselho, pra ser conselheiro. Do mesmo modo, ocorre com a sociedade civil que indica aquele membro da entidade que vai, também, sem muito interesse, sem muito compromisso. Por isso que eu acho necessária a capacitação para que o conselheiro compreenda qual seu papel no Conselho. (Informação verbal)[57].

- Disposição de técnicos e gestores em simplificar questões complexas, com o propósito de abreviar o debate público de temas proeminentes e o empenho da disputa de recursos por parte dos representes da sociedade civil;

Existe alguns conselheiros que não estão para aquilo, né? Alguns nem entendem. Então, tem uns que aprovam por aprovar, mas tem uns que questionam, aí o técnico que tá lá na reunião explica pra que é, o que não foi, como é, explica o orçamento, aí eles aprovam. Quando a gente tem um presidente que é bem mesmo "cricri", como tivemos na gestão anterior, ele analisa tudo direitinho e apresenta aos outros conselheiros que não compreendem [...] (Informação verbal)[58].

- Falta de condições objetivas dos usuários para participação, muitos ocupados com a procura de garantias para sua reprodução material;

Todos os conselheiros, aqui, têm um problema e eu acho que é geral, porque aonde eu vou eu ouço reclamações. É difícil articular com o Conselho, difícil dar quórum, os conselheiros não têm interesse, não tem incentivo, porque não são remunerados. Então, não é só o de Assistência que funciona, entre aspas. A precariedade, nesse âmbito, é generalizada. (Informação verbal)[59].

---

57. Depoimento retirado da entrevista realizada com a Gestora Municipal de Davinópolis.
58. Depoimento retirado da entrevista realizada com Técnica de Davinópolis.
59. Depoimento retirado do grupo focal realizado com Conselheiros e Técnicos de Davinópolis.

Você marca a reunião, vem cinco ou seis pessoas, ninguém vem e a gente manda buscar na casa, vocês viram o carro pra buscar a pessoas na casa porque aqui não tem ônibus, então é muito difícil. Pra que crie, porque vocês têm que ter o Conselho de Assistência pra fazer as atas, ter alguma documentação, recurso, a gente tá numa reunião [...] (Informação verbal)[60].

- Limitada participação de representantes da sociedade civil no debate sobre as questões mais complexas relacionadas à dinâmica da Política: muitos há que não conhecem o SUAS, as normas do setor e, muito menos, as particularidades da burocracia, o que dificulta a discussão com interlocutores mais capacitados. "A participação do usuário não é lá muita, até por falta de interesse e informação do próprio usuário, eles não participam muito das atividades do Conselho." (Informação verbal)[61];
- Falta de vontade política para efetivar a participação.

Eu acho que se um ou dois por cento das entidades acompanham o controle eu acho que é muito. Nós fizemos um levantamento de participação da Conferência, eu acho que das 150 que tivemos aqui a participação delas foram muito poucas. Então, a gente pode dizer que não tem o interesse das entidades de fazer esse controle, a sociedade civil juntar as entidades pra ver o que você faz, como é que vocês estão fazendo, se está atingindo o objetivo de cada entidade isso não se tem. (Informação verbal)[62].

Esses óbices, que foram observados na maioria dos municípios, indicam que o controle social é mais nominal que efetivo. Tal fato beneficia o referendo das ações definidas pelos dirigentes, a influência, no processo decisório, de grupos políticos com interesses clientelistas e de grupos econômicos com interesses privados, desviando a direção da proposta original do SUAS e das reais necessidades da população demandatária dos serviços de assistência social.

---

60. Depoimento retirado da entrevista realizada com a Gestora de Bacabeira.
61. Depoimento retirado da entrevista realizada com a Gestora Municipal de Davinópolis.
62. Depoimento retirado de grupo focal realizado com Conselheiros de São Luís.

Enfim, do que foi observado, pode-se concluir que os espaços de controle social nos municípios vêm se consolidando, embora ainda não tenham avançado, como seria esperado, tendo em vista as normativas do SUAS e, até mesmo, a importância atribuída a essa dimensão da gestão pública pelos entrevistados. De fato, embora a maioria dos sujeitos envolvidos no campo da assistência social compreenda sua relevância, na prática, tende-se a reproduzir, nos espaços da política, questões histórico-estruturais, como a corrupção, o clientelismo, a representação de interesses pessoais e privados, entre outros.

Em relação aos conselheiros, ao lado da falta de capacitação e vontade política de representantes da sociedade civil para o exercício do controle, é importante considerar a dificuldade de inserção destes em espaços não remunerados, nos últimos anos, tendo em vista as dificuldades de reprodução material da grande maioria da população. Também, em geral, não há estruturas materiais adequadas para o exercício dos conselhos com condições objetivas para se criarem inovações nesse campo.

Portanto, são desafios no âmbito do controle social: o aprofundamento de conhecimentos, saberes, competências e, em decorrência, a adoção de instrumentos que propiciem a qualificação da dinâmica conselhista; capacitação continuada dos conselheiros; a garantia de local próprio e adequado para funcionamento dos Conselhos; a necessidade de real afirmação da Assistência Social como direito, o que implica na publicização dessa percepção da Política para os movimentos sociais organizados da sociedade, de modo a ampliar a interlocução da Política no espaço público.

5.2.5 Vigilância Socioassistencial: sistematização e funcionamento

No presente item trazemos algumas reflexões sobre a Vigilância Socioassistencial, nos municípios maranhenses integrantes da pesquisa: *Avaliando a implementação do Sistema Único de Assistência Social na Região Norte e Nordeste.* A fim de compreender esse processo no Estado do Maranhão, a Vigilância Socioassistencial foi configurada como um elemento de destaque enfocado na pesquisa tendo presente a sua centralidade na Política de Assistência Social.

O SUAS define e organiza elementos essenciais e imprescindíveis ao processo de implementação dessa Política, buscando, sob sua responsabilidade, dar respostas a três funções principais: Proteção Socioassistencial, Defesa Social e Institucional e Vigilância Socioassistencial. Tratam-se de funções articuladas e complementares na construção de referências para a organização e execução dos serviços socioassistenciais. A Vigilância Socioassistencial, como uma dessas funções, corresponde ao planejamento, produção, organização e sistematização de informações sobre a realidade socioterritorial, com o objetivo de identificar situações de vulnerabilidade e risco pessoal e social de famílias e indivíduos (Brasil, 2005a).

5.2.5.1 *Vigilância Socioassistencial no contexto do SUAS: aproximação conceitual*

A vigilância socioassistencial se torna mais visível na LOAS (Lei n. 8.742/1993) a partir das alterações efetuadas pela Lei n. 12.435/2011. Essa Lei altera o artigo 2º da LOAS na qual é acrescido o inciso II que estabelece como um dos objetivos da Assistência Social: *a vigilância socioassistencial, que visa a analisar territorialmente a capacidade protetiva das famílias e nela a ocorrência de vulnerabilidades, de ameaças, de vitimizações e danos.* Também é acrescido na LOAS, pela referida Lei, o parágrafo único do artigo 6º que caracteriza a vigilância socioassistencial como um dos instrumentos das proteções da Assistência Social que identifica e previne as situações de risco e vulnerabilidade social e seus agravos no território. (Brasil, 2011a).

A concepção de Vigilância Socioassistencial instituída pela PNAS tem como base um conjunto articulado de categorias que constituem a sua base conceitual e instituem uma abordagem específica para a produção de conhecimentos com o objetivo de fundamentar o planejamento e o desenvolvimento da Política de Assistência Social nos Estados e municípios. Trata-se dos conceitos de vulnerabilidade social, risco e território. Conceitos a partir dos quais se busca analisar as relações entre necessidades e ofertas. Esses conceitos constituem-se eixos fundantes da Vigilância Socioassistencial, uma vez que sua efetivação se fundamenta mediante a realização sistemática de estudos territorializados sobre diversas situações de vulnerabilidade e risco pessoal e social vivenciados pelos(as) usuários(as).

Essas situações ocorrem no âmbito municipal, o que remete a importância do conhecimento do território como espaço de efetividade das ações tendo em vista a prevenção daquelas situações. O território constitui o espaço de inserção da rede de serviços direcionados à identificação e prevenção da vulnerabilidade e risco social, tendo por base a produção de informações.

A produção de informações e conhecimentos se constitui fonte de trabalho da Vigilância Socioassistencial, no sentido de fornecer subsídios para o planejamento e avaliação dos serviços. O risco visa identificar e conhecer a probabilidade e a iminência de contingências de caráter pessoal e social "[...] que incidem sobre famílias/pessoas nos diferentes ciclos de vida (crianças, adolescentes, jovens, adultos e idosos)", com o objetivo de propor ações e estratégias direcionadas à prevenção e redução de agravos. (Brasil, 2005a, p. 39) A vulnerabilidade parte do entendimento de que usuários(as), em situação de vulnerabilidade, podem ser conduzidos a processos excludentes e, o território, como espaço socialmente determinado, é espaço de propensão e eminência de riscos e vulnerabilidades também determinados socialmente. A implementação da Vigilância Socioassistencial implica, portanto, no conhecimento das vulnerabilidades sociais e riscos sociais presentes nos territórios e na identificação da capacidade de alcance, pela rede de serviços socioassistenciais, das demandas postas pelos(as) usuários(as).

Neste sentido, a Vigilância Socioassistencial é concebida como "[...] área de gestão da informação orientada para fundamentar as atividades de planejamento, supervisão e execução dos serviços socioassistenciais." (Brasil, 2005a, p. 39). Constitui-se um elemento necessário à elaboração de programas sociais e, sobretudo, para a avaliação dos serviços socioassistenciais. A instituição do Sistema de Vigilância Socioassistencial, portanto, colabora para que os objetivos do SUAS sejam alcançados, mediante implementação de um sistema de monitoramento e prevenção de riscos. Assim, através da construção de um diagnóstico social dos territórios, vistos a partir das suas múltiplas relações, é possível desenvolver uma gestão dos serviços em consonância com as demandas e as potencialidades dos(as) usuários(as).

A Vigilância Socioassistencial permite identificar onde e quem são os demandantes da Proteção Social, quantos são, bem como a capacidade da rede da proteção social, equipamentos e serviços, em atender às necessidades postas por esses demandantes (Rizzotti; Silva, 2013). Também permite ampliar a capacidade de proteção social e defesa dos direitos, reforçando, assim, sua relevância para a efetividade da PAS, reafirmando sua articulação direta com as proteções sociais. A Vigilância, portanto, é elemento constitutivo da gestão das ações da Assistência Social. A gestão deve, assim, afiançar, assegurar, garantir a Vigilância como área específica do SUAS, executada no âmbito do SUAS, de maneira descentralizada nas diferentes instâncias de governo, federal, estadual e municipal.

Como elemento de gestão, cabe à Vigilância Socioassistencial repassar dados e informações necessárias para as equipes de referência, responsáveis pelos serviços socioassistenciais. Trata-se de dados e informações essenciais para a avaliação das ações, bem como para a visualização do perfil da população demandatária dos serviços da Assistência Social. Isto implica na qualificação do atendimento, além de proporcionar um planejamento das ações de modo a ultrapassar o caráter imediato e espontâneo das demandas que chegam aos equipamentos. Implica um conhecimento sistemático e dinâmico da realidade dos sujeitos demandatários, no território em que vivem, para além dos dados estatísticos e números. Isto significa que "[...] a

Vigilância Socioassistencial não consegue ser realizada como função da política pública, se não estiver conectada com o mundo real da gestão e da prestação de serviços da Política de Assistência Social." (Brasil, 2012, p. 18).

A Vigilância Socioassistencial viabiliza o monitoramento e avaliação sobre os serviços ofertados, analisando principalmente a qualidade desses serviços e adequação necessária das demandas e ofertas, o volume da oferta, fornecendo subsídios para a construção de estratégias de correção dos problemas identificados. Neste sentido, o processo dinâmico de produção de conhecimentos e informações se coloca como elemento fundamental da intervenção das equipes de referência.

Assim, a Vigilância Socioassistencial, como função da Política de Assistência Social, possibilita a construção de indicadores e estratégias de ações das políticas públicas. Os dados produzidos, a análise e a utilização desta informação permitem a qualificação da intervenção dos agentes públicos, na perspectiva de alcançar resultados compatíveis com as demandas dos(as) usuários(as). Mediante a Vigilância Socioassistencial são analisadas a capacidade de atendimentos às demandas dos equipamentos da Assistência Social, e são realizados diagnósticos da realidade socioassistencial do município, enquanto território de atuação da Assistência Social. A Vigilância imprime um processo dinâmico de acompanhamento do registro das informações da rede socioassistencial, realizando a sistematização e avaliação das informações prestadas, criando um banco de dados, possibilitando a gestores e equipe técnica a visualização das principais incidências de risco e vulnerabilidade, mediante a produção estatística da incidência de violações, oportunizando, assim, a elaboração de planos estratégicos visando a efetividade da Política. Trabalha com o intuito de dar suporte à intervenção qualificada das equipes técnicas que atuam no âmbito da Assistência Social.

Percebe-se, portanto, que a Vigilância Socioassistencial, como uma das funções da PAS, visa romper com práticas de improvisação e de atendimento emergencial das demandas espontâneas e individuais, com práticas dissociadas do conhecimento das demandas coletivas e da realidade na qual os demandantes estão inseridos. Tais práticas, baseadas no imediatismo, no emergencial, na improvisação e fragmentação das ações, que historicamente marcaram e continuam marcando o campo da Assistência Social no Brasil, precisam ser superadas mediante iniciativas que possibilitem um conhecimento amplo da realidade em que a Política é implementada.

A partir dessas aproximações, buscamos analisar a Vigilância Socioassistencial, tomando por referência uma realidade empírica onde foram coletados dados e informações referentes à sua implementação no processo de construção da PAS nos municípios pesquisados no Estado do Maranhão.

5.2.5.2 A Vigilância Socioassistencial na realidade dos municípios maranhenses

Inicialmente, reforçamos a compreensão de que a Política de Assistência Social, como afiançadora de direitos, integra um processo em construção. Como tal, expressa um movimento historicamente determinado por múltiplas relações de caráter social, político, econômico e cultural, bem como as contradições que fundamentam o contexto em que é concebida e implementada. Expressa, portanto, avanços e continuidades, o que se reflete nos avanços e dificuldades enfrentados pelos municípios na estruturação do SUAS.

No que concerne à Vigilância Socioassistencial, a pesquisa demonstrou que, de modo geral, essa função não se encontra estruturada e não vem ocorrendo de forma sistematizada nos municípios pesquisados no Estado do Maranhão, ou seja, é um eixo que não vem se efetivando, conforme as orientações do SUAS. Informações referentes aos usuários, contendo o perfil socioeconômico destes, não estão sendo sistematizadas no sentido de configurar-se em diagnóstico mais amplo da realidade dos municípios quanto às situações de vulnerabilidade, destituições e riscos referentes, por exemplo, às famílias inscritas no Bolsa Família.

Com relação à compreensão acerca da Vigilância Socioassistencial, observamos que prevalece entre os sujeitos da pesquisa ausência de clareza acerca dessa função da PAS. A despeito de informações sobre essa função da PAS, percebemos a incidência de compreensões vagas, reducionistas e até mesmo equivocadas quando percebida como um setor específico e isolado, destinado ao monitoramento e avaliação e não como uma das funções estruturais da PAS.

Inclusive, gestoras e equipe técnica enfatizaram que o conhecimento acerca da necessidade da implementação da Vigilância Socioassistencial se deu principalmente após participação das equipes no CapacitaSUAS, quando foi esclarecida a forma como deve funcionar, sendo enfatizada a necessidade, bem como a urgência dessa função na gestão do SUAS nos municípios. Todavia, as dificuldades financeiras relativas à estruturação da Política e, sobretudo, contratação de pessoal, tem impossibilitado essa efetivação nos municípios.

A partir da realização dos grupos focais, foi possível perceber a não existência, na estrutura dos órgãos gestores, do setor de Vigilância Socioassistencial constituído legalmente, enquanto área articulada à gestão do SUAS. A justificativa apresentada foi a dificuldade de equipe para fazer esse trabalho ainda que informalmente, conforme atesta o relato a seguir:

> *Tinha que ter uma equipe específica pra fazer isso, né... a gente não dá conta. A gente sabe dessa necessidade de ter essa informação sobre a realidade, sobre os usuários. É muito difícil, tem todo um gasto, fazer pesquisa... A gente conhece da realidade dos usuários a partir do cadastro (Bolsa Família), os registros de atendimento... a gente pergunta... tem essas informações mais gerais [...]* (Informação verbal)[63].

Constatamos a partir dos depoimentos levantados na pesquisa de campo que, em alguns municípios, existe uma forma assistemática

---

63. Depoimento retirado do grupo focal realizado com a Técnica de Técnica do CRAS de São Luís.

de levantamento de informações sobre o trabalho realizado pela Assistência Social. Uma espécie de monitoramento limitado à oferta dos serviços, o que possivelmente é insuficiente para produzir, sistematizar e analisar continuamente informações acerca das situações de riscos e vulnerabilidades existentes no território a que estão expostos indivíduos e famílias. Assim, provavelmente não possibilita a consecução sistemática de dados sobre a realidade e a qualidade dos serviços ofertados e das outras ações implementadas no âmbito do SUAS. Sobre a elaboração de diagnósticos da realidade dos territórios, apenas um dos municípios informou a existência de um diagnóstico que se encontra defasado, pois data de 2010 e necessita de atualização.

Consideramos que os relatos expõem as dificuldades para manter um trabalho que implica em custos para os municípios, visto que precisa de recursos humanos e de estrutura para ser desenvolvido de forma sistemática, o que é inviável com a equipe técnica existente que não pode substituir suas atribuições por outras inerentes à Vigilância. Destacam-se, portanto nas dificuldades de implantação da Vigilância Socioassistencial pontos de conexão com outros problemas identificados no processo de gestão da Política nos municípios maranhenses: insuficiência de equipe técnica, inexistência/insuficiência de capacitação, estruturas físicas e materiais inadequadas, fragilidade da rede de atendimento e das articulações intersetoriais, limitações de recursos financeiros e orçamentários, condições precárias de trabalho e de contratação, pouca clareza sobre a concepção teórico-conceitual que ancora a Política, sobre as normativas que lhe orientam e sobre as ações de monitoramento. Com relação a este último, também ficou demonstrado que o monitoramento, ação fundamental para substantivar a Vigilância Socioassistencial, ainda é assistemático e falho, o que implica em desvirtuamento nas ações, sobretudo, no que se refere à alimentação do sistema de informações. Dessa forma, os dados e informações sistematizados nos equipamentos não são discutidos, analisados e não subsidiam a intervenção da PAS na realidade dos municípios pesquisados.

A maioria das equipes técnicas demonstrou fragilidade prática no tratamento dos dados e informações sobre os usuários e territórios.

As informações sobre os usuários, contendo o perfil socioeconômico destes não estão sendo sistematizadas no sentido de configurar-se em diagnóstico mais amplo da realidade, quanto às situações de vulnerabilidade, destituições e risco referente, por exemplo, à população que vivencia a situação de rua. Segundo os relatos, em alguns municípios, particularmente São Luís, capital do Estado, os dados fornecidos pela equipe dos serviços subsidiam o planejamento e a intervenção no serviço, mas não são tratados de forma a refletirem a realidade mais ampla da população em situação de risco e vulnerabilidade. Há uma rotina que consiste na escuta, mediante a chegada dos(as) usuários(as) aos equipamentos seguida do registro de informações sobre a vida das pessoas, mas geralmente os registros ficam nos questionários e quanto ao atendimento, estes são inseridos nos relatórios e enviados à equipe da gestão.

Quando questionamos acerca de informações em relação ao percentual dos(das) usuários(as) dos serviços que chegam por indicação, por exemplo, considerando ser uma questão trabalhada no instrumental aplicado por ocasião da chegada do usuário ao serviço, a resposta foi negativa. O que isso mostra? Que as informações, mesmo as informações básicas, existem, estão registradas, mas as equipes não têm avançado no exercício de análise e sistematização.

> *A gente tá precisando sistematizar, eu acho que é bem aí. É o olhar da Vigilância, porque, às vezes, a secretária chega, "quantas pessoas vocês têm em aluguel social, quantas no Bolsa Família, quantas estão atendias, acompanhadas"? Os dados existem só que a gente precisa saber o que vai fazer com eles. Aí a gente se vê perdida porque essa sistematização não acontece.* (Informação verbal)[64].

Observamos que a efetivação da Vigilância Socioassistencial constitui uma das dificuldades no processo de implementação do SUAS. Embora seja uma função dessa Política, apoiada financeiramente pelo governo federal, sua estruturação não vem sendo incorporada ao

---

64. Depoimento retirado do grupo focal realizado com a Técnica do CRAS de São Luís.

cotidiano da gestão pública como instrumento de trabalho que permita conjugar o registro e a utilização dos dados e informações estatísticas para detectar e compreender as situações de precarização e de agravamento das vulnerabilidades que afetam as pessoas nos territórios, o que dificulta avaliar os impactos da PAS no âmbito dos municípios.

> *Na verdade, a Vigilância Socioassistencial [...] ela ainda está concentrada na Secretaria, lá tem um setor específico da Vigilância Socioassistencial. O CRAS faz é encaminhar os relatórios para abastecer os dados e o Censo SUAS. No CRAS, os dados servem de embasamento para as ações né, para planejamento, tipo esse agora onde a gente percebeu que está crescendo muito essa questão da violência no território.* (Informação verbal)[65].

Esse relato nos possibilita verificar que, de fato, há um esforço no envio de dados para o setor que consolida ou deveria consolidar essas informações, no âmbito da gestão. Há um padrão de informações que devem ser coletadas, portanto, há orientação, coleta e envio de dados, e em alguns espaços de intervenção são realizadas reflexões sobre o território e os (as) usuários (as) dos serviços. Contudo, esse esforço, não se dá no sentido de alcançar o patamar de análise e sistematicidade que a Vigilância Socioassistencial exige.

> *Do que a gente vai descobrindo na busca ativa, na visita domiciliar, enfim, da realidade do território, o que a gente observa e registra nos orienta nas ações que executamos. O que eu falo é que sempre foi dito nas reuniões que ia se pensar um banco de dados que fosse implantado dentro dos CRAS pra ser abastecido com esses dados, é nesse sentido que eu estou falando né, dessa vigilância sistematizada não existir.* (Informação verbal)[66].

Conforme identificado junto às equipes técnicas durante a pesquisa, há falhas no processo de sistematização e análise dos dados

---

65. Depoimento retirado do grupo focal realizado com a Técnica CREAS de São Luís.
66. Depoimento retirado do grupo focal realizado com a Técnica de São Luís.

coletados nos territórios e sua devolutiva para as equipes, ainda que sejam realizados encontros de monitoramento das ações da PAS. Ou seja, não há retorno dessa avaliação de realidade mais geral às equipes, de forma a orientar a busca por resultados mais efetivos da PAS nos municípios. Embora, em algumas situações sejam encaminhados relatórios para a área de Vigilância, ligada à gestão, os dados coletados nos territórios tornam-se, em alguns casos, de uso restrito das equipes que o produziram e orientam a busca de melhoria dos serviços ali realizados, considerando a realidade dos usuários atendidos, sua história de vida e superação das condições de vulnerabilidade e riscos, mas não compõem uma reflexão integrada da Política e da realidade do município.

Constatamos que o eixo da Vigilância Socioassistencial não vem assumindo centralidade na dinâmica de trabalho dos equipamentos. Isso se expressa, principalmente, pela ausência de banco de dados e de um diagnóstico amplo e analítico acerca das condições de pobreza nos municípios que possam nortear e configurar o universo dos usuários e suas demandas.

A importância dessas reflexões se efetiva, principalmente, por identificar que, apesar de não ser dada a ênfase necessária à Vigilância Socioassistencial para a efetividade da Política Nacional de Assistência Social, o debate sobre sua conceituação no contexto da Política está posto e vem a ser fundamental no processo de sua implementação. Isso se dá na medida em que analisa a capacidade de atendimento das demandas dos equipamentos de Assistência Social, mediante elaboração do diagnóstico do território, enfatizando a gestão da informação, contribuindo no planejamento, articulação, monitoramento e acompanhamento da Política Nacional de Assistência Social.

Importa ter presente que a Vigilância Socioassistencial não se restringe apenas aos instrumentos e fontes de informações, como o Censo SUAS, os Relatórios de Atividades e de Avaliações, o CadÚnico, dentre outros vários mecanismos de informações que contribuem na condensação das informações trabalhadas pelas equipes técnicas da rede de serviços socioassistenciais. Essa Vigilância deve ser pensada para além de números e dados estatísticos. Deve, sobretudo, proporcionar a resolutividade da Política nos municípios, possibilitando respostas mais próximas das demandas. Do ponto de vista de referenciais teóricos, a produção de conhecimentos sobre a Vigilância Socioassistencial ainda expressa escassez, lacunas, tal como a realidade dos serviços. Se por um lado, a Política tem avançado no seu processo de institucionalização, construção de marcos regulatórios, conferências, gestão da informação, dentre outros; por outro, demanda uma construção em termos de condições estruturais para sua implementação, até porque como toda política social, a Assistência Social é permeada por correlações de forças que disputam hegemonia no âmbito de um processo de direcionamento rumo aos direitos.

Cabe destacar a escassez de bases teóricas, o que possibilita e instiga oportunidades para debates e discussões sobre a temática. Ressaltamos que a Vigilância Socioassistencial é uma função central da Política de Assistência Social, porém encontra-se aquém do idealizado e previsto nas normativas da Política. As estruturas municipais de gestão, de modo geral, carecem de mecanismos para sua efetivação em termos de equipes, prontuários digitais para o cadastro de famílias atendidas, dentre outros. Ademais, há problema de ausência de aprofundamento conceitual sobre a matéria em questão, o que exige reflexões conceituais do tema no sentido de avançar no debate sobre as bases conceituais que sustentam a Vigilância Socioassistencial. Essas bases precisam ser amplamente discutidas e problematizadas, tais como: território, risco e vulnerabilidade. Contudo, conforme assinalamos, trata-se de uma discussão que está posta, a exigir dos sujeitos os conhecimentos necessários para a construção de mecanismos de efetivação dessa função.

Também cabe destacar que, a despeito das fragilidades dessa função nos municípios pesquisados, os depoimentos apontam o reconhecimento da necessidade de sua estruturação, mas sobretudo a necessidade de sua compreensão enquanto mecanismo de qualificação dos serviços e prevenção de riscos e vulnerabilidades socialmente determinados no contexto dos territórios.

5.3 Conclusão: avanços, recuos, limites, desafios e perspectivas

Considerando a realidade desvelada sobre a implementação do SUAS, mediante realização da pesquisa de campo nos 06 (seis) municípios selecionados para compor o espaço geográfico da investigação no Maranhão, manifestações dos diferentes sujeitos da pesquisa, complementadas pelas observações espontâneas e sistemáticas desenvolvidas pelas pesquisadoras nos campos investigados e nos equipamentos selecionados para o estudo: CRAS, CREAS e Centros Pop, permitiram os destaques indicados a seguir.

Para sistematização dessa conclusão, foram considerados eixos de reflexão qualificadores da implementação do SUAS nos municípios estudados: avanços, recuos, limites, desafios e perspectivas. Conforme exposto, se verifica uma maior prevalência de indicações de limites ou dificuldades para fazer avançar a implementação do SUAS nos municípios pesquisados, embora não tenha sido praticamente identificado pelos sujeitos da pesquisa ou mesmo pelas pesquisadoras o que pode ser considerado recuo. Indicações relevantes também foram identificadas na indicação de desafios e perspectivas. Assim, são, a seguir, destacados os aspectos mais prevalentes e de maior relevância identificados no contexto da pesquisa empírica.

Procurando destacar as indicações mais recorrentes, o primeiro destaque foi para o que os sujeitos da pesquisa — gestores, técnicos, conselheiros, usuários e pesquisadoras — classificaram como *avanços* na Política de Assistência Social e na implementação do SUAS nos municípios. Nesse aspecto, registrou-se a *institucionalidade da Política rumo à sua construção como direito*. Essa indicação se expressa pelo avanço no nível de ordenamento legal do órgão gestor municipal; pelo aprimoramento e regulação dos Benefícios Eventuais; pela ampliação de novos programas, projetos e ações, com ampliação da prestação dos serviços nas áreas urbanas e rurais e consequente incremento dos atendimentos e demandas apresentadas a partir da realidade local, na busca de torná-los direitos reclamáveis; a reorganização da proteção social básica e especial e seus serviços, em conformidade com a Tipificação Nacional, criando condições de melhor identificação, funcionamento e institucionalização dos serviços. Ainda no campo da institucionalidade da Política, foram acrescidos: o planejamento das ações, visto que o Plano de Acompanhamento, Monitoramento e Avaliação tem se constituído na principal ferramenta de orientação técnica na busca de qualificação da oferta dos serviços e benefícios; elaboração do PPA e as Leis Orçamentárias Anuais (LOA) com a participação ativa dos profissionais vinculados à gestão da PAS no município; estrutura administrativa que assegura a prestação de serviços em conformidade com as normativas da PAS; progressiva incorporação do arcabouço jurídico institucional pelos sujeitos responsáveis pela implementação do SUAS; luta para ultrapassar o clientelismo; maior nível de compreensão das normativas e a defesa da Assistência Social como direito de cidadania, embora tenha se identificado nas falas dos sujeitos entrevistados que o entendimento acerca da Política, em alguns municípios seja insipiente, a implementação da Política é ainda marcada por uma cultura assistencialista e os usuários tendem a esperar ações imediatistas. Nesse sentido, os serviços oferecidos nos municípios, a despeito do empenho das equipes técnicas, ainda se distanciam, mais ou menos, das formulações do SUAS em termos do reforço às ações de convivência, socialização e promoção das famílias, evidenciando-se uma sobreposição de ações de caráter individualizado, mesmo nas abordagens em que as famílias são tomadas como unidade de atenção. Isto é, embora sejam registrados avanços na institucionalidade da Política, a partir da manifestação dos sujeitos entrevistados, as pesquisadoras identificaram que a concepção da Assistência Social como direito ainda não se faz devidamente presente na implementação do SUAS, identificando-se dificuldade no domínio da concepção da Política, como referência da prática. Desse modo, a discussão termina por centrar-se nos aspectos legais, normativos e operacionais, o que significa dificuldade em traduzir em ações concretas os princípios e diretrizes da PAS. Ademais, foi percebida expressiva dificuldade de contextualização da PAS em âmbito nacional, estadual e municipal, dificultando a percepção da Política como processo e produto de relações históricas, sociais, políticas, o que isola e restringe a Política aos seus aspectos legais, normativos e operacionais. No que pese a contradição expressa no processo de institucionalidade da Política, foi destacada maior visibilidade adquirida pela PAS com a implantação e implementação do SUAS.

Por fim, no âmbito do avanço da institucionalidade da PAS nos municípios, foi também identificado, na maioria dos municípios pesquisados, o que consideraram adoção do comando único e superação do primeiro damismo na gestão da Assistência Social, mesmo que ainda limitada ao plano formal. Todavia, o critério político para indicação dos gestores ainda se sobressai ao critério técnico, com indicações de pessoas aliadas ao grupo político do prefeito, nem sempre com capacitação técnica no campo da PAS e do SUAS. Esse aspecto é ainda mais preocupante por ter sido apontado, em alguns municípios, o descompromisso do executivo municipal com os princípios da PAS, ocorrendo, inclusive, interferência no sentido de canalizar determinadas demandas para a prefeitura. Nesse sentido, técnicos e conselheiros admitiram ser comum a reiteração das práticas clientelistas, utilizadas para servir ao propósito dos governos locais que hierarquizam e manipulam as demandas apresentadas pelos usuários, de acordo com interesses político-eleitoreiros. Essa prática marca as contradições identificadas no campo dos mencionados avanços, desconfigurando e limitando a afirmação da Assistência Social como direito e a autonomia e a definição de prioridades orientadas pelas demandas e necessidades da população.

Adentrando no campo dos *limites e dificuldades*, os maiores destaques foram encontrados nos seguintes aspectos:

a) As *estruturas físicas dos prédios* onde funcionam os CRAS e CREAS são inadequadas, com problemas relacionados à estrutura física-operacional dos equipamentos sociais em desconsideração aos pré-requisitos para funcionamento destes centros, na maioria dos municípios, com espaços pequenos e inadequados para o atendimento e acompanhamento das famílias, sem garantia do sigilo necessário das informações, pouca ventilação e sem climatização, muitas vezes, os prédios não ostentam a identificação desses equipamento. Ademais, a grande maioria dos prédios são alugados e nem todos os CRAS se encontram em áreas de vulnerabilidade; são instalados em prédios sem acessibilidade, não possuindo rampas que possibilitem condições adequadas de acesso, particularmente aquelas pessoas com dificuldades de locomoção; por vezes, localizados em área central da cidade, onde há grande fluxo de pessoas que se deslocam dos povoados e de ilhas existentes em alguns municípios. Às condições precárias dos espaços físicos, acrescentam-se, em grande parte dos CRAS e CREAS, poucas condições em termos de equipamentos e materiais, com destaque à insuficiência de computadores, telefones, carros e funcionamento precário da internet, limitando o funcionamento adequado do Sistema Web SUAS.

b) *O Quadro de pessoal do SUAS* nos municípios é insuficiente, composto por profissionais contratados, com alta rotatividade, condições de trabalho instáveis e precárias; baixos salários, ensejando a descontinuidade das ações e a realização de um trabalho de *referência* pelo contínuo recomeçar que essa situação enseja. Em alguns municípios, os técnicos desempenhavam dupla função no âmbito do SUAS, com equipes mínimas incompletas, curta permanência dos profissionais nos respectivos municípios durante a semana e alguns CRAS encontravam-se quase desativados no momento da pesquisa em razão da falta de técnicos. Ademais, não havia participação sistemática em atividades de educação permanente, apenas capacitações pontuais, sendo destacada a insuficiência do Capacita SUAS por se limitar ao atendimento de alguns técnicos das equipes municipais. Apesar desses limites, foi frequente se verificar na relação com o quadro de técnicos a demonstração de empenho e compromisso com a implementação da Política, procurando demonstrar uma postura de autocrítica e preocupação em definir instrumentais que facilitem o trabalho de forma mais qualificada, demonstrando reconhecimento da necessidade de instituir estratégias criativas de trabalho para potencializar ações e recursos já existentes.

c) No Cofinanciamento, foram verificadas limitações financeiras para composição da equipe técnica e para a devida execução dos serviços e benefícios conforme a demanda, principalmente devido à ausência de cofinanciamento estadual e dos poucos recursos federais e municipais disponibilizados para a implementação dos serviços. Verificou-se também, na maioria dos municípios, não visibilidade em relação ao orçamento da PAS, sem o devido conhecimento por parte dos responsáveis pela implementação dos serviços e benefícios acerca da gestão dos recursos financeiros e sua distribuição nos equipamentos.

d) Inexistência de um setor de *Vigilância Socioassistencial*, dificultando a implementação dos serviços desenvolvidos, sobretudo, na constituição de sistemas de planejamento, monitoramento e avaliação. Em consequência, verificou-se fragilidade no sistema de informações acerca da PAS aos usuários quanto à Política e aos serviços prestados, fazendo com que os usuários possam ter dificuldade em associar os equipamentos CRAS e CREAS e os serviços prestados no âmbito desses equipamentos com a Política de Assistência Social, sendo frequente o CRAS ser concebido como a própria Política. Ademais, muitas vezes, os usuários chegam a associar os serviços que acessam como *ajuda*, reiterando a histórica e persistente relação da *Assistência Social como favor*. Em resumo, o eixo da vigilância socioassistencial não vem assumindo centralidade na dinâmica de trabalho dos equipamentos, com ausência de banco de dados e de um diagnóstico acerca das condições de pobreza nos municípios que possam nortear e configurar o universo dos usuários e suas demandas.

e) *Fragilidade do controle social e da participação dos usuários* no contexto do SUAS, verificando-se fragilidade da participação dos Conselhos na dinâmica do SUAS em termos do exercício do controle social, demonstrando, por vezes, insipiente compreensão sobre controle social, agravado com inexpressiva participação dos usuários no processo de implementação da Política nos municípios. A fragilidade do controle social e de participação efetiva dos sujeitos da Política nas instâncias de discussão, pactuação e decisão é limitado pela inexistência de espaço físico e de condições materiais e humanas para funcionamento do CMAS e a não adoção de estratégias de fortalecimento dos Conselhos e de adoção de ações de qualificação da participação visando a efetividade do controle social.

f) A *Rede Socioassistencial* é insuficiente para atender às demandas e funciona precariamente, o que coloca a necessidade de definição de responsabilidades e criação de estratégias para o fortalecimento e efetividade do trabalho em rede.

Partindo dos destaques referentes aos avanços, limites e dificuldades considerados anteriormente, os sujeitos da pesquisa indicaram o que consideram desafios para a PAS e para a implementação do SUAS nos municípios, sendo destacados: a) construção e disseminação de uma concepção da Assistência Social como direito inscrito no campo da cidadania capaz de fundamentar a implementação do SUAS e com a participação dos diferentes sujeitos organizados da sociedade civil; b) reconhecimento e valorização da identidade social dos usuários como interlocutores políticos e legítimos no trabalho de construção das novas formas de gestão da Assistência Social; c) constituição de equipes de profissionais de referência, qualificada, contratada mediante concursos públicos em consonância com as prerrogativas da NOB-RH/SUAS; d) ampliação de serviços na proteção social especial de alta complexidade; e) ampliação do cofinanciamento federal; participação do Estado no cofinanciamento da Política e ampliação de recursos nos municípios; f) aquisição de prédios próprios e adequadamente localizados para implantação de CRAS e CREAS; g) sobre os conselhos, o desafio é a capacitação continuada dos conselheiros para melhoria da atuação no exercício do controle social da Política e garantia de local próprio para funcionamento dos conselhos como condições necessárias ao desenvolvimento dos trabalhos; h) instituição da vigilância socioassistencial como forma de conhecer a realidade onde se intervém, assim como monitorar e avaliar a oferta dos serviços socioassistenciais pela própria rede.

O conteúdo da pesquisa empírica sobre a PAS e a implementação do SUAS no Estado do Maranhão busca compreender a realidade dessa Política e desse Sistema nos seus avanços, limites dificuldades e desafios, evidenciando as possibilidades, limites e contradições expressas por uma dinâmica complexa, não linear e de uma Política que procura se construir e reconstruir, rompendo com uma longa história do não direito em direção à construção de direitos fundamentais que garantam o direito à vida com dignidade daqueles que da Política de Assistência Social precisarem.

Referências

ALVES, G. O enigma do precariado e a nova temporalidade histórico do capital. *Blog da Boitempo*, São Paulo, 2016. Partes 1, 2 e 3. Disponível em: http://boitempoeditorial.wordpress.com/2012/14/o-enigma-do-precariado. Acesso em: 22 jul. 2018.

ANTUNES, R. *O privilégio da servidão:* o novo proletariado de serviços na era digital. São Paulo: Boitempo, 2018.

ANTUNES, R. *Os sentidos do trabalho:* ensaio sobre a afirmação e a negação do trabalho. São Paulo: Boitempo, 1999.

ARAÚJO, M. do S. S. de A. Pobreza, fome(zero) e prefeiturização das relações sociais no Maranhão. *In:* SILVA, M. O. da S. O. *Pobreza e políticas públicas de enfrentamento à pobreza no Brasil.* São Luís: EDUFMA, 2013.

ARRETCHE, M. *Trajetórias das desigualdades:* como o Brasil mudou nos últimos cinquenta anos. São Paulo: Editora Unesp, 2015.

BEZERRA, L. M. P. de S. *Pobreza e lugar(es) nas margens urbanas:* lutas de classificação em territórios estigmatizados do Grande Bom Jardim, 2015. Tese (Doutorado em Sociologia) — Programa de Pós-Graduação em Sociologia, Universidade Federal do Ceará, Fortaleza-CE, 2015.

BRASIL. Lei n. 12.435, de 06 de julho de 2011. Altera a Lei n. 8.742, de 07 de dezembro de 1993, que dispõe sobre a organização da Assistência Social. *Diário Oficial da União,* Brasília, DF, 2011a. Disponível em: http://www.planalto.gov.br/ccivil. Acesso em: 15 dez. 2017.

BRASIL. Ministério da Cidadania. Cadastro Único para programas Sociais. *Relatório de Programas e Ações.* Brasília, DF, 2019a. Disponível em: https://aplicacoes.mds.gov.br/sagi/ri/relatorios/mds/index.php. Acesso em: 26 mai. 2019.

BRASIL. Ministério do Desenvolvimento Social e Combate à Fome. *Orientações Técnicas:* Centro de Referência de Assistência Social — CRAS. Brasília, DF, 2009.

BRASIL. Ministério do Desenvolvimento Social e Combate à Fome. *Relatório de Informações Bolsa Família e Cadastro Único.* Brasília, DF, 2019b. Disponível em: https://aplicacoes.mds.gov.br/sagi/RIv3/geral/relatório. Acesso em: 26 abr. 2019.

BRASIL. Ministério do Desenvolvimento Social e Combate à Fome. *RI Bolsa Família e Cadastro Único.* Brasília, DF, 2017. Disponível em: https://aplicacoes.mds.gov.br/sagi/RIv3/geral/index.php?file=entrada&relatorio=153. Acesso em: 28 set. 2017.

BRASIL. Ministério do Desenvolvimento Social e Combate à Fome. *Benefício de Prestação Continuada — Benefícios ativos em março de 2019 Maranhão.* Brasília, DF, 2019c. Disponível em: http://www.mds.gov.br/relcrys/bpc/docs/downloads/2019/MarMA.pdf. Acesso em: 26 abr. 2019.

BRASIL. Ministério do Desenvolvimento Social e Combate à Fome. *Norma Operacional Básica do Sistema Único de Assistência Social (NOB/SUAS).* Brasília: Ministério do Desenvolvimento Social e Combate à Fome, 2005a.

BRASIL. Ministério do Desenvolvimento Social e Combate à Fome. *Norma Operacional Básica de Recursos Humanos do SUAS-NOB-RH/SUAS.* Brasília, DF, 2005b.

BRASIL. Ministério do Desenvolvimento Social e Combate à Fome. Secretaria Nacional de Assistência Social. *Censo SUAS 2016 (Base de Dados).* Brasília, DF, 2016.

BRASIL. Ministério do Desenvolvimento Social e Combate à Fome. Secretaria de Avaliação e Gestão da Informação. *Caderno de Estudos do curso de Introdução ao Provimento dos Serviços e Benefícios Socioassistenciais do SUAS.* Brasília, DF, 2015.

BRASIL. Ministério do Desenvolvimento Social e Combate à Fome. Secretaria Nacional de Assistência Social. *Sistema Único de Assistência Social (SUAS) — Norma Operacional Básica (NOB-SUAS).* Brasília, DF, 2012.

BRASIL. *Orientações Técnicas:* Centro de Referência Especializado de Assistência Social — CREAS. Brasília, DF: Gráfica e Editora Brasil Ltda., 2011b.

BRASIL. *Política Nacional de Assistência Social — PNAS 2004.* Brasília, DF, 2005c.

BRASIL. PONTIFÍCIA UNIVERSIDADE CATÓLICA DE SÃO PAULO. Centro de Estudos e Desenvolvimento de Projetos Especiais. *Proteção de Assistência Social:* Segurança de Acesso a Benefícios e Serviços de Qualidade. 1. ed. Brasília, DF, 2013. (CapacitaSuas, v. 2).

CARVALHO, A. M. P. de. Precarização estrutural do trabalho na civilização do capital em crise: o precariado como enigma contemporâneo. *Revista de Políticas Públicas,* São Luís, v. 18, n. esp., p. 225-239, 2014.

CONSELHO NACIONAL DE ASSISTÊNCIA SOCIAL. Resolução n. 109, de 11 de novembro de 2009. Aprova a Tipificação Nacional de Serviços Socioassistenciais. *Diário Oficial da União,* Brasília, DF, Brasília, DF, 2009. Disponível em: http://www.mds.gov.br/suas/noticias/resolucao_cnas_no109_-_11_11_2009_-ipificacao_de_servicos.pdf. Acesso em: 7 dez. 2017.

COUTO, B. R. *et al.* (Orgs.). *O sistema único de assistência social no Brasil:* uma realidade em movimento. 2. ed. São Paulo: Cortez, 2010.

DI GIOVANNI, G. Poder político e gestão pública: questões e debates contemporâneos. *Revista Políticas Públicas,* São Luís, v. 21, n. 1, p. 365-377, 2017. Entrevista Especial concedida a Maria Carmelita Yazbek.

HOLANDA, S. B. de. *Raízes do Brasil.* São Paulo: Companhia das Letras, 1995.

INSTITUTO BRASILEIRO DE GEOGRAFIA E ESTATÍSTICA. *Estimativas Populacionais 2016.* Rio de Janeiro, 2017. Disponível em: https://ww2.ibge.gov.br/home/estatistica/populacao/estimativa2016/estimativa_dou.shtm. Acesso em: 14 nov. 2017.

LOCKE, J. *Segundo Tratado do Governo Civil*. Trad. E. Jacy Monteiro. 2. ed. São Paulo: Abril Cultural, 1978. (Coleção Os Pensadores).

MARANHÃO. *Relatório Final — Projeto Avaliando a Implementação do Sistema Único de Assistência Social na Região Norte e Nordeste*: significado do SUAS para o enfrentamento à pobreza nas regiões mais pobres do Brasil. São Luís: Universidade Federal do Maranhão, 2017. Mimeo.

MARX, K. *Introdução à crítica da economia política*. São Paulo: Abril Cultural, 1974. (Coleção Os Pensadores).

MAUSS, M. *Sociologia e antropologia*. São Paulo: EPU, 1974.

MBEMBE, A. A era do humanismo está terminando. *Diário do Centro do Mundo*, [S. l.], 2016. Disponível em: http://www.diariodocentrodomundo.com.br/achille-mbembe-a-era-do-humanismo-esta-terminando. Acesso em: 14 nov. 2017.

MÉSZÁROS, I. *Produção destrutiva e Estado capitalista*. Tradução de Georg Toscheff. São Paulo: Ensaio, 1989.

MIRANDA, M. L. *A reinvenção dos dias*: ética e resistência emancipatória no Serviço Social contemporâneo. 2019. Tese (Doutorado em Políticas Públicas) — Programa de Pós-Graduação em Políticas, Universidade Federal do Maranhão, 2016.

PEREIRA, P. *Necessidades humanas*. São Paulo: Cortez, 2002.

PIRES, V. Controle Social da Administração Pública: entre o político e o econômico. *In*: GUEDES, Á. M.; FONSECA, F. (Orgs.). *Controle social da administração pública*: cenários, avanços e dilemas no Brasil. São Paulo: Cultura Acadêmica/Oficina Municipal; Rio de Janeiro: FGV, 2007.

RIBEIRO, N.; RAICHELIS, R. Revisitando as influências das agências internacionais na origem dos Conselhos de Políticas Públicas. *Serviço Social & Sociedade*, São Paulo, n. 109, p. 45-67, 2012.

RIZZOTTI, M. L. A.; SILVA, T. G. M. da. A vigilância social na política de assistência social: uma aproximação conceitual. *Revista de Serviço Social*, Londrina, v. 15, n. 2, p. 130-151, 2013.

ROJAS, B. Politização como ferramenta de disciplinarização dos sujeitos. *Revista IHU online,* São Leopoldo, ano XV, n. 473, 2015. Entrevista realizada por João Vitor Santos. Disponível em: www.ihu.unisinos.br. Acesso em: 2 dez. 2017.

SANTOS, B. de S. (Org.). *Democratizar a democracia:* os caminhos da democracia participativa. Rio de Janeiro: Civilização Brasileira. 2002.

SANTOS, B. de S. *A difícil democracia, reinventar as esquerdas.* São Paulo: Boitempo, 2016.

SILVA, M. O. da S. e. Avaliação de políticas e programas sociais. *In:* SILVA, M. O. da S. e. (Org.). *Avaliação de políticas e programas sociais:* teoria e prática. São Paulo: Veras Editora, 2001.

SOUSA, L. de O. de; ARAÚJO, M. do S. S. de. *Juventude, pobreza e educação:* representações sociais da pobreza por estudantes jovens no contexto do cumprimento das condicionalidades do Bolsa Família. [S. l.: s. n.]: 2018. Mimeo.

SOUSA, S. M. P. S. *Educação profissional no Brasil:* centralização e descentralização no processo de gestão das políticas governamentais. 2004. Tese (Doutorado em Políticas Públicas) — Programa de Pós-Graduação em Políticas Públicas, Universidade Federal do Maranhão, São Luís, 2004.

TELLES, V. da S. *Direitos sociais:* afinal, do que se trata? Belo Horizonte: UFMG, 1999.

YAZBEK, M. C. Proteção social e crise no Brasil contemporâneo. *In:* RAICHELIS, R.; VICENTE, D.; ALBUQUERQUE, V. (Orgs.). *A nova morfologia do trabalho.* São Paulo: Cortez, 2018.

6

A implementação do SUAS no estado do Ceará:
tendências e perspectivas nas dinâmicas da História

Alba Maria Pinho de Carvalho
Irma Martins Moroni da Silveira
Leila Maria Passos de Souza Bezerra
Leiriane de Araújo Silva
Paula Raquel da Silva Jales

> [...] a Política Nacional e o SUAS tiveram um avanço enorme, fenomenal [...] Não temos como comparar o que era antes e o que é hoje, porque antes ninguém tinha direito a nada, a população vivia à margem [...] não se pode comparar o que era, 15 anos atrás, na assistência com o que é hoje, porque o que foi construído, apesar do atual governo estar querendo derrubar, permanece [...] o que nós temos que fazer é lutar para que não haja esse desmonte, que eles estão planejando [...]. (Informação Verbal)[1].

6.1 Introdução

Neste capítulo são configurados e discutidos resultados da pesquisa de campo realizada no Estado do Ceará, no âmbito do projeto *Avaliando a Implementação do Sistema Único de Assistência Social na Região Norte e Nordeste: Significado do SUAS para o enfrentamento à pobreza nas regiões mais pobres do Brasil.*

No contexto cearense, as atividades da pesquisa foram deflagradas a partir do Seminário de Apresentação e Discussão da Proposta Investigativa, realizado em 22 de maio de 2015, objetivando sedimentar processos de articulação e negociações, já iniciados, no sentido de valorizar a referida pesquisa.

Como integrante da amostra intencional da Região Nordeste, o Ceará desenvolveu o processo investigativo, segundo critérios e orientações indicados na introdução geral do livro. Assim, o espaço geográfico para a realização da pesquisa empírica foi constituído pelos municípios de Fortaleza na condição de metrópole; Maracanaú,

---

1. Depoimento retirado da entrevista realizada com a Gestão do SUAS de Crateús.

município de grande porte; Crateús, município de médio porte; Pires Ferreira e Pindoretama, municípios de pequeno porte nível I, e Beberibe, município de pequeno porte nível II.

Em conformidade com as definições estabelecidas, os *lócus* de pesquisa, nos seus municípios, foram os equipamentos da Política de Assistência Social: CRAS/CREAS e Centro POP. Ao longo do trabalho de campo, foram pesquisados 2 CRAS na Metrópole Fortaleza e no município de grande porte, ou seja, Maracanaú, e 1 CRAS nos municípios de médio porte (Crateús) e de pequeno porte I e II (Pires Ferreira, Pindoretama e Beberibe). No tocante ao CREAS, a pesquisa contemplou 1 CREAS e 1 Centro POP na metrópole Fortaleza, embora em Maracanaú, município de grande porte, tenham sido desenvolvidas observações e uma roda de conversa com usuários(as) do Centro POP, a pedido da equipe técnica local, considerando a especificidade do trabalho socioassistencial desenvolvido nesse equipamento.

A seleção dos municípios e dos equipamentos, com base nos critérios previamente estabelecidos, coube à equipe de pesquisadores responsáveis pela investigação, com a efetiva participação de diferentes sujeitos vinculados à Política de Assistência Social no Estado do Ceará: Gestores(as) e Assessores(as), Trabalhadores(as) dos SUAS nos âmbitos municipal e estadual, Secretárias Executivas e Conselheiros(as) de Conselhos Municipais e Estadual da Política de Assistência Social.

Para viabilização da pesquisa no Estado do Ceará, promovemos reuniões com gestores e profissionais estratégicos da Secretaria do Trabalho e Desenvolvimento Social (STDS) para obter apoio na execução do trabalho investigativo e viabilizar a disponibilização dos documentos indispensáveis relativos à implementação da Política de Assistência Social no Ceará. Realizamos, também, reuniões com a secretária executiva do Conselho Estadual de Assistência Social (CEAS) para obtenção de documentos disponíveis no Conselho sobre a PAS no Ceará e, especificamente, nos municípios definidos na amostra da pesquisa.

Cabe destacar as temporalidades distintas de efetivação do trabalho de campo nos diferentes municípios cearenses da amostra da pesquisa. De fato, a dinâmica dos processos investigativos em cada município fez com que a pesquisa de campo acontecesse em tempos diferenciados, predominantemente ao longo do ano de 2016, com incursões no ano de 2017, período com configurações sociopolíticas peculiares em nível do País, decorrentes do Golpe de 2016, com graves consequências nos rumos da Política de Assistência Social e do SUAS, em escala nacional e local. A nosso ver, a efetivação do trabalho de campo em temporalidades distintas permitiu ampliar o nosso olhar avaliativo sobre a Política de Assistência Social em diferentes contextos sociopolíticos. Merece especial destaque a entrevista com a gestora de assistência social em Maracanaú, também na direção do CONGEMAS, que bem delineia, já em julho de 2017, uma configuração dos impasses enfrentados pelo município com o desmonte do SUAS, ora em curso.

Seguindo a dinâmica metodológica investigativa, o trabalho de campo nos municípios cearenses da amostra foi efetivado mediante três procedimentos básicos: grupos focais com sujeitos viabilizadores da Política de Assistência Social, quais sejam: técnicos(as) trabalhadores(as) do SUAS, usuários(as) e conselheiros(as) municipais; entrevistas com gestores(as) da Assistência Social, privilegiando o Secretário Municipal, contemplando, também, em determinados municípios, gestores(as) e assessores(as) diretamente vinculados(as) à Política de Assistência Social; observação sistemática *in lócus* dos CRAS, CREAS, Centro POP para apreciação das condições objetivas e da dinâmica de funcionamento desses equipamentos.

No âmbito do trabalho de campo, em uma configuração numérica, foram realizadas as seguintes atividades de pesquisa: 10 entrevistas com gestores municipais de Assistência Social, compreendendo secretários(as) municipais, coordenadores(as) e assessores(as) técnicos(as) de gestão; 1 entrevista com gestor estadual; 26 grupos focais nos 6 municípios, envolvendo 80 trabalhadores, 125 usuários e 75 conselheiros. Também desenvolvemos 1 roda de conversa com 23 usuários do Centro POP de Maracanaú. Assim, o trabalho de campo envolveu 314 sujeitos, com inserções diferenciadas na Política de Assistência Social nos municípios da amostra da pesquisa.

Ao longo dos percursos da investigação, enfrentamos dificuldades quanto à inserção de determinados municípios no âmbito da pesquisa, sobremodo em relação ao município de pequeno porte II. De início, foi selecionado o município de Caridade, que, na visita em campo das duas pesquisadoras responsáveis pelo município, revelou um quadro de forte predominância de filantropia, com dominação de uma família e múltiplas debilidades na Política de Assistência e na implementação do SUAS. Em verdade, a chamada Secretária de Assistência Social acumulava outras pastas, não comparecia ao órgão e não respondia aos contatos telefônicos tentados de forma recorrente. Assim, após um período de vãs tentativas, o grupo SUAS Ceará concluiu que não havia condições de realização da pesquisa no Município de Caridade. Começa então uma verdadeira *via crucis* das duas pesquisadoras para definir um Município de pequeno porte II para realização da pesquisa, passando por oito Municípios, para, finalmente, ter a aceitação do Município de Beberibe, que aceitou participar do processo de pesquisa, mostrando disponibilidade para acolher e apoiar as pesquisadoras.

É importante destacar que o processo investigativo no Ceará foi deveras fecundo, com efetiva participação dos sujeitos vinculados à Política de Assistência Social em cada um dos seis municípios, propiciando, dentro dos principais eixos temáticos, um expressivo material, a apontar tendências e perspectivas no que se refere à implementação do SUAS no Ceará.

6.2 Apresentação e análise dos resultados do estudo empírico: construindo um esforço de articulação da realidade e da implementação do SUAS no estado do Ceará

Neste item são configurados e discutidos conteúdos revelados na pesquisa empírica e sistematizados no âmbito dos seis eixos temáticos que orientam as análises desenvolvidas na investigação: *percepção dos sujeitos sobre a PAS e o SUAS: gestores municipais e estadual; trabalhadores; conselheiros e usuários; serviços e benefícios disponibilizados nos CRAS, CREAS e Centro POP; trabalhadores do SUAS; participação dos usuários no SUAS e controle social; sistematização e funcionamento da Vigilância Socioassistencial.* Assim, tem-se a base empírica necessária para a avaliação da implementação do SUAS no Estado do Ceará.

6.2.1 Percepção dos sujeitos da pesquisa sobre a Política de Assistência Social e o SUAS: impasses e desafios

O presente item aborda a configuração da PAS e do SUAS no Ceará, nos anos 2000, a expressar um campo minado por lutas simbólicas (Bezerra, 2015), apreendido a partir do trabalho de campo realizado em Fortaleza, Maracanaú, Crateús, Beberibe, Pindoretama e Pires Ferreira. Os(as) interlocutores(as) da pesquisa foram os(as) gestores(as) estadual e municipais, trabalhadores(as), conselheiros(as) e usuários(as) envolvidos(as) na implementação do SUAS nos mencionados municípios. Nas percepções sobre a PAS e o SUAS, emitidas pelos sujeitos da pesquisa, foram identificados nas falas pontos de confluências, divergências e particularidades com foco *em avanços, tensionamentos e limites-desafios* pertinentes à implementação do SUAS.

No caso dos(as) *gestores(as), trabalhadores(as) e conselheiros(as)*, suas percepções apontaram, com recorrência, para o reconhecimento da Assistência Social na condição de política pública regulamentada, não contributiva, garantidora de direitos *para quem dela necessita* e enquanto política de Estado. A maioria dos(as) interlocutores(as) reforçou a responsabilidade pública e a primazia estatal na garantia da proteção social brasileira nas três esferas de governo (União, Estado e Municípios). Indicaram, destarte, *avanços* na compreensão dos históricos e dos *novos* demandatários do campo socioassistencial estatal — respectivamente, segmentos em situação de pobreza[2] *inaptos para o trabalho*, bem como aqueles ditos *aptos para o trabalho*, todavia desempregados, trabalhadores informais e precarizados — ora inscritos no campo dos direitos socioassistenciais, na qualidade de cidadãos.

De forma ampla, os(as) interlocutores(as) assinalaram *avanços* da Política de Assistência Social articulada ao SUAS, nos anos 2000, com ênfase nas seguintes normativas jurídico políticas: a PNAS (2004); as NOB/SUAS (2005, 2012), a NOB/SUAS-RH (2006), a Tipificação Nacional dos Serviços Socioassistenciais (2009), a Lei n. 12.435/2011, que alterou a LOAS (1993) e regulamentou o SUAS, além da CF de 1988 (artigos 203 e 204) e da LOAS (1993). As legislações significaram, segundo os(as) interlocutores(as), mudanças significativas da Assistência Social, a saber: sua reconfiguração enquanto política de Estado e política pública constitutiva da Seguridade Social brasileira; reconhecimento social e a garantia de direitos socioassistenciais para amplos segmentos populacionais elevados ao *status* de cidadãos; definição de critérios públicos para acesso/garantia de direitos socioassistenciais; regulamentação do SUAS, com parâmetros de sua implementação no território nacional; definição de instâncias de participação no controle social da PAS. Em correlato, estas normativas implicaram, ainda, estruturação organizativa, níveis de gestão e dotação orçamentária específicas; tipificação dos programas, projetos, benefícios e serviços; delineamento do trabalho social e da definição do *corpus* de trabalhadores; estabelecimento do pacto federativo entre União, Estados e Municípios, para fins de implementação do SUAS. No horizonte de demarcação de *avanços e fortalecimento do campo socioassistencial estatal*, a delinear um *sentido mais amplo* da Assistência Social, cabe destacar os relatos a seguir:

---

2. Pobreza urbana ora reconhecida como expressão-limite da questão social, produzida e reproduzida na sociedade capitalista: fenômeno sócio-histórico e político, portanto, vinculado originalmente à lógica exploratória e opressora do capital em termos do modo de produção e reprodução da vida social. Adquiriu novas configurações e visibilidade pública nos anos 1990 e 2000, em meio às transformações societárias empreendidas nos marcos do capitalismo contemporâneo. Conferir Bezerra (2015, 2018).

[...] **A Política de Assistência Social hoje é primazia do Estado**, rompendo com a lógica de uma política de governo, passando a ser **uma política de Estado**. [...] **A partir da PNAS, das normativas, da NOB se tem uma mudança de sentido**, de que se vai ver **as pessoas em situação de vulnerabilidade econômica, que necessitam de seguranças** [...] **de acolhida, de renda, de garantia de direitos**. [...] Importante não retrocedermos, mas avançarmos. [...] Não temos como comparar o que era antes, há 11 anos, e o que é hoje. **Antes, ninguém tinha direito a nada. A população vivia à margem** [...] O que foi construído, apesar do atual governo estar querendo derrubar (ameaças de golpe político civil), permanece [...] o que nós temos que fazer é lutar para que não haja esse desmonte [...]. **Agora, com o SUAS, tem a proteção ao indivíduo. Efetivamente, agora é uma política nova** [...] **o SUAS só tem 11 anos, virou uma lei nacional**. Mas alguns municípios ainda não conseguiram efetivar o SUAS como lei municipal [...] Nós conseguimos. Aqui o SUAS é lei aprovada na Câmara dos Vereadores. É uma política que não vai ser fácil qualquer prefeito que chegar desmanchar. O que eles querem fazer, eles não podem. *Se a gente fizer um movimento, temos como respaldo a lei aqui em Crateús e no Brasil.* (Informação verbal)³.

Estou imaginando [...] *três momentos da assistência social. Primeiro, a sua inserção na Seguridade Social, quando ela se iguala à Saúde e à Previdência. Temos a construção da PNAS também* [...] *E o SUAS. A implementação do SUAS que vem contribuir com essa política para garantir o acesso à usuária, à população que dela necessita. A forma que a* **Tipificação dos Serviços** *veio a padronizar os serviços de Assistência Social.* [...] *o Sistema Único da Assistência Social, a própria luta da Assistência Social pra se fortalecer enquanto política pública, não só no papel, mas executar realmente o que ela tem que ser. O SUAS vem com esse papel de uma lei.* **Vejo como fortalecimento dessa política pública mesmo, tanto a questão do direito do cidadão mesmo, do direito mesmo enquanto lei, enquanto dever do Estado,** *e que vem trazer pra você utilizar essa política da melhor forma possível, assim padronizado. Enfim,* **seria o fortalecimento da política pública da Assistência Social** [...] *no sentido mais amplo. Quando a*

---

3. Depoimento retirado da entrevista realizada com a Gestão do SUAS em Crateús.

gente focaliza, a coisa perde um pouco (pausa) esse sentido. [...] No sentido mais amplo, sou apaixonada pelo SUAS (risos). (Informação verbal)[4].

O último relato, específico de *trabalhador(a)* do SUAS, trouxe aspectos recorrentes nas narrativas dos demais interlocutores(as) desse segmento participante da pesquisa em tela. Primeiro, ratificaram os avanços em termos das normativas regulatórias da PAS e do SUAS, ao que nomearam de *sentido amplo* da Política. Segundo, demonstraram conhecimentos acerca da PAS e de sua gestão no tocante à sua gênese, ao seu desenvolvimento e aos marcos regulatórios principais, sendo esses as referências básicas que afirmaram nortear suas práticas profissionais em CRAS, CREAS e/ou em Centro POP, nos quais atuavam. Evocaram a máxima do *direito do cidadão e dever do Estado* ao significarem a Assistência Social pós-normativas jurídico-políticas reguladoras do SUAS em contraposição à versão de Assistência Social minimalista anterior. Ou seja, lançaram críticas às práticas de assistencialismo/subalternidade estabelecidas entre os ditos *beneficiários* e seus *beneméritos*, de caráter descontinuado, imediatista, fragmentário, sem recursos orçamentários assegurados. Outrossim, os(as) trabalhadores(as) do SUAS buscaram expressar o que consideravam *avanços* na configuração da Assistência Social no patamar de política pública de Estado *em consolidação* e, desta feita, a constituir-se em possibilidade para o acesso aos direitos socioassistenciais por parte dos(as) usuários(as) na condição de *cidadãos*.

Nesse sentido, o *empoderamento* dos(as) usuários(as) da PAS atribuído ao próprio SUAS e à tipificação dos serviços socioassistenciais, compôs um terceiro aspecto aludido pelos(as) trabalhadores(as), conforme indicado no seguinte discurso: "Aquele sistema também faz com que o indivíduo se empodere do ter direito. Por meio desse SUAS, as pessoas, hoje, se sentem mais empoderadas. Essa questão de saber que ele tem o direito, que ele não tem só a questão da benesse."

---

4. Depoimento retirado do grupo focal realizado com Trabalhadores(as) do SUAS em Fortaleza.

(Informação verbal)[5]. Buscaram salientar os parâmetros públicos que referenciavam a materialização da Política e subsidiavam a percepção crítica dos direitos socioassistenciais em contraponto à *cultura do favor e da benesse*, que prega o dever moral de retribuição e subalternidade perante seus *benfeitores*. Contraditoriamente, para uma parte considerável dos(as) trabalhadores(as), o debate assumiu outro tom ao falarem da materialização da PAS e do SUAS em seus próprios municípios: destacaram, então, *tensionamentos e desafios-limites* no campo socioassistencial estatal. Tendência recorrente em relatos de outros(as) sujeitos(as) da pesquisa, a merecer discussão ampliada.

De fato, a configuração da Política de Assistência Social enquanto *uma política de Estado*, com significativos *avanços* então enunciados na implementação do SUAS no Brasil, não implicou sua plena consolidação, nem mesmo na ausência de *tensionamentos* no campo socioassistencial estatal. Nessa linha interpretativa, destacou-se, inicialmente, a fala do *gestor da Política de Assistência Social* de Fortaleza:

> *Já identifico essa política, [...] como uma política de Estado. Ela não está consolidada! Porque o Brasil, por razões históricas, é um país de forte viés conservador. Todas as políticas que visaram às pessoas em situação de maior vulnerabilidade social, nesse país, são vistas de maneira negativa, porque há preconceitos. [...] considerando esses traços culturais brasileiros e a prova é o que estamos observando: uma tentativa de desmonte do SUAS. [...] Comungo com as concepções que estão estabelecidas no SUAS. Numa sociedade como a nossa, que se insere no sistema capitalista que traz, em seu bojo, profundas desigualdades,* e daí por que ele gera profundas desigualdades, *é importante que o Estado tenha um papel é (pausa) equalizador, um papel (pausa), eu diria, um papel regulador dessa profunda desigualdade social. E se faz isso por intermédio de políticas públicas. Em sendo a Política de Assistência Social uma política pública, precisa ser compreendida pelos governantes e pela sociedade como uma política de direitos.* [...] (Informação verbal)[6].

---

5. Depoimento retirado do grupo focal realizado com Técnico do SUAS em Fortaleza.
6. Depoimento retirado da entrevista realizada com o Gestor Municipal de Fortaleza.

O supracitado interlocutor abordou a não consolidação da política pública enquanto política de direitos indispensável ao enfrentamento das desigualdades sociais e das situações de pobreza no Brasil. E ainda sinalizou a sua parca visibilidade pública e sua precária importância identificada por dentro do Estado — em comparação com outras políticas públicas — e nas tensas relações estabelecidas com a sociedade civil. Cabe salientar, aqui, os influxos do *estigma da pobreza* de viés conservador/moralizador reiterado nas práticas discursivas voltadas ao desmonte, em curso, do sistema de proteção social brasileiro, com efeitos perversos no cotidiano dos(as) demandatários(as) da PAS e nas dinâmicas de implementação do SUAS em todo território brasileiro. De maneira imbricada, o interlocutor atentou para uma percepção ampliada da *pobreza, porquanto organicamente vinculada à civilização do capital*, que a produz e reproduz, a constituir *ponto de tensão* por dentro da política pública.

Com base nas *percepções de gestores(as), trabalhadores(as) e conselheiros(as) do SUAS*, foi possível inferir *limites-desafios* relativos à Política de Assistência Social. Primeiramente, o frágil debate público acerca da PAS, de sua gênese, formulação e implementação nas particularidades da formação sócio-histórica brasileira — a exigir, portanto, um olhar para além de seus aspectos legais e técnicos — e sua inscrição nos circuitos da acumulação capitalista por expropriação social, na versão periférica e dependente no país. Cabe destacar o não reconhecimento social da posição estratégica de classe dos(as) usuários(as) do SUAS. O segundo *limite-desafio* diz respeito à pertença do segmento à classe trabalhadora, a abrir possibilidades de deslocamento da sua condição de *usuário(a) de serviços/benefícios socioassistenciais* para a de sujeito político de direitos, sobretudo, capaz de reivindicar o *direito a ter direitos* correlacional à construção da autonomia econômica e da emancipação política, conforme aventada na PNAS (2004) e na NOB--SUAS (2005, 2012). Para os(as) usuários(as) implicaria, possivelmente, no tornar-se sujeito histórico, para quem o direito à Assistência Social antes se alinha ao direito ao trabalho, ao invés de a este se contrapor, conforme historicamente tem sido apresentada no discurso de alguns estudiosos(as) da temática. Entretanto, o recorte de classe social, no campo da política pública e de sua dimensão estratégica na construção de uma contra-hegemonia ao modo de vida capitalista, parece ainda pouco explorado, ao passo que tende a tornar-se condição ao incremento das lutas políticas em sua defesa, ampliação e transversalidade no conjunto das demais políticas públicas sociais.

Outro *limite-desafio* indicado em falas de participantes da pesquisa, todavia não problematizado, concerne ao *caráter seletivo e focalizado* inscrito na PAS, a restringir quem pode tornar-se usuário(a) da Política que, por conseguinte, tenciona a proposição abrangente de *quem dela necessitar*. Nesses moldes, tende a privar significativo contingente de demandatários(as) do acesso aos direitos socioassistenciais, a promover fragmentação dentre os ditos *pobres*. A fala a seguir parece reconhecer o aspecto limitante, a saber:

> *Pronto, a gente pode até ver também não só no âmbito nacional, mas também nos municípios, colocando também Pires Ferreira, e ver que a Política de Assistência Social está verdadeiramente acontecendo,* **não somente como acontecia antes, como uma forma de assistencialismo, mas de uma forma de garantir com que as pessoas, que se enquadram nos critérios.** *Há outras pessoas que não se enquadram também, que não têm o conhecimento,* [...] **a pessoa quer se inserir dentro do contexto, sem fazer parte. Acha que tudo que vem é, é para todos, e não é. É no âmbito geral e não é. É feita uma Política de Assistência verdadeiramente para aquelas pessoas que, inserindo elas, as pessoas que são marginalizadas e que acabam ficando de fora daquele contexto nacional, daquilo que é de direito.** (Informação verbal, grifo nosso)[7].

Duas outras conformações de limites-desafios podem, desse modo, ser problematizadas a partir das *percepções de gestores(as), trabalhadores(as) e conselheiros(as)* apreendidas acerca da PAS e do SUAS na pesquisa. Ademais, determinadas noções e conceitos estruturantes

---

7. Depoimento retirado do grupo focal realizado com *Conselheiros(as)* de Pires Ferreira.

da Política, com destaque à *vulnerabilidade social, risco social, pobreza e usuário*, parecem naturalizadas. Tais noções e conceitos mereceriam aprofundamentos sobre suas fundamentações teórico-metodológicas e ético-políticas, ao invés de referenciá-los, exclusivamente, a partir das normativas regulatórias da PAS.

A própria noção de *inserção social* de segmentos ditos em *situações de vulnerabilidade social* emergiu, nos discursos de interlocutores(as), como única opção possível de lidar com fenômenos estruturais ao capital, sobretudo, as desigualdades sociais e a situação de pobreza. Não mais a *integração social* — que preconizava a via do trabalho protegido e, portanto, garantidor de uma cidadania regulada para os trabalhadores. Parece ganhar destaque a noção de *inserção social* pontual, focalizada e seletiva de segmentos socialmente classificados como *marginalizados, pobres, vulneráveis, em risco social* — dentre estes, aqueles que atenderem aos rigorosos critérios de seletividade — a anunciar uma tendência presente na implementação do SUAS em alguns dos municípios cearenses pesquisados. Afinal, para além das necessidades materiais e imateriais vivenciadas por amplos segmentos das classes trabalhadoras — a denotar expressões adensadas da questão social cearense —, somente aqueles em situações sociais extremas e encaixados nos critérios e regras institucionais poderão acessar parcos programas, projetos, benefícios e serviços ofertados no campo socioassistencial estatal.

Por outro lado, e de maneira articulada, a versão gestionária da PAS parece sobrepor-se à politização indispensável acerca de sua natureza, finalidade e configuração no cerne do capitalismo mundializado, em sua fase de acumulação por espoliação social (Harvey, 2015), articulada ao projeto político-cultural neoliberal em materialização nas particularidades da vida brasileira. Isso pode implicar despolitização da Política de Assistência Social e do SUAS em nome da tendência de *gestão territorial da pobreza urbana* (Bezerra, 2015; Wacquant, 2005) que, originalmente constituídas nos Estados Unidos e na França, ganham proporções mundializadas no século XXI. Enfoca-se, aqui, discrepantes tendências político-culturais em disputa no campo socioassistencial estatal e, desta feita, a expressar as lutas entre distintos projetos ideopolíticos e societátios por dentro das tramas relacionais conflituosas entre Estado e Sociedade Civil no Brasil contemporâneo. (Bezerra, 2018).

Corrobora-se a crítica de Santos (2000) à tendência de redução de decisões políticas à dimensão técnico-científica e à gestão da vida repassada a especialistas. Essa tem sido uma sistemática instituída desde o século XIX, quando a ciência moderna se converteu em instância moral suprema aliada ao direito estatal moderno. Segundo alerta o autor: "[...] a despolitização científica da vida social foi conseguida através da despolitização jurídica do conflito social e da revolta social" (Santos, 2000, p. 51). Parece significativo, então, questionar a tendência de transformação da Política em gestão e controle técnico-científico da sociedade, para repensar a perspectiva regulatória da pobreza assumida pela PNAS em nome do *direito à assistência social* como caminho à cidadania socioassistencial, à emancipação e à autonomia de seus destinatários. Realiza-se uma metamorfose da dimensão política da pobreza — expressão-limite das desigualdades sociais organicamente vinculadas ao capitalismo e adensadas em sua versão financeirizada, planetária e em suas particularidades no Brasil — em questões técnico-administrativas de *gestão territorializada da pobreza urbana*, em ampla construção na vida brasileira e cearense dos anos 2000 (Bezerra, 2015, 2018).

Se a PAS e o SUAS abriram vias fecundas de *enfrentamento da pobreza*, de maneira a garantir o *direito de existência de segmentos pauperizados e socialmente vulneráveis*, outro *desafio-limite* precisa ser equacionado, qual seja: fomentar o debate público e político acerca da concepção de pobreza pluridimensional, em sua gênese estrutural e configurações contemporâneas, situando-a enquanto expressão da questão social produzida e reproduzida na sociabilidade do capital, a considerar as particularidades do capitalismo periférico e dependente brasileiro. Apesar de este reconhecimento da historicidade da pobreza como expressão da questão social não ter sido recorrente nas falas de interlocutores(as) desta pesquisa, importa salientar as seguintes:

Visualizo a Assistência Social no sentido de garantir o direito de existir da população pobre, da população em situação de vulnerabilidade social. Esta população tem o direito de existir. A Política da Assistência está dizendo isso. A sociedade reconhece que precisam ter condições de existir. Isso é um marco dentro da nossa legislação, porque o Brasil é um país conservador. [...] Porque visualizo a Política de Assistência Social como direito de existir, de sobrevivência básica dos pobres. É uma dimensão política de reconhecimento enquanto sujeito de direitos [...] Então, acho que o que falta dentro da Política da Assistência Social é esse reconhecimento cultural e político que a política não consegue alcançar, de colocar a pobreza como uma questão social, porque é uma política de assistência social, mas ela trouxe esse marco: o entendimento de que a pobreza é resultado histórico. (Informação verbal[8]).

A Política de Assistência Social é muito desafiadora, porque nós lidamos com muitas expressões da questão social que são estruturais. [...] É difícil de se afirmar porque não estamos ali para resolver o problema do usuário. Porque o problema dele é problema estrutural. Assim, eu acho que a Política de Assistência Social avançou no Brasil todo, criou um sistema único. Hoje, a gente sabe o que é um serviço, o que é um programa, o que é um projeto, o que são os benefícios eventuais. [...] Hoje é uma política estruturada, com um sistema de gestão específico, com um trabalho muito mais consistente. Mas que o retorno não é imediato. (Informação verbal)[9].

Ao passo que apontaram avanços da Política de Assistência Social, os relatos acima permitiram inferir seus limites estruturais, a sinalizar para o que Carvalho e Silveira (2011, p. 21) nomearam de *dilema fundante da Política de Assistência Social*, a saber: "[...] assegurar Proteção Social para segmentos estruturalmente desprotegidos nesta civilização do capital". A discussão acerca dos vínculos orgânicos entre capitalismo e questão social parece, no entanto, esfumaçar-se no campo socioassistencial estatal em curso, secundarizada em face da priorização das ações de combate à pobreza que, apesar de indispensáveis,

---

8. Depoimento retirado do grupo focal realizado com Conselheiros(as) de Maracanaú.
9. Depoimento retirado do grupo focal realizado com Técnicos de Maracanaú.

mostram-se insuficientes na fase de mundialização do capital, sob o comando do projeto político-cultural neoliberal.

A pesquisa de campo apontou ainda a ênfase dada por conselheiros(as) e trabalhadores(as) do SUAS aos *limites-desafios* postos à sua implementação nas unidades públicas constitutivas da PSB[10] — CRAS — e da PSE[11] de Média Complexidade — CREAS e Centros POP — em nível municipal. Se Maracanaú, Crateús e Pires Ferreira apresentavam relações e condições de trabalho em consonância com a NOB/SUAS-RH (2005) — com quadro considerável de profissionais concursados —, os demais municípios da amostra apresentavam situação diversa à época da pesquisa, a evidenciar condições e relações precarizadas de trabalho no âmbito do SUAS. Ademais, alguns *trabalhadores(as) e conselheiros(as)* assinalaram implicações da precarização do trabalho na descontinuidade dos serviços, programas, projetos e benefícios diante da rotatividade do quadro de profissionais do SUAS; e na postergação e inviabilização (temporária) do acesso de usuários(as) aos direitos socioassistenciais, operacionalizados nos CRAS, CREAS e Centro POP, conforme observado durante o trabalho de campo[12] nas unidades de referência pesquisadas.

Dentre os *desafios-limites* apreendidos no processo de materialização da PAS e do SUAS na vida brasileira presente, e, em especial, em seus contextos locais, apreendidos no percurso investigativo,

---

10. Nível de gestão do SUAS correspondente ao conjunto de serviços, programas, projetos e benefícios da assistência social que visa prevenir situações de vulnerabilidade e risco social por meio do desenvolvimento de potencialidades e aquisições e do fortalecimento de vínculos familiares e comunitários. (Brasil, 1993).

11. Nível de gestão do SUAS correspondente à média e à alta complexidade. Corresponde ao "conjunto de serviços, programas e projetos que tem por objetivo contribuir para a reconstrução de vínculos familiares e comunitários, a defesa de direito, o fortalecimento das potencialidades e aquisições e a proteção de famílias e indivíduos para o enfrentamento das situações de violação de direitos" (Brasil, 1993).

12. Apesar de o enfoque sobre as condições de trabalho no âmbito do SUAS não ser objeto desse item, considerou-se relevante pontuá-las para melhor compreender as percepções de interlocutores (as) — em especial, de trabalhadores (as) — acerca da Política de Assistência Social centrada nos desafios e dificuldades de sua materialização municipal.

sobressaiu-se a urgência em romper com os ranços do assistencialismo, do clientelismo político, da cultura de mando e favor, de subalternidades instituídas, do primeiro-damismo ainda passíveis de serem identificados em discursos e práticas no campo socioassistencial estatal. Parece indicar, mesmo, *uma hibridização entre o assistencialismo*, sub-reptício, *e o exercício da PAS/SUAS*, em perspectiva protetiva e de política pública garantidora de direitos socioassistenciais. O interlocutor a seguir enunciou tais traços de hibridação, a demarcar necessários avanços para a materialização da PAS:

> *A política de Assistência Social é uma Política de direito desenvolvida pelo Estado. Foi este um grande avanço, mas acho que ainda coexistem, dentro da Política de Assistência Social, as marcas do nosso passado assistencialista* [...] *ainda tem umas práticas vinculadas à mordomia, aos privilégios, às benesses. Algumas tentativas de manipulação das políticas eleitorais, de fins políticos. Ainda têm algumas tentativas, em alguns locais, dessas práticas que* **não têm uma percepção ampliada de pessoas, que não percebem isso como direito e, às vezes, dependendo de quem está executando o serviço, a Política de Assistência Social não vai passar como deveria, dependente então de interesses particulares.** *Em Maracanaú* [...] *percebo que houve um grande avanço, ainda é um destaque, comparado a outros municípios, por ter uma infraestrutura, onde os CRAS estão atuando. Mas também tem uma série de problemas* [...] *eles ainda precisam avançar muito... agora, uma coisa muito* **importante é a questão dos recursos humanos, que acho um grande diferencial... são os trabalhadores**, *são muito mobilizados, profissionais qualificados, que fazem acontecer essa política, e, nessa pressão, tem que avançar.* (Informação verbal)[13].

Para além dos traços do clientelismo político e do viés assistencialista, assinalados como pertinentes às dinâmicas institucionais da PAS em âmbito local, outro ponto parece incisivo na reflexão, segundo indicado nos seguintes discursos de *conselheiros(as)* municipais: "[...] a PAS é política pública de direitos no papel [...] a assistência social

---

13. Depoimento retirado do grupo focal realizado com *Conselheiros(as)* de Maracanaú.

não chega ao rosto de quem precisa, na ponta" (Informação verbal)[14]; e "[...] que a política era fechada, não estava sendo disseminada para a população. Se a política é para quem dela necessita, pois necessita que essa pessoa conheça onde buscá-la." (Informação verbal)[15]. Essas narrativas apontam para uma não apropriação desta política pública e de seus atinentes direitos socioassistenciais por parte do segmento de usuários(as) e de potenciais usuários(as) em seus territórios vividos. E, ao chegar às falas de usuários(as) interlocutores(as) da pesquisa, foi possível apreender que suas percepções acerca da PAS e do SUAS parecem ratificar a citada afirmativa dos(as) supracitados(as) conselheiros(as).

No tocante às *percepções dos(as) usuários(as)* de CRAS, CREAS e Centro POP acerca da Política de Assistência Social e o SUAS em implementação nos seis municípios, buscou-se sintetizar os sentidos predominantes e intrincados em seus relatos, a saber:

a) *Relativo desconhecimento* acerca da assistência social e da Política de Assistência Social, quanto aos seus marcos regulatórios e às conceituações/noções que a delineiam enquanto política pública garantidora de direitos socioassistenciais, bem como em relação ao SUAS.

b) Associação entre assistência social e a noção de *ajuda* prestada à figura negativada e reiterada do *pobre incivil* (Telles, 1999), a retomar os resquícios do assistencialismo por dentro do campo socioassistencial estatal.

c) Visão híbrida da Assistência Social como *ajuda* evocada em deslocamento semântico-político relacional a uma *incipiente/frágil noção de direito* destinada ainda à categoria de *subcidadãos*, para adotar, aqui, a expressão cunhada por Souza (2006). Os(as) usuários(as) atribuíram aos CRAS, CREAS e, em menor proporção, aos Centros POP, o sentido de espaços de *apoio, orientação, acolhimento*, a que têm acesso nos equipamentos socioassistenciais, a transcender a

---

14. Depoimento retirado do grupo focal realizado com Conselheiros(as) de Fortaleza.
15. Depoimento retirado do grupo focal realizado com Conselheiros de Fortaleza.

versão de *necessidade, falta, precisão* restrita à dimensão material e econômica;

d) Correspondência entre Assistência Social e os(as) profissionais de Serviço Social, a considerar suas respectivas atuações nos equipamentos socioassistenciais do SUAS; os modos como lidam e respondem às demandas postas pelos(as) usuários(as), ou seja, a execução cotidiana desta política pública.

e) A partir dos saberes dos(as) usuários(as) e de suas experiências tecidas nas estruturas e dinâmicas das unidades públicas em âmbito territorial, sobretudo, nas interações com os(as) trabalhadores(as) do SUAS e seus modos de operacionalização da PAS em âmbito territorial, não como compreensão genérica ou jurídico-política, mas *como a vivem e a sentem cotidianamente* (Bezerra, 2018).

De fato, a aparente dificuldade, por parte da maioria dos(as) *usuários(as)*, para expressar suas percepções acerca da Política de Assistência Social e do SUAS evidencia que a percepção desse Sujeito não se expressa pela assimilação da normativa que orienta a Política de Assistência Social, mas por sua vivência na busca e no recebimento de serviços e benefícios. Por conseguinte, a forma particular de apreender e de expressar a percepção sobre a PAS e o SUAS pelos(as) usuários(as) deve ser buscada na sua vivência no campo da demanda e do acesso aos serviços e benefícios; daí, ao falar nas normativas da Política, foram recorrentes as seguintes respostas: "[...] não", "[...] nunca ouvi falar", "[...] eu ainda não", "[...] ainda não", "[...] eu não tinha ouvido", "Não tenho nada para falar agora não." (Informação verbal)[16]. Para aqueles(as) *usuários(as)* que afirmaram ter *ouvido falar* da Política, exprimiram suas percepções com dificuldades, dando respostas curtas, rápidas, inseguras, com inclinações à reprodução da máxima da *ajuda* como sinônimo de Assistência Social.

---

16. Depoimento retirado do grupo focal realizado com usuários(as) de CRAS, CREAS e Centro POP de Fortaleza.

Por conseguinte, pelo exposto, foi recursivo o *desconhecimento* ou a *não apropriação relativa* da Assistência Social como política pública garantidora de direitos e do SUAS, em especial, em termos de seus marcos regulatórios, das siglas adotadas, das noções e conceitos que os alicerçam e, por vezes, também de programas, projetos, serviços e benefícios socioassistenciais ofertados nos CRAS, CREAS e Centros POP. De maneira relacional, a maioria dos(as) usuários(as) não se reconheceu como seus demandatários, na condição de cidadãos de direitos.

Das narrativas de usuários(as), pode-se inferir uma visão híbrida da Assistência Social e do SUAS. De um lado, prevaleceu a noção de *ajuda* e *benesse* destinada à figura negativada do *pobre incivil*, no dizer de Telles (1999), cujo acesso depende do critério de *necessidade, falta, precisão versus* a garantia incondicional do direito socioassistencial aos cidadãos. De outro, embora não identificando diretamente CRAS, CREAS e Centros POP com a Política de Assistência Social e o SUAS, os usuários(as) os reconheceram como espaços de *apoio, acolhimento, orientação, encaminhamentos,* de obtenção de informações, de alguns benefícios emergenciais, inserção em serviços, programas, projetos socioassistenciais, cursos profissionalizantes disponibilizados, o que reafirma a especificidade da percepção dos(as) usuários(as) sobre a PAS e o SUAS e, ao mesmo tempo, parece aproximar-se de uma versão incipiente do direito, aparecendo, por vezes, como uma *dádiva* dos *responsáveis* pela Assistência Social, ao contrário de reconhecê-la enquanto conquista histórica e política das classes subalternas em seus embates/conflitos no cerne do Estado. Tal percepção híbrida encontra-se registrada no relato a seguir, no qual, ao mesmo tempo, o usuário fala de uma Assistência Social como *direito dado* e reclama para si a *compaixão e a caridade* para com aqueles que vivem na *precisão*:

> **Assistência Social, pra mim, é um modo de dar direito à sociedade, né.** E deveria, o responsável pela Assistência Social, ter mais compaixão e misericórdia pelos que precisam da Assistência Social. Nóis tamo passando por um tempo muito necessário de um compromisso melhor, porque a gente vai atrás do BPC, por exemplo, eu que estou indo atrás e tá com dois anos que eu

procuro. Tá com três anos que eu tô sendo tratado, por causa de um problema de doença e já tem dois anos que eu procuro e não consegui ainda. E amanhã, se Deus quiser, eu vou lá de novo, porque eles disseram que vão ligar pra mim, mas eu não vou esperar ligar, porque não dá pra esperar a ligação. Eu vou lá amanhã se Deus quiser. (Informação verbal).[17]

De fato, CRAS, CREAS e, em menor proporção, Centros POP cearenses tornam-se referências para muitos(as) usuários(as) em face das suas demandas materiais e imateriais, portanto, imediatas e mediadas em seus territórios vividos. Nesse sentido, salienta-se que é a partir da inserção nos serviços socioassistenciais nos níveis da PSB[18] e da PSE[19], e na relação com os modos de atuação de seus respectivos profissionais responsáveis por operacionalizá-los nos territórios referenciados, que os(as) usuários(as) do SUAS constroem suas percepções sobre a política pública. E, ao falarem de suas experiências vividas nas instituições socioassistenciais estatais (CRAS, CREAS e/ou Centros POP) e das relações estabelecidas com os profissionais do SUAS, à época da pesquisa, pode-se inferir uma *incipiente noção de direito* destinado ainda à categoria de *subcidadãos,* na acepção cunhada por Souza (2006).

Quando inseridos(as) nos espaços de CRAS, CREAS e Centro POP, na interação com outros(as) sujeitos(as) envolvidos(as) no campo socioassistencial, os(as) sujeitos(as) produzem distintos sentidos acerca da Política e de sua gestão. Segundo salientou Bezerra (2018), dois enfoques foram primordiais nas percepções de usuários(as): por um lado, o cunho personalista e associado à ideia de *providência divina* — a partir das quais os(as) usuários colocam-se em situação de *gratidão/ agradecimento* em relação aos(às) profissionais e *a Deus*; por outro, identificou-se um deslocamento semântico político dos sentidos da

---

17. Depoimento retirado do grupo focal realizado com Usuários de Maracanaú.

18. Destacam-se o PAIF e o SCFV.

19. No caso da média complexidade realizada nos CREAS, destacam-se o PAEFI; o acompanhamento ao cumprimento de medidas socioeducativas em meio aberto — Prestação de Serviços à Comunidade (PSC) e a LA; e a abordagem de rua.

assistência social — da persistente *ajuda às pessoas carentes/necessitadas* a uma incipiente visão de direitos assegurados pelo Estado via política pública de assistência social nas unidades públicas de sua execução. O relato a seguir enuncia tais enfoques denotativos da supracitada visão híbrida da Assistência Social na ótica de usuários(as):

> *Acho que todo órgão que trabalha com pessoas, deve ter uma equipe multiprofissional como o CREAS tem: Serviço Social, psicólogo. É uma equipe que me achou, que me apoiou. Eu moro faz muito tempo sozinha, com um filho naquela condição (portador de deficiência), que eu disse pra vocês, sem apoio familiar. E aqui o CREAS me achou. Foram na minha casa. Não fui eu que achei o CREAS. [...]* **Os multiprofissionais desta casa me ajudaram demais! O Serviço Social é de valia em qualquer órgão [...]. deve ser pra toda aquelas pessoas carentes, que vive, que tem os... problemas, famílias que tem problemas com famílias, pais que bebem, aquelas criança veem a situação de um pai alcoólatra** *[...] Acho que se eles tivessem* **uma assistência social, com o Serviço Social ajudando,** *se tornaria mais fácil!* (Informação verbal, grifo nosso)[20].

Dentre os(as) profissionais atuantes nas unidades pública do SUAS, o Assistente Social assumiu prevalência nas narrativas de usuários(as). Aliás, identificaram-se falas que traduziram Assistência Social como sinônimo de assistente social — a profissional de Serviço Social — e suas respectivas atuações junto aos(às) usuários(as) no horizonte institucional, conforme explicitado abaixo:

> *Quando você necessita é a mesma coisa de precisar de alguém, naquele momento. E você se desloca do seu lar, com aquela necessidade e procura essa pessoa que está qualificada (pausa breve) encaixada nessa história, a assistência social. [...] É quando nós chegamos pra uma pessoa que se diz ser assistência social [...]* **falo da profissional mesmo.** *É isso que estou falando. [...]* **E você fala seu problema e esse problema não é solicitado e você fica a esperar, ansiosamente, que chegue até a você essa resposta. Você fica sem saber**

---

20. Depoimento retirado do grupo focal realizado com usuários(as) de Fortaleza.

se você realmente contou com esse órgão ou não contou! Fica difícil! (Informação verbal)[21].

Pelo exposto, *as percepções de usuários(as) sobre a "Assistência Social e o SUAS mudavam em função do acolhimento, atendimento individual e grupal, encaminhamentos feitos pelos(as) profissionais"* — considerados satisfatórios pela maioria dos(as) interlocutores(as) — em confronto com a demora ou a não resolutividade no atendimento às suas demandas, sobretudo, de caráter imediato e material. Diz respeito tanto ao acesso efetivo aos programas, projetos, benefícios e serviços específicos disponibilizados, como à qualidade dos atendimentos realizados pelos(as) profissionais. Enfatizaram, aqui, a relação respeitosa, a atenção e disponibilidade em recebê-los(as), ouvi-los(as), encaminhá-los(as), mesmo quando não há resolutividade ou atendimento de suas demandas. E, nesse quesito, as assistentes sociais foram elogiadas e defendidas pela maioria dos(as) usuários(as).

Diante exposto, os(as) usuários(as) interlocutores(as) da pesquisa demonstraram (re)conhecer melhor a Política de Assistência Social e o SUAS quando falaram sobre os significados dos CRAS, CREAS e Centro POP, bem como sobre os serviços, programas, projetos e benefícios nos quais se encontram inseridos. A prevalência das versões fragmentadas sobre a política pública não anula a importância a esta atribuída por muitos dos(as) usuários(as) do SUAS. Destarte, a partir de suas experiências neste campo socioassistencial estatal, constroem seus sentidos da Política de Assistência Social e da implementação do SUAS. Eis, portanto, *a terceira perspectiva acerca das percepções dos(as) usuários(as) sobre a política pública e o SUAS em sua implementação:* construída a partir dos saberes destes(as) sujeitos(as) e de suas experiências tecidas nas estruturas e dinâmicas de CRAS, CREAS e Centro POP, em seus territórios vividos, sobretudo, nas interações estabelecidas com os(as) trabalhadores(as) do SUAS em seus modos de operacionalização cotidiana da Política. Corrobora-se, outrossim,

---

21. Depoimento retirado do grupo focal realizado com Usuários de Fortaleza.

a interpretação de Bezerra (2018) ao salientar que a Assistência Social estatal e o SUAS, sob a ótica de seus usuários, vêm apreendidas não como compreensão genérica ou jurídico-política, *mas como a vivem e a sentem cotidianamente*.

6.2.2 Serviços, programas, projetos e benefícios desenvolvidos nos CRAS, CREAS e Centros POP: qualidade dos serviços e benefícios, capacidade de atendimento, conhecimento e acesso pelos usuários

Neste item, busca-se refletir acerca dos serviços, programas, projetos e benefícios da Política de Assistência Social operacionalizados em CRAS, CREAS e Centros POP[22], conforme implementados nos seis municípios cearenses participantes da pesquisa em tela: Fortaleza, Maracanaú, Crateús, Beberibe, Pindoretama e Pires Ferreira. Para melhor apreender a implementação do SUAS nesses municípios, consideraram-se os seguintes eixos analíticos: capacidade de atendimento, conhecimento, qualidade e acesso pelos(as) usuários(as) ao conjunto de serviços, programas, projetos e benefícios socioassistenciais estatais.

Importa salientar, primeiramente, que a PNAS (2004) configura-se, em termos jurídico-políticos, enquanto política pública de Seguridade Social brasileira, de caráter não contributivo e voltada *àqueles(as) que dela necessitarem*, com prevalência do *status* de cidadania social. Segundo delineado na Lei n. 12.435/2011[23], esta política de Estado

---

22. CRAS, CREAS e Centro POP constituem-se em unidades públicas estatais de referência integrantes do SUAS (2005, 2012). Articulam, coordenam e ofertam serviços, programas, projetos e benefícios socioassistenciais estatais. CRAS é unidade de referência da Proteção Social Básica. CREAS e Centro POP são unidades de referência da Proteção Social Especial de Média Complexidade. Conferir Lei n. 12.435/2011.

23. Alterou a LOAS, Lei n. 8.742, de 7 de dezembro de 1993, que dispõe sobre a organização da Assistência Social. Esta Lei n. 12.435, de 6 de julho de 2011 regulamentou o SUAS. As orientações para implementação deste novo modelo de gestão encontram-se dispostas na (NOB/SUAS, 2012). Trata-se de sistema público, não contributivo, descentralizado e participativo

objetiva a proteção social[24], a vigilância socioassistencial[25] e a defesa de direitos[26], de maneira a garantir as seguranças de sobrevivência, de acolhida e de convivência ou convívio familiar e comunitário. Esta legislação indica a transversalidade e a intersetorialidade da Política de Assistência Social em relação às demais políticas sociais setoriais, com vistas ao *enfrentamento da pobreza*, conforme explicitado em seu parágrafo único:

> *Para o enfrentamento da pobreza, a assistência social realiza-se de forma integrada às políticas setoriais, garantindo* **mínimos sociais** *e provimento de condições para atender contingências sociais e promovendo a* **universalização dos direitos sociais**. (Brasil, 2011).

Destarte, a gestão das ações socioassistenciais estatais propõe-se a consolidar-se, em todo o território nacional, via sistema público não contributivo, descentralizado e participativo nomeado de SUAS (Brasil, 2011; Conselho Nacional de Assistência Social, 2012). A diretriz de descentralização político-administrativa e comando único das ações socioassistenciais em cada esfera de governo (Brasil, 2005a; Conselho

---

voltado à gestão da Política de Assistência Social, de maneira a integrar ações dos três níveis federados em parceria com entidades socioassistenciais privadas.

24. De acordo com a Lei n. 12.435/2011, em seu artigo 2°, inciso I, a proteção social constitui-se em objetivo ou função da Política de Assistência Social, "[...] que visa à garantia da vida, à redução de danos e à prevenção da incidência de risco" (Brasil, 2011), direcionando-se, especialmente, para a proteção da maternidade, da infância, da adolescência e da velhice; amparo às crianças e aos adolescentes em situação de pobreza; promoção de integração ao mercado de trabalho; habilitação e reabilitação de pessoas com deficiência; e a garantia de um salário-mínimo mensal à pessoa com deficiência e à pessoa idosa, desde que não tenham como suprir sua manutenção ou tê-la suprida por suas famílias, a configurar o BPC.

25. A Vigilância Socioassistencial vislumbra apreender as situações de vulnerabilidades e/ou riscos sociais em âmbito territorial, bem como identificar e analisar sua capacidade protetiva. Conferir Lei n. 12.435, de 6 de julho de 2011, em seu artigo 2°, inciso II.

26. A defesa social e institucional busca articulação com as demais políticas públicas do campo social voltadas à garantia de direitos, visando o acesso ao conhecimento dos direitos, à garantia de proteção ativa e projetos de vida, à concretização do atendimento aos direitos sociais a fim de romper com a cultura tutelar/subalterna, reconhecendo os usuários como sujeitos de direitos. Conferir Lei n. 12.435, de 6 de julho de 2011, em seu artigo 2°, inciso III.

Nacional de Assistência Social, 2012) implica definição de responsabilidades de entes federativos — União, Estados e Municípios — e na integração de entidades privadas de assistência social na efetivação desta política pública. Com a regulamentação e a implementação desse novo modelo de gestão da assistência social estatal, institui-se uma rede socioassistencial público-privada constituída pelo conjunto de serviços, programas, projetos e benefícios prestados, portanto, diretamente pelo poder público ou através de convênios/parcerias com entidades socioassistenciais. Não obstante, ressalta-se a primazia da responsabilidade estatal na condução da Política de Assistência Social, a considerar a gestão compartilhada, o cofinanciamento, a cooperação técnica efetuada entre os entes federativos, o monitoramento e a avaliação desta política pública. Nesses moldes, o Estado brasileiro propõe-se a garantir uma proteção socioassistencial não contributiva organizada por níveis de complexidade, considerando os portes dos municípios, o respeito às diversidades regionais e municipais, e às dinâmicas socioterritoriais.

O SUAS organiza as ações socioassistenciais em dois níveis ou tipos de proteção social, a saber: PSB e PSE de Média e de Alta Complexidade (Brasil, 2011). O primeiro nível — da PSB — configura o conjunto de serviços, programas, projetos e benefícios socioassistenciais que, operacionalizado, em âmbito territorial, nos CRAS, visa à *prevenção de situações de vulnerabilidades*[27] *e riscos sociais*[28] "[...] por meio do desenvolvimento de potencialidades e aquisições e do fortalecimento de vínculos familiares e comunitários" (Brasil, 1993, 2011).

---

27. Na PNAS (2004), a vulnerabilidade social refere-se às situações decorrentes da pobreza, privação ou ausência de renda, acesso precário ou nulo aos serviços públicos, com vínculos familiares, comunitários e de pertencimento fragilizados e vivenciam situações de discriminação etária, étnica, de gênero ou por deficiências, entre outros.

28. A situação de risco social configura-se, na PNAS (2004), como uma face da exclusão social: "[...] um processo que pode levar a um acirramento da desigualdade e da pobreza", associado a situações socioeconômicas das famílias e "[...] que induzem à violação dos direitos de seus membros [...]" (Brasil, 2005b, p. 30) e à fragilização e ruptura dos vínculos familiar e comunitário. Inclui ainda a situação de rua, a violência doméstica, o cumprimento de medidas socioeducativa e a situação de trabalho infantil.

Já o segundo nível de proteção social — PSE — compõe-se do conjunto de serviços, programas e projetos *especializados* direcionados ao *enfrentamento das situações de risco social*, de maneira a contribuir com: a defesa dos direitos, a reconstrução de vínculos familiares e/ou comunitários, o fortalecimento das potencialidades e aquisições, a proteção de famílias e indivíduos, cujos *direitos foram violados* (Brasil, 1993, 2011). No caso da PSE de Média Complexidade, são duas as unidades público-estatais responsáveis por sua operacionalização: os CREAS e os Centros POP. E a PSE de Alta Complexidade propõe-se a garantir serviços de acolhimento institucional a indivíduos e/ou famílias com direitos violados, que necessitem de afastamento, temporário, dos convívios familiar e/ou comunitário. (Brasil, 1993, 2011).

A configuração do SUAS no texto da PNAS, em 2004, já denotava o avanço do novo modelo de gestão dessa política pública ao demarcar seus eixos estruturantes, a saber: a matricialidade sociofamiliar; descentralização político-administrativa e territorialização, novas bases de relação entre Estado e Sociedade; financiamento pelas três esferas de governo, com divisão de responsabilidades; controle social; Política de Recursos Humanos e a Informação, Monitoramento e Avaliação. A recente conquista de regulamentação jurídico-política do SUAS — mediante a Lei n. 12.435/2011 e a NOB/SUAS, de 12 de dezembro de 2012 — assinalou possibilidades de concretização da PNAS (2004) inscrita no campo dos direitos socioassistenciais.

Segundo enuncia Bezerra (2018), embora considerando os limites postos na conjuntura brasileira de desconstrução do sistema de proteção social em vigência, *resistir* — enquanto recusa crítica e qualificada do instituído — *e defender as recentes conquistas democráticas* faz-se vital. Dentre os avanços no campo dos direitos sociais, salientam-se a Política de Assistência Social e o SUAS, posto que destinados aos segmentos mais atingidos pelos processos e dinâmicas do capitalismo contemporâneo: além dos(as) ditos(as) *inválidos (as) para o trabalho*, inclui os(as) *válidos(as) para o trabalho* ora desempregados(as); trabalhadores(as) informais e/ou precarizados(as) no mundo trabalho; aqueles em situação de pobreza pluridimensional. Ou seja, trata-se de política pública centrada em expressões-limite da questão social agudizadas e complexificadas na versão do capitalismo dependente, periférico e (re)colonizador (im)posto nas particularidades da vida brasileira neste século XXI (Bezerra, 2018).

A pesquisa avaliativa desenvolvida procurou contribuir para a reflexão crítica e buscou alternativas na defesa, consolidação e aperfeiçoamento do SUAS, com foco nos seis municípios pesquisados no Estado do Ceará. Nesse sentido, vislumbrou-se apreender a capacidade de atendimento, conhecimento, qualidade e acesso pelos(as) usuários(as) de serviços, programas, projetos e benefícios operacionalizados em âmbito municipal. Para tanto, cabe, inicialmente, explicitar as quantidades de CRAS, CREAS e Centros POP identificados à época da pesquisa, conforme sistematizado na tabela a seguir:

Tabela 6. Quantidade de CRAS, CREAS e Centros POPs pelos municípios da amostra da pesquisa

Município	Total de CRAS	Total de CREAS	Total de Centros POPs
Fortaleza	27	06	02
Maracanaú	11	01	01
Crateús	03	01	00
Pires Ferreira	01	00	00
Pindoretama	01	00	00
Beberibe	03	01	00

Fonte: CEARÁ. *Relatório Final — Projeto Avaliando a Implementação do Sistema Único de Assistência Social na Região Norte e Nordeste:* significado do SUAS para o enfrentamento à pobreza nas regiões mais pobres do Brasil. Fortaleza: Universidade Federal do Ceará; Universidade do Ceará, 2018. Mimeo.

Dentre os municípios cearenses pesquisados, Fortaleza apresentou o maior número de equipamentos do SUAS, perfazendo um total de 27 CRAS, 6 CREAS e 2 Centros POP. Em relação aos serviços socioassistenciais ofertados às pessoas em situação de rua, merecem destaque, ainda, a Casa do Centro de Convivência e a Pousada Social. Não obstante, este quantitativo mostrava-se insuficiente, posto tratar-se de metrópole, com uma população estimada de 2.627,482 habitantes (Instituto Brasileiro de Geografia e Estatística, 2017), 100% urbana e com um total de 55.038 pessoas vivendo em extrema pobreza (Instituto de Pesquisa e Estratégia Econômica do Ceará, 2018). Portanto, público demandatário, por excelência, da Política de Assistência Social e do SUAS. Este déficit de equipamentos socioassistenciais foi confirmado, à época da pesquisa, pelo(a) então gestor(a) desta política pública na metrópole em tela, conforme explicitado abaixo:

> *A gente também tinha consciência de que o número de equipamentos era insuficiente, até pela relação que o próprio MDS estabelecia de um CRAS referenciando cinco mil famílias, no território, atendidas pelo Programa Bolsa e de um CREAS pra cada duzentos mil habitantes. Fortaleza, pra ter uma cobertura melhor do território, precisaria ter pelo menos quarenta CRAS. Encontramos vinte e três (23). Hoje chegamos a vinte e sete (27). Mas é preciso um esforço para chegar nos quarenta (40). Assim como os CREAS. Encontramos quatro, hoje temos seis. Não tínhamos nada para a população em situação de rua. Quer dizer, tínhamos um único equipamento que era a Casa de Passagem. Não, na realidade tínhamos dois: a Casa de Passagem e um Centro POP (Centro). E havia toda uma discussão, começou a se tornar muito perceptível a presença de moradores em situação de rua, pessoas em situação de rua nas praças no Centro da cidade. Aí começou toda uma discussão. "Ah, Fortaleza tem tantas mil pessoas"! [...] Vamos fazer um censo dessa população. Traçar seu perfil pra gente poder saber como é que a gente vai agir, em termos de política pública, uma ação pra reduzir o problema. Fizemos isso em parceria com a Universidade Federal do Ceará (UFC). [...] Fizemos a pesquisa. Isso foi importante, porque, a partir daí, a gente começou a desenvolver as políticas. Então, abrimos um abrigo pra homens, em situação de rua, que é o maior contingente revelado pela pesquisa. Criamos um outro abrigo para mulheres e famílias com crianças. Instituímos mais um Centro POP (Benfica). Isso é uma coisa que eu considero um avanço na política e, sobretudo, o mais importante foi a busca de um diálogo com o movimento social que lida com a população em situação de rua. A própria conversa com as lideranças. Conseguimos implantar o Comitê Municipal para Acompanhamento das Políticas Públicas para População em Situação de Rua, criamos equipamentos novos como o Centro de Convivência e a Pousada Social, que é muito utilizado. [...] É um equipamento que tem muita vida lá. É muito frequentado pela população (Informação verbal)[29].*

---

29. Depoimento retirado da entrevista realizada com o(a) Gestor(a) de Fortaleza.

O relato citado ratifica a insuficiência do total de CRAS, CREAS e Centro POP, em Fortaleza, para atender à demanda de seus usuários(as). Mesmo após a ampliação dessas unidades de referência da PSB e da PSE de Média Complexidade, ocorrida durante a gestão do supracitado(a) interlocutor(a), o quantitativo permanecia deficitário. Afirmativa confirmada, outrossim, pelos(as) distintos(as) trabalhadores(as) do SUAS durante a pesquisa. Importa considerar que as demandas postas ao SUAS incluem e extrapolam as situações de pobreza e extrema pobreza, a englobar as *vulnerabilidades sociais.* Inserem, também, as ditas *situações de risco social* — nomeadas de violações de direitos, a envolver múltiplas situações de violências — nos moldes preconizados pela PNAS (2004). Abrangem, então, a complexidade das vulnerabilidades socioeconômica e civil, que atravessam os territórios de operacionalização desta política pública nos CRAS, CREAS e Centros POP implementados nesta metrópole (Bezerra, 2018) e espraiam-se por outros municípios cearenses, a encarnar o processo vigente de interiorização das violências.

É possível visualizar, na tabela anterior, que, além da capital cearense, Maracanaú, Crateús e Beberibe também possuíam unidades de referência da PSB e da PSE. Segundo o Relatório de Pesquisa de Campo no Estado do Ceará (2018), os municípios de Maracanaú e Crateús destacaram-se, entre os demais municípios pesquisados, por possuírem redes de equipamentos socioassistenciais da PSB e PSE em consonância com as normatizações do SUAS (Brasil, 2005; Conselho Nacional de Assistência Social 2012), bem como pela especificidade de terem quadros de profissionais concursados atuando na Política de Assistência Social. Não obstante, foram unânimes as ressalvas em termos dos limites de execução do SUAS em âmbito local imbricados ao contexto nacional de desmontes do sistema de proteção social brasileiro, já em delineamento no período de pesquisa (2016), com redução e/ou cortes de recursos orçamentários indispensáveis à materialização dessa política pública. Em especial, porque o cofinanciamento federal respondia por significativa parcela dos investimentos do SUAS, tendo em vista os parcos recursos municipais. Em tempos de propalada *austeridade orçamentária* direcionada às políticas públicas sociais brasileiras, os municípios vivenciaram seus desdobramentos diretos. Em termos de Política de Assistência Social, cujos recursos advindos do orçamento da Seguridade Social não atingiam nem 1%, tais impactos tendem a ser drásticos, sobretudo, porque o contingente de seus demandatários, em potencial, continua a crescer. Assim, mesmo em municípios cearenses considerados *de referência*, os limites (im)postos à implementação do SUAS existiam entremeados aos avanços por estes empreendidos na última década, conforme a fala abaixo sintetiza:

> *E falando já de Maracanaú, todos citam que é uma referência, e realmente é. No sentido das redes de equipamentos, eu acho que avançou muito nesse sentido mesmo, de estar mais no território, da quantidade de equipamento chegando. São 11 CRAS, 1 CREAS, 1 Centro POP. Mas eu vejo ainda o SUAS acontecendo com muitas dificuldades, não só no contexto nacional, mas também a nível local. Por exemplo, desde janeiro desse ano (2016), a gente está sem carro nos equipamentos. Todos os CRAS têm um carro patrimonial, mas a gente não está com esse carro disponível diariamente, pra circular, devido a uma cota de redução da gasolina. Isso vem impactado, diretamente, nos serviços, no acompanhamento familiar. Tem os benefícios eventuais, com atraso no repasse desses benefícios. Alguns deles, como a cesta básica, esse ano (2016), não veio nenhuma vez. Apesar de ter uma rede de segurança alimentar que atende em parte, com as cozinhas comunitárias. Mas têm pessoas que moram mais longe, que não têm condição de vir acessar essa cozinha todos os dias. Então, uma cesta básica, nessas situações, seria viável, mas não tem. Assim, percebo os avanços, mas tem muitas dificuldades de fazer realmente essa política acontecer como deve ser.* (Informação verbal)[30].

A PSE de Média Complexidade parecia ainda mais fragilizada, seja na capital, com apenas 6 (seis) CREAS municipais funcionando de forma precarizada e insuficiente para atender à demanda posta nesta metrópole; seja em Maracanaú (município de grande porte integrante da Região Metropolitana de Fortaleza), Crateús (município de médio

---

30. Depoimento retirado do grupo focal realizado com Técnico(a) de Maracanaú.

porte) e Beberibe (município de pequeno porte II) — cada um com apenas 1 (um) CREAS localizado em suas sedes. Nos dois municípios de pequeno porte I — Pindoretama e Pires Ferreira —, apenas o primeiro, também integrante da Região Metropolitana de Fortaleza, recebia atendimento via CREAS Regional situado em Fortaleza, sob a gestão da Secretaria da Proteção Social, Justiça, Cidadania, Mulheres e Direitos Humanos (SPS), à época da pesquisa nomeada de Secretaria do Trabalho e do Desenvolvimento Social (STDS). O segundo município, que não tem porte para implantação de CREAS, nem é atendido pelos 2 CREAS regionais implementados (um em Fortaleza e o outro na Região do Cariri), disponibilizava uma profissional de Serviço Social para atender, orientar e encaminhar os casos de violação de direitos identificados neste município. Desta feita, com exceção de Fortaleza, com 100% de área urbana, os CRAS e CREAS implementados nos demais municípios, com áreas rurais, identificaram-se dificuldades para contemplar segmentos populacionais nestas residentes.

Os Centros POP encontravam-se igualmente em situação deficitária no caso dos municípios pesquisados, já que somente Fortaleza e Maracanaú contavam, respectivamente, com 2 (duas) e 1 (uma) dessas unidades públicas implementadas. Nos municípios nos quais não havia Centros POP, os CREAS promoviam o acompanhamento a esse público, com tendência de sobrecarga de demanda e, por conseguinte, de trabalho posto às equipes mínimas de referência destes equipamentos.

Em termos da *capacidade de atendimento* nas unidades de referência do SUAS, os relatos dos(as) trabalhadores(as), nos seis municípios, enfatizaram que o contingente de famílias referenciadas por equipamento era superior à capacidade de atendimento, a denotar denso e elevado quantitativo de demandas socioassistenciais que as Equipes Mínimas de Referência não conseguiam responder. Estes(as) interlocutores(as) de pesquisa enfatizaram a sobrecarga de trabalho para os profissionais operadores da Política de Assistência Social — nos níveis da PSB e da PSE — com possíveis impactos para a qualidade dos serviços socioassistenciais prestados nas unidades públicas correspondentes. Nesse aspecto, importa salientar que as condições precarizadas de trabalho dos(as) profissionais do SUAS, com destaque às terceirizações e submissões a seleções sistemáticas, com substituição de profissionais, foram predominantes na maioria dos municípios, com exceção de Maracanaú e de Pires Ferreira, que contavam com quadro significativo de trabalhadores(as) concursados(as).

No que se refere às *condições de atendimento* nessas unidades públicas da Assistência Social, identificamos que, em todos os municípios, com exceção de Pires Pereira, a maioria dos CRAS, CREAS ou Centro POP pesquisados, possuíam condições precárias de infraestrutura para oferta dos serviços, programas, projetos e benefícios à população usuária. Tais espaços eram, predominantemente, imóveis alugados, não oferecendo instalações físicas necessárias ao trabalho de atendimento e acompanhamento de famílias, indivíduos e grupos, conforme o estabelecido nas normatizações do SUAS (Brasil, 2005; Conselho Nacional de Assistência Social, 2012). Ademais, determinados prédios, sobretudo os alugados e adaptados, não disponibilizavam espaços suficientes para as atividades de desenvolvimento de grupos e para os atendimentos individuais, a requererem o sigilo profissional. Os relatos abaixo expressam tais condições:

> *O espaço do Centro POP não é adequado, porque não tem sala pra cada profissional. Às vezes (pausa) tem uma sala lá maior, que o psicólogo e o advogado atendem ao mesmo tempo. Fica difícil dependendo do serviço de cada um. Não vai ter aquela conversa com cada um, individual. É, individual por cada usuário. Um acaba ouvindo a conversa do outro e acaba até dando um limite para o trabalho do psicólogo ou do advogado. (Informação verbal)[31].*

> *Em relação ao CRAS [...] tem duas salas só, que seriam de atendimento. Não tem a sala grupal, que é estabelecido que se tenha, tanto que já foi cobrado que ou reformasse o CRAS ou mudasse para outro local, e aí parece que essa gestão agora tão querendo ver como fica essa situação. (Informação verbal)[32].*

---

31. Depoimento retirado do grupo focal realizado com Técnicos de Fortaleza.
32. Depoimento retirado do grupo focal realizado com Técnicos de Fortaleza.

O aluguel de prédios, para funcionamento dos equipamentos do SUAS, constitui uma questão a merecer destaque, pois mudanças consecutivas de endereço também podem dificultar que o equipamento se torne referência no território. Outro tensionamento diz respeito às imagens estigmatizadas projetadas sobre os públicos demandatários desta política pública, com destaque à população em situação de rua, dificuldades das prefeituras em conseguirem alugar prédios para funcionamento dos equipamentos socioassistenciais, em especial, o Centro POP.

Apesar das dificuldades ora explicitadas, os serviços, programas, projetos, serviços e benefícios, a considerar o porte populacional dos respectivos municípios, estavam sendo operacionalizados à época da pesquisa. Assim, no âmbito da PSB, nos seis municípios, encontravam--se em funcionamento o Cadastro Único, o Programa Bolsa Família, o PAIF[33], o SCFV[34], via atendimentos individuais e coletivos, voltados a famílias, crianças, adolescentes, jovens e, em especial, idosos.

Na maioria dos municípios pesquisados — Fortaleza, Maracanaú, Pindoretama, Beberibe e Crateús — perduravam dificuldades de articular serviços e benefícios, justamente pela expressiva quantidade de beneficiários(as), sobretudo do BPC[35] e do PBF[36]. No tocante ao acesso aos benefícios eventuais nos municípios pesquisados, com

---

33. Conforme o Artigo 24-A, da Lei n. 12.435/2011, o PAIF "[...] integra a proteção social básica e consiste na oferta de ações e serviços socioassistenciais de prestação continuada, nos CRAS, por meio do trabalho social com famílias em situação de vulnerabilidade social, com o objetivo de prevenir o rompimento dos vínculos familiares e a violência no âmbito de suas relações, garantindo o direito à convivência familiar e comunitária" (Brasil, 2011, p. 6).

34. Serviço de proteção social básica do SUAS, ofertado de forma complementar ao trabalho social realizado com famílias pelo PAIF ou pelo Serviço de Proteção e Atendimento Especializado a Famílias e Indivíduos (PAEF) (Brasil, 2009).

35. Segundo a PNAS, o BPC "[...] constitui uma garantia de renda básica, no valor de um salário mínimo, tendo sido um direito estabelecido diretamente na Constituição Federal e posteriormente regulamentado a partir da LOAS, dirigido às pessoas com deficiência e aos idosos a partir de 65 anos de idade, observado, para acesso, o critério de renda previsto na Lei" (renda *per capita* familiar até 1/4 do salário mínimo). (Brasil, 2005b, p. 28).

36. Programa de transferência direta de renda voltada a beneficiar famílias extremamente pobres (com renda mensal de até R$ 85,00 por pessoa) ou pobres (com renda mensal de R$ 85,01

destaque à cesta básica e ao auxílio-natalidade, foi recorrente a crítica de usuários(as) e trabalhadores(as) à incapacidade de atendimento da demanda por parte das gestões locais. Registrou-se expressiva demanda reprimida em relação a estes benefícios eventuais, justificada, via de regra, pelo trâmite legal da gestão pública, concernentes ao planejamento e às licitações. Nesta direção, é emblemático o seguinte depoimento:

> *Pelo menos todos os recursos que é pra vir pra dentro do CRAS, pra população, não vem. Por que eu digo que não vem? Porque se uma pessoa está necessitando, aí vem procurar uma feira, aí não tem, aí não recebe porque não tem, porque falta a verba pra vim pra cá pra dentro. Se uma mãe precisa do enxoval maternidade, não está tendo porque não vem a verba pra cá pra dentro. Aí tem gente assim "ah, porque o pessoal do CRAS não faz nada", quem trabalha aqui dentro não pode fazer não, porque eles fazem, eles entregam esse trabalho aqui dentro pra atender quem vem atrás, mas a verba vem de lá, não é deles aqui que pode. (Informação verbal)[37].*

De fato, os benefícios eventuais configuram-se em ponto de tensão no âmbito do trabalho socioassistencial. Cabe enfatizar que tais benefícios são históricos no campo socioassistencial, com riscos de reiteração do assistencialismo e da *cultura do favor* em suas concessões. Materializar a perspectiva da proteção social estatal, no sentido de contribuir com a autonomia econômica e emancipação política dos(as) usuários(as) do SUAS na condição de cidadãos, exige avanços teórico--políticos na concepção e na oferta desses benefícios eventuais. Ademais, verifica-se um estrangulamento no Pacto Federativo, no que diz respeito ao financiamento dos benefícios socioassistenciais. Segundo as pactuações da LOAS (1993), à União cabe a responsabilidade com o BPC, ficando a cargo dos Estado e dos municípios o financiamento dos

---

a R$ 170,00 por pessoa), identificadas no Cadastro Único para Programas Sociais do Governo Federal. (Brasil, 2009).

37. Depoimento de uma usuária do SUAS retirado do Grupo focal com os(as) usuários(as) do SUAS em Maracanaú.

benefícios eventuais. A pesquisa nos seis municípios indicou reduzida participação do Estado do Ceará em relação ao cofinanciamento dos benefícios eventuais, a recair sobre os municípios a responsabilidade de financiá-los e implementá-los.

Já no campo da PSE de Média Complexidade, em efetivação nos CREAS e Centros POP implementados na metrópole e nos municípios de grande e médio porte, no decurso da pesquisa, eram desenvolvidas ações socioassistenciais centradas no PAEFI[38]; no Serviço de Proteção Social a Adolescentes em Cumprimento de Medidas Socioeducativas de LA e de PSC[39]; e no Serviço Especializado de Abordagem Social[40]. Ressalta-se que Beberibe, embora seja município de Pequeno Porte II, possuía um CREAS funcionando.

Embora reconhecendo o PAIF enquanto principal Serviço de Ação Continuada da Assistência Social, e admitindo o seu avanço em relação às práticas tradicionais de cariz assistencialista, alguns(algumas) trabalhadores(as) do SUAS, em determinados municípios pesquisados, proferiram críticas a este serviço. Afirmaram que, por vezes, sua proposta teórico-metodológica não era materializada com o devido atendimento da sua dinâmica de trabalho preconizada nas normativas da PNAS (Brasil, 2005b) e do SUAS (Brasil, 2005a; Conselho Nacional de Assistência Social 2012). Todavia, reconheceram e ressaltaram os resultados positivos obtidos nesta política pública em termos do SCVF, a enfatizarem a superação das metas estabelecidas e

---

38. Constitui-se de serviço de apoio, orientação e acompanhamento a famílias com um ou mais de seus membros em situação de ameaça e violação de direitos (Brasil, 2009). Segundo o Artigo 24-B, da Lei n. 12.435/2011, o PAIF "[...] integra a proteção social especial e consiste no apoio, orientação e acompanhamento a famílias e indivíduos em situação de ameaça ou violação de direitos, articulando os serviços socioassistenciais com as diversas políticas públicas e com órgãos do sistema de garantia de direitos." (Brasil, 2011, p. 6).

39. Serviço especializado voltado a prover atenção socioassistencial e acompanhamento a adolescentes e jovens em cumprimento de medidas socioeducativas em meio aberto, determinadas judicialmente (Brasil, 2009).

40. Objetiva assegurar trabalho social de abordagem e busca ativa que identifique, nos territórios, a incidência de trabalho infantil, exploração sexual de crianças e adolescentes, situação de rua (Brasil, 2009).

o desenvolvimento de trabalhos socioeducativos por meio de palestras, gincanas, esporte, dança e teatro. Em Crateús, profissionais ressaltaram premiações conquistadas pelo município relativas à experiência denominada de Núcleo de Intersetorialidade do Programa Bolsa Família na PSB. Na PSE enfatizaram a experiência exitosa do grupo Flor de Mamulengo, que promove encontro e acolhida de mulheres em situação de violência doméstica.

Em relação aos programas e projetos complementares aos serviços tipificados na Política de Assistência Social, nos níveis da PSB e da PSE, usuários(as) e trabalhadores(as) do SUAS enfatizaram a ausência destes, com expressiva referência à interrupção dos cursos profissionalizantes e das ações de inclusão produtiva, conforme apontaram as falas a seguir:

> *Veio-me à cabeça as ações complementares, porque em 2014 acontecia regularmente oferta de cursos do Pronatec. E, de certa forma, é uma estratégia de inclusão no mercado de trabalho e essa inclusão vai proporcionar uma mudança naquela realidade da família, muitas vezes. Mas, de 2015 pra cá, não tem vindo turma do Pronatec, para os usuários da assistência, por exemplo, e outros programas de inclusão produtiva. Às vezes, a gente fica sem estratégia de lidar com a situação da família. O que propor, se não tem vagas nos cursos profissionalizantes, se não tem benefícios eventual? Como essa assistência social vai promover uma mudança ou uma melhoria na qualidade de vida daquela família?* (Informação verbal)[41].

> *O PROJOVEM, que era para jovem, e o PRONATEC. E não tem mais. Profissionalizava o jovem para trabalhar. Então, a minha filha só tem trabalho, por causa de quê, foi profissionalizada com os cursos que aqui já tinha. E que hoje não tem. Aí, já está fazendo falta. Eu já tenho um filho de 13 anos que já dava pra ele fazer continuidade. Aí não tem para muitos jovens.* (Informação verbal)[42].

---

41. Depoimento retirado do grupo focal realizado com Técnicos(as) de Maracanaú.
42. Depoimento retirado do grupo focal realizado com Usuários(as) de Maracanaú.

Dentre as ações complementares, essas interlocutoras ressaltaram a importância do Programa Nacional de Acesso ao Ensino Técnico e Emprego (PRONATEC) e do PROJOVEM para a juventude em seus territórios vividos, ao passo que lamentaram sua não continuidade. Tais ações foram consideradas relevantes nos processos de atendimento e acompanhamento às famílias usuárias do SUAS, a constituírem-se ainda em oportunidades de qualificação profissional, com grande potencial de inserção no mercado formal e informal para geração de renda, em especial aos jovens dos territórios referenciados. Estas se traduzem em demandas expressivas postas ao SUAS, sobretudo, em meio ao desemprego estrutural, à precarização e informalização do trabalho somados ao retorno do crescimento da pobreza e extrema pobreza neste país, em especial no decurso de 2016-2017 (Instituto Brasileiro de Geografia e Estatística, 2018).

Os serviços e projetos ofertados na PSE de média complexidade ressentem-se da devida organização, bem como de *retaguarda* tanto da rede socioassistencial, como intersetorial, a implicar limites para sua operacionalização. Este nível da proteção social envolve, além de pactuações com o sistema de garantia de direitos, entendimento da natureza dos serviços e o papel peculiar do CREAS no atendimento e acompanhamento às situações de violações de direitos. Desta feita, foi na PSE que a demanda por programas e projetos complementares ganhou ênfase, em especial com relação aos jovens atendidos nos CREAS.

Sobre a gestão territorial do SUAS, a maioria dos(as) interlocutores(as) assinalou a frágil articulação com a rede socioassistencial, a envolver serviços estatais e aqueles ofertados pelas entidades socioassistenciais privadas. Nos seis municípios da amostra, essa gestão territorial precisa ser fortalecida em relação tanto à rede socioassistencial, como à rede intersetorial com as demais políticas públicas sociais, nas quais os(as) usuários(as) poderiam ter acesso a direitos sociais em uma perspectiva de proteção social ampliada. É emblemática a fala dessa trabalhadora:

> *[...] a gente tem um termo que a gente usa, aqui em Beberibe, que **a nossa rede está com os punhos quebrados**. De fato, é muito frágil. [...] a gente teve algumas tentativas de diálogos com alguns setores, mas a gente tem muita dificuldade. [...] E não posso falar só pelo CREAS, mas pelo CRAS também, é bem frágil. É o que posso falar do nosso território Litoral I, não sei dos outros e do sertão. Mas que eu acredito que é um ponto que precisa melhorar urgentemente, porque, de fato, eu, particularmente, não vejo muita coisa funcionando não. Existe, inclusive, uma previsão disso no plano, no nosso plano de ação, mas, de fato, a gente vê, não tem essa execução. [...] Mas acredito que precisa realmente a gente estudar como agir pra conseguir realmente evoluir nesse ponto. (Informação verbal)[43].*

Os níveis de conhecimento, por parte de usuários(as), em relação a serviços, programas, projetos e benefícios socioassistenciais estatais, mostraram-se diversificados. Predominou a tendência ao *desconhecimento* das nomenclaturas oficiais da Política de Assistência Social e do SUAS. Todavia, muitos(as) usuários(as) os reconheceram, durante a pesquisa, a partir de suas vivências nos CRAS, CREAS ou Centros POP, bem como identificaram as atividades desenvolvidas a partir dos grupos por segmentos sociais, a saber: *grupo de idosos, grupos de jovens, grupos de gestante, grupo de famílias, grupo do Bolsa Família*, dentre outros. Nos CREAS, os(as) usuários(as) enfatizaram o PAEFI e o serviço de acompanhamento às medidas socioeducativas. Já nos CRAS, os serviços e benefícios de maior visibilidade para os (as) usuários (as) foram o Serviço de Convivência de Vínculos (SCFV), em seus diferentes acompanhamentos grupais, e o PBF.

Segundo avaliação de sujeitos(as) da Política de Assistência Social, o PBF foi ressaltado como o mais conhecido nos seis municípios, sendo recorrente a tendência de usuários(as) reconhecerem mais este benefício, do que os serviços ofertados no CRAS. De fato, uma parte considerável de usuários de CRAS, nos diferentes municípios da amostra, parecem buscar esta instituição, preferencialmente, para resolver

---

43. Depoimento retirado do grupo focal realizado com Técnico de Beberibe.

assuntos atinentes ao PBF. Entretanto, alguns usuários (as) também destacaram o acesso, via CRAS, a documentos que afirmam direitos civis e trabalhistas, a exemplo da emissão gratuita de certidão de nascimento, carteira do idoso, passe livre para deslocamentos municipais e estaduais para idosos e inscrições em cursos profissionalizantes. A gratuidade de acesso aos serviços operacionalizados nos CRAS foi ponto relevante sob a ótica dos sujeitos.

Quanto à qualidade do atendimento realizado pelos trabalhadores(as) do SUAS nos CRAS e nos CREAS, na maioria dos municípios, os(as) usuários(as) elogiaram as equipes de profissionais e ressaltaram o atendimento satisfatório recebido. A exceção ficou com o Centro POP, especificamente de Fortaleza, posto que os(as) seus/suas usuários(as) proferiram críticas direcionadas à suposta atuação autoritária e estigmatizante, por parte de profissionais e da gestão institucional, em relação à população em situação de rua, público desta instituição.

Sobre a oferta da Proteção Social, via trabalho socioassistencial nos equipamentos do SUAS, constatou-se que, na acepção de muitos(as) usuários(as), o CRAS constituía-se em *porta de entrada* para a Política de Assistência Social, com potencial de materialização do que preconiza as normatizações desta política pública. Ao adentrarem aos CRAS, os(as) demandatários(as) são acolhidos pelos(as) trabalhadores(as) do SUAS e inseridos (as) no Cadastro Único, de maneira a lhes possibilitar o acesso a programas, projetos, serviços e benefícios da rede socioassistencial, bem como recebem orientações com vistas ao atendimento de suas demandas seja na PSB e/ou na PSE, ou ainda no âmbito das demais políticas sociais setoriais.

Nos seis municípios pesquisados, a avaliação dos serviços, benefícios, programas e projetos da Política de Assistência Social indicou significativos avanços na implementação do SUAS no Ceará *versus* as práticas assistencialistas históricas neste campo socioassistencial. Em correlato, os(as) diferentes sujeitos(as) destacaram limites-desafios a serem enfrentados, para fins de continuidade e consolidação do SUAS, neste contexto de ameaças ao sistema de proteção social brasileiro recém-conquistado.

6.2.3 Trabalhadores e trabalhadoras do SUAS em foco: capacitação dos técnicos e condições de trabalho

A implementação do SUAS, ao longo dos anos 2000, configura um novo contexto de profissionalização no âmbito da PAS, instituindo marcos na estruturação e gestão do trabalho em patamares de qualidade, com propostas de controles públicos democráticos, na perspectiva de viabilização do campo socioassistencial, em meio às contradições que marcam a vida contemporânea. Assim, o SUAS circunscreve a emergência e a consolidação de uma categoria profissional no exercício do trabalho socialmente necessário para viabilizar a Proteção Social: trabalhadores(as) do SUAS, a atuarem na construção da Política Pública de Assistência Social (Carvalho, 2015a). Os trabalhadores(as) afirmam sua centralidade no campo socioassistencial, na condição fundante de profissionais operadores da Política de Assistência Social, a enfrentarem o desafio de assegurar proteção social a segmentos populacionais atingidos por processos estruturais de insegurança, de desproteção social, de vulnerabilidade e de riscos sociais, nos circuitos da expansão do capital. (Carvalho, 2012b).

Em coerência com a Pesquisa Regional, no Ceará, o esforço investigativo sobre o universo dos trabalhadores do SUAS orientou-se por determinadas questões-chave: quem são os(as) trabalhadores(as) do SUAS e em que condições esses(as) trabalhadores(as) exercem o seu trabalho? Que relações trabalhistas são desenvolvidas no universo de trabalho do SUAS nos diferentes municípios? Como se configura o quadro de qualificação profissional dos(as) trabalhadores(as) do SUAS? Nessa perspectiva de análise, cabe circunscrever, como diretriz orientadora nos processos de investigação, o perfil sociopolítico do segmento de trabalhadores(as) que, com diferentes formações profissionais e níveis distintos de domínio do acúmulo teórico-político no campo da Política Assistência Social, define-se por atuar no âmbito do SUAS (Carvalho, 2012b, 2015a). Trata-se de um contingente de trabalhadores(as) em expansão, com um considerável aumento nos últimos anos, vinculado ao crescimento no número de equipamentos institucionais, como espaços de viabilização da Política de Assistência Social, sobremodo no período de governos petistas (2003 a 2015). A categoria compreende trabalhadores(as) de nível superior, trabalhadores(as) de nível médio e trabalhadores(as) de nível fundamental[44].

A expansão quantitativa do quadro de trabalhadores(as) no SUAS é acompanhada do aumento da precarização nas relações de trabalho, constatando-se que muitos dos novos empregos, criados no âmbito do SUAS, caracterizam-se como trabalhos precários: cresce o número de trabalhadores(as) sem vínculo permanente, nos circuitos da terceirização, o que possibilita alta rotatividade dos profissionais e descontinuidade de serviços (Carvalho, 2012a). De fato, com base nos resultados dos Censos SUAS, a partir de 2007, a categoria de trabalhadores do SUAS vivencia a precarização do trabalho em suas distintas modalidades e expressões, desde a forma de inserção temporária, notadamente via terceirização, até a precarização da organização e das condições de trabalho e, consequentemente, da própria identidade profissional.

Outro traço marcante no perfil dos(as) trabalhadores(as) do SUAS é a interdisciplinaridade, como exigência para o exercício do trabalho socialmente necessário no campo socioassistencial. Segundo a PNAS de 2004, a implementação da Política de Assistência Social, nos CRAS, CREAS e Centros POP, deve ser feita por Equipes de Referências, constituídas de assistentes sociais, psicólogos, pedagogos e, no caso do CREAS, também de advogados. Em 2011, a Resolução n° 17, de 20 de junho, do Conselho Nacional de Assistência Social (CNAS), com base em ampla pesquisa desenvolvida nas diferentes Regiões do País, reconhece, para além dos profissionais integrantes da Equipe de Referência, outras categorias profissionais como trabalhadores do SUAS, em atendimento a requisições específicas dos serviços socioassistenciais, nos diferentes territórios.

Os profissionais atuantes na Política de Assistência Social vêm construindo a identidade dos(as) trabalhadores(as) do SUAS, como

---

44. Convém demarcar que, segundo as orientações da Pesquisa Regional e da Pesquisa Nacional, o nosso foco incidiu nos(as) trabalhadores(as) do SUAS de nível superior.

uma identidade em processo e em aberto, em meio aos dilemas, conquistas, tensionamentos que marcam o universo do trabalho no SUAS, na contemporaneidade brasileira, em particular, nesse momento de desmonte da Seguridade Social, a materializar-se na Política de Assistência Social, nos circuitos do Golpe de 2016. Ao longo dos últimos anos os(as) trabalhadores(as) do SUAS têm vivenciado, também, a precarização do processo de construção das identidades individual e coletiva, expressando-se em desvalorização, desestímulos e insatisfação, aprofundando processos de alienação e fragilizando a própria dimensão ética fundante do trabalho.

Considerando a realidade vivenciada pelos(as) trabalhadores(as) do SUAS pontuadas acima, buscamos adentrar nas configurações do seu universo de trabalho nos seis municípios constitutivos da amostra da pesquisa empírica. Na investigação sobre o mundo do trabalho do SUAS, no Ceará, constatamos ser a precarização do trabalho uma marca comum, com particularidades em cada município. De fato, as formas de precarização laboral configuram-se, de maneira intensa e grave, na metrópole Fortaleza, expressam-se, com configurações peculiares, nos municípios de pequeno porte Pindoretama, Beberibe e Pires Ferreira, desenvolvendo-se em ritmo crescente, nos municípios de grande porte Maracanaú e de médio porte Crateús. Nesse quadro comum de precarização, cabe adentrar nas especificidades de Maracanaú e Crateús que, quando geridos por forças progressistas ou de esquerda, deram um salto de qualidade na gestão do trabalho no âmbito do SUAS. Quando da realização da pesquisa de campo, Maracanaú vivenciava processos de consideráveis retrocessos, embora ainda, com algumas expressões dos avanços de outrora no tempo presente. Senão, vejamos![45]

Maracanaú, município de grande porte, especificamente em duas gestões progressistas (2005 a 2008 e 2009 a 2012), destacou-se, como referência no Ceará, no que se refere à inserção dos trabalhadores do

---

45. Uma configuração detalhada dos avanços de Maracanaú e Crateús no mundo do trabalho do SUAS encontra-se no Relatório de Pesquisa do Estado do Ceará, de julho de 2018.

SUAS via concurso público e ao valor dos salários, relativamente maior que a média dos municípios cearenses. Neste período, o quadro de trabalhadores do SUAS de Maracanaú era todo de profissionais concursados, com vínculos permanentes. Ademais, em 2012, foi instituída a Gratificação de Exercício de Assistência Social (GEAS), concedida aos servidores de provimento efetivo, lotados e em exercício na Secretaria de Assistência Social e Cidadania. Na segunda década dos anos 2000, com outra gestão municipal, ainda em curso em 2019, a situação de precarização das condições de trabalho também chega a Maracanaú, inclusive com a contratação de profissionais temporários, via seleção pública simplificada. No entanto, um segmento de trabalhadores do SUAS concursados ainda permanece, constituindo um diferencial na viabilização da Política de Assistência Social no município. É emblemática a fala de uma trabalhadora do SUAS concursada:

> *Eu acredito que há algo muito importante aqui no município de Maracanaú, visualizando enquanto trabalhadora [...] é a continuidade dos serviços, através de trabalhadores concursados. Eu estou aqui há oito anos e percebo que vai mudando alguns técnicos, mas vai tendo outros profissionais que acompanharam o início da trajetória daquele usuário. Então, o serviço, às vezes, sofre descontinuidade, com mudanças e saídas de alguns contratados, mas, a partir da existência de efetivos no município, então, o trabalho tem continuidade. [...] Então, acredito aqui, no caso de Maracanaú, algo que todo mundo pontuou e que fortalece a referência do município é garantido, em grande parte, pelos profissionais que aqui existem, pela luta de estarem engajados nos movimentos, estarem antenados com o que está acontecendo, estarem estudando, participando de tudo. Acho que nós temos tido muitas perdas enquanto trabalhadores, no âmbito de salário, de vários desmontes... em contrapartida, nós pegamos isso e lutamos para tentar dar uma melhorada, tanto nas nossas condições, como na dos equipamentos e dos serviços, tentando fortalecer [...]* (Informação verbal)[46].

Crateús, município de médio porte, no período de 2008 a 2015, quando gerido por uma frente ampla de esquerda, registrou avanços

---

46. Depoimento retirado do grupo focal realizado com Técnicos(as) de Maracanaú.

na configuração do mundo do trabalho no SUAS, ganhando posição de destaque no esforço de cumprir o que determina a NOB RH/SUAS, em termos de vínculo empregatício, mediante concurso e valores do salário acima da média dos municípios cearenses, inclusive com progressões, por ano de trabalho. A Secretária Adjunta de Assistência Social assim circunscreve o quadro quando da pesquisa de campo:

> *Nós aqui temos um quadro de trabalhadores efetivos bastante significativo; nós não temos funcionários rotativos; os que não são efetivos, que são contratados, eles não são rotativos, eles estão aqui há muito tempo. Assim, eles não ficam entrando e saindo. [...] o salário é um avanço, porque aqui o profissional assistente social e psicólogo, o salário é 2.400 e eles tem umas progressões. Assim é o ideal? Não, não é, eu também sou assistente social e ia querer ganhar mais. Mas temos progressões, por ano. Para quem está nas unidades de referência, tem gratificações, incentivos que vão subindo de nível. A gratificação também é um avanço [...] assim, nós não temos um Plano de Cargos e Carreira, ainda; estamos batalhando para ter um Plano de Cargos e Carreira, que é o ideal. [...] Essa lei salarial que temos aqui é uma lei que ameniza essa perda do Plano de Cargos e Carreira. São coisas que os outros municípios não têm. Quando chegamos nos outros municípios e a gente fala do salário, causa admiração porque tem município por aí que paga R$ 1500 a uma assistente social. Então assim, é um salário que é atrativo para o pessoal que faz concurso. (Informação verbal)*[47].

Em sentido inverso à realidade dos municípios que avançaram na gestão do trabalho no SUAS, quando vivenciaram gestões progressistas ou de esquerda, a pesquisa revelou a situação de grave precarização dos trabalhadores do SUAS na metrópole Fortaleza, justamente depois do desmonte da Secretaria Municipal de Assistência Social (SEMAS), em janeiro de 2013, quando do início da primeira gestão do atual Prefeito (2013-2016; 2017-2019). O Relatório Municipal de Fortaleza, em diferentes aportes, bem circunscreve a precarização e vulnerabilidade dos(as) trabalhadores(as) do SUAS na capital cearense:

---

47. Depoimento retirado da entrevista realizada com a Secretária-Adjunta na entrevista com o Núcleo Gestor de Crateús.

Nesta metrópole, os(as) profissionais de nível superior, atuantes na execução da Política de Assistência Social, após aprovados mediante seleção pública, são contratados em regime celetista, por um período de até dois anos. Ao término de seus contratos temporários, quem desejar continuar trabalhando no SUAS deverá submeter-se, novamente, a seleção pública. [...] Estes interlocutores(as), trabalhadores e trabalhadoras do SUAS encontravam-se em situação de incerteza e insegurança concernente ao trabalho e ao futuro profissional, a considerar que a realização do grupo focal junto aos técnicos(as) convergiu com o período de término de seus contratos temporários e na iminência de nova seleção pública. Observamos receio, por parte desses(as) trabalhadores em falar sobre a materialização do SUAS municipal. Em seus relatos, as condições precarizadas de trabalho emergiram como preocupantes desafios a superar (Ceará, 2018).

Assim, diferentes sujeitos integrantes da PAS — gestores, trabalhadores, conselheiros — criticam a rotatividade dos trabalhadores do SUAS em Fortaleza, com recorrentes seleções a cada dois anos e ausência de uma política de recursos humanos específica na área de Assistência Social. Dentre esses sujeitos, é unânime a exigência de concurso público no âmbito do SUAS, no sentido de enfrentar a precarização do trabalho. É deveras esclarecedora a fala da coordenadora da Assistência Social, no âmbito da Secretaria de Trabalho, Desenvolvimento Social e Combate à Fome (SETRA):

> *Já vão quase dezesseis anos sem concurso. Na época foram chamados cem assistentes sociais. Hoje, se a gente tiver vinte, a gente tem muito dentro da Política de Assistência Social, pela fragilidade dos salários. Então, as pessoas vão pra saúde, devido à não existência de um Plano de Cargos, Carreiras e Salários da Assistência Social. Nosso concurso público também já está pensado, era para ter sido efetivado agora esse ano [2016], mas por conta do ano eleitoral, não foi autorizado. E nós pensamos uma carreira de SUAS. Vai ser o profissional do SUAS. [...] Nosso PCCS aqui [da PMF] é ligado à saúde. Por isso que esses profissionais migram pra saúde. [...] Essa questão fragiliza muito a política de assistência social.* (Informação verbal)[48].

---

48. Depoimento retirado da entrevista com a Gestora da COIAS em Fortaleza.

O próprio gestor da SETRA assim se pronunciou a respeito do concurso público para a Assistência Social:

> [...] Eu defendo que uma política como essa, uma política de Estado, seja executada por agentes públicos. Por várias razões: pelo compromisso, pela baixa relatividade, pela memória. Infelizmente, ainda não conseguimos isso porque no Brasil tem muitos entraves. (Informação verbal)[49].

Dentre esses entraves à realização do Concurso Público para trabalhadores(as) do SUAS, o gestor citado destacou a Lei de Responsabilidade Fiscal, que impõe limites para a contratação no serviço público.

As diferentes modalidades de precarização do trabalho no âmbito do SUAS estão presentes nos municípios de pequeno porte da amostra, com configurações próprias e peculiares. É o caso de Pindoretama, município de pequeno porte, integrante da região metropolitana de Fortaleza. De fato, naquele pequeno município, distante 36 quilômetros da capital cearense, os profissionais da Assistência Social, via de regra, não fixam residência, enveredando por um grave quadro de rotatividade, submetendo-se a contratações precarizadas, via licitações, atuando, muitas vezes, em mais de um município, em busca de aumento de rendimento. Um trecho do Relatório de Pesquisa sobre a implementação do SUAS em Pindoretama é deveras esclarecedor:

> Um ponto de destaque é a precariedade na forma de contratação do trabalhador do Suas, que não tem férias, décimo terceiro salário e direitos trabalhistas, que, no caso do município de Pindoretama, ocorre em forma de licitação de profissionais. Então, quando chega no final do ano, os profissionais dessa modalidade são demitidos e retornam no ano seguinte, ou seja, trabalham 11 meses e passam 1 mês desempregados à espera da renovação do contrato (Ceará, 2018).

---

49. Depoimento retirado da entrevista com o Gestor da SETRA.

E o depoimento de uma trabalhadora do SUAS bem delineia o rebatimento quadro de precarização no trabalho profissional:

> *A maioria das técnicas aqui são contratadas por licitação. E isso é uma dificuldade gigante, porque o trabalho não pode parar. Então, chega em janeiro ninguém está trabalhando, e aí como é que está o CRAS? Abre, tem que funcionar, e aí quando a gente chega às vezes em fevereiro, o barco já está andando aí porque a coordenadora encontra um jeito de funcionar com o nível médio, mas aí o barco está andando e a gente tem que se virar nos trinta para dar conta de tudo isso quando retorna.* (Informação verbal)[50].

Já o município de pequeno porte, Pires Ferreira, também vivencia formas precarizadas de contratação dos(as) trabalhadores(as) do SUAS, com configurações muito peculiares, distantes dos cinco outros municípios da amostra da pesquisa, de modo que os(as) trabalhadores(as) do SUAS em Pires Ferreira apresentaram satisfação com o trabalho na Política de Assistência Social. Assim, a precarização de vínculos trabalhistas não aparece com nitidez nas falas. Ademais, o fato de haver uma relativa estabilidade entre os(as) profissionais torna a situação funcional de Pires Ferreira um caso singular, específico. Trecho do Relatório de Pesquisa sobre a implementação do SUAS em Pires Ferreira elucida esta particularidade do Município:

> A satisfação com o emprego dificulta o reconhecimento da precarização das relações de trabalho a que estão submetidos, qual seja: todos os técnicos, os orientadores e os facilitadores são contratados, não tendo acesso a direitos trabalhistas. A grande vantagem é que essa equipe está formada há cerca de 10 anos, o que facilita a continuidade dos serviços prestados e os vínculos estabelecidos nas relações de trabalho (Ceará, 2018).

Beberibe, município de pequeno porte II[51], apresenta configurações próprias de precarização, tendo como elemento problemático a

---

50. Depoimento retirado do grupo focal realizado com Técnico(a) de Fortaleza.

51. Beberibe é um município com grande faixa litorânea, em uma considerável extensão territorial e já com potencial para passar a ser município de médio porte.

questão salarial dos(as) trabalhadores(as) do SUAS. A rigor, a grande maioria dos(as) profissionais em Beberibe são concursados(as), com o vínculo trabalhista de efetivo, tendo o município realizado concurso público para a área de Assistência Social em 2012, estando ainda em aberto para novas contratações. No entanto, é grande a rotatividade entre os(as) profissionais, justamente em razão dos salários. Cabe destacar dois problemas salariais, a atingir os(as) trabalhadores(as) do SUAS em Beberibe: baixos salários e não existência de isonomia salarial entre os(as) diferentes profissionais que atuam na PAS. De fato, existe uma diferenciação salarial entre as categorias que compõem a equipe de referência nos CRAS: assistente social, psicólogo(a) e pedagogo(a). É esta uma situação típica do município que remonta ao início dos anos 1990, com o psicólogo, reconhecido como profissional da saúde, recebendo salário maior, o pedagogo uma remuneração bem menor, em razão do próprio quadro de educação, e o assistente social também um salário aquém do psicólogo. Tal disparidade salarial é um fator de insatisfação e tensão entre os(as) trabalhadores(as) do SUAS, mobilizando lutas, sobretudo da categoria de assistentes sociais. Igualmente, também persiste uma insatisfação com o valor dos salários. Trabalhadores do SUAS assim configuram esta questão salarial no município de Beberibe:

> [...] Com o concurso, o assistente não tem isonomia como o psicólogo, porque o psicólogo ficou com 40 horas e o assistente social com 30 [...] na gestão passada, foi dada uma GTR para os assistentes sociais, no sentido de deixar próximo do salário dos psicólogos [...] (Informação verbal)[52].

> A gente já estava chateada com nossa situação aqui, com relação ao nosso salário. Nesses quatro anos que a gente já está aqui não tem conseguido conquistar nem equiparação, nem reajuste salarial. Estamos três anos sem reajuste, o salário congelado e o problema já se estende há mais tempo. E, quando a gente pensava que estava na perspectiva de outro momento, a gente teve uma redução de surpresa, com a retirada da GTR, sem uma comunicação. (Informação verbal)[53].

---

52. Depoimento retirado do grupo focal realizado com Técnicos(as) de Beberibe.
53. Depoimento retirado do grupo focal realizado com Técnicos(as) de Beberibe.

Convém ressaltar que a precarização salarial é um elemento que marca o mundo do trabalho do SUAS, a constituir uma dimensão básica no perfil socioeconômico dos(as) trabalhadores(as). Na grande maioria dos municípios cearenses, com nítidas expressões em municípios da amostra da pesquisa, com destaque para Fortaleza e Pindoretama, a questão dos baixos salários pagos aos(às) trabalhadores(as) do SUAS está imediatamente vinculada às diferentes modalidades de precarização na contratação dos(as) profissionais e, consequentemente, aos vínculos trabalhistas. De fato, a precarização salarial vem se fazendo presente em municípios que, na primeira década do século XXI, ganharam destaque por uma valorização salarial dos(as) trabalhadores(as), como é o caso de Maracanaú. É deveras revelador o retrocesso em relação aos(as) trabalhadores(as) do SUAS, conforme consta em documento do Fórum de Trabalhadores do Sistema Único de Assistência Social em Maracanaú (FMT/SUAS, 2017), publicizado na Conferência Estadual de Assistência Social, em outubro de 2017:

> Nós trabalhamos de diversos vínculos (contratados, terceirizados, FADs, e concursados, estes últimos em números gradativamente decrescentes) e vários níveis de escolaridade, temos vivenciando a cada dia um contexto de perdas: a impossibilidade de adoecer com a chamada lei do atestado; corte de insalubridade; congelamento de gratificações que estão em lei; mudança de data-base para reajuste salarial, inclusive este abaixo da inflação; falta do próprio reajuste, o que ocorreu em 2016; demissões repentinas; redução de salário de contratados sem aviso prévio; seleções com propostas de salários baixos; desrespeito às regras de promoção e progressão do Plano de Cargos e Carreiras.

Convém esclarecer que, mesmo nos municípios que, em gestões progressistas de esquerda, conseguiram avançar na valorização salarial, como Maracanaú e Crateús, o salário pago ao(à) trabalhador(a) do SUAS destacou-se ou destaca-se em face do contexto de extrema precarização salarial da grande maioria dos municípios cearenses. A rigor, esta questão de precarização salarial para profissionais com formação de nível superior é expressão de um fenômeno mais geral, circunscrito por Giovanni Alves como o precariado: segmento da classe trabalhadora, constituída por profissionais jovens-adultos que possuem qualificação profissional e tem uma inserção laboral precarizada, em meio à precarização existencial (Alves, 2013).

Um sério agravante nas configurações dos processos de precarização salarial dos(as) trabalhadores(as) do SUAS é a inexistência, na maioria dos municípios cearenses, de um Plano de Cargos e Carreiras para profissionais da Assistência Social, contrariando definições da NOB/RH-SUAS. De fato, dos seis municípios da amostra, somente Maracanaú tem um Plano de Cargos e Carreiras na área da Assistência Social, e tal Plano, no atual contexto, encontra-se congelado. Mesmo Crateús, que apresenta uma situação relativamente boa em termos de contratação e vínculos empregatícios dos(as) trabalhadores(as) do SUAS, não tem um Plano de Cargos e Carreiras na área da Assistência social, tentando compensar esta inexistência com gratificações e portarias.

Adentrando no mundo do trabalho dos(as) profissionais operadores(as) da Política de Assistência Social, impõe-se a avaliação das suas condições de trabalho no contexto do Ceará, considerando a configuração do que pode ser denominado de condições objetivas, quais sejam: equipes de trabalho; infraestrutura referente ao espaço físico, aos equipamentos e ao transporte; qualificação profissional dos trabalhadores(as). Assim, incidindo o foco avaliativo nos municípios constituintes da amostra, em meio aos avanços institucionais, vinculados à própria implantação e implementação do SUAS, delineamos um quadro de carências, de defasagem e de dilemas. E configuramos o que pode ser considerado como elementos positivos no tocante ao posicionamento ético-político das equipes de profissionais e o processo de organização dos trabalhadores(as) do SUAS, em face dos processos de precarização das relações de trabalho e das condições objetivas de exercício do trabalho socioassistencial.

Conforme já mencionado, no concernente às equipes operadoras da Política de Assistência Social, a pesquisa revelou que, nos seis municípios da amostra, as chamadas equipes de referência seguem, via de regra, a composição de profissionais definidos na PNAS de 2004 e, especificamente, na NOB-RH/SUAS: assistente social, psicólogo, pedagogo e, no caso do CREAS, advogado. A tendência é a constituição de equipes de referência, restritas à composição básica, não contemplando a inserção de categorias profissionais que, segundo a Resolução nº 17, de 20 de junho de 2011 do CNAS, podem também atuar no campo socioassistencial, em função das especialidades e complexidade do trabalho: antropólogo, economista doméstico, pedagogo, sociólogo, terapeuta ocupacional, musicoterapeuta. A rigor, são equipes mínimas, incompatíveis com as dimensões dos territórios e os quantitativos de famílias referenciadas em cada equipamento, mostrando-se, portanto, insuficientes para atender às demandas crescentes. Logo, uma crítica recorrente nos Relatórios dos seis municípios da amostra é quanto ao reduzido quantitativo de profissionais para encaminhar o trabalho socialmente necessário, no âmbito dos CRAS, CREAS e Centros POP. E, assim, enfatizarem a necessidade de ampliação das equipes de referência para desenvolver o trabalho socioassistencial exigido nos diferentes espaços. São deveras significativas falas de diferentes sujeitos, sobremodo dos(as) trabalhadores(as) do SUAS, acerca da insuficiência das equipes, acarretando sobrecarga diária de trabalho e, muitas vezes, comprometendo a qualidade dos atendimentos e serviços no campo socioassistencial. Resgatamos depoimento de uma trabalhadora do SUAS em Fortaleza:

> [...] é humanamente impossível um técnico ter 500 famílias pra acompanhar e a gente tem que fazer. Por quê? Porque não tem as equipes mínimas nos equipamentos [...] A gente faz o que pode, ou seja, como é que a gente vai reforçar, ofertar, fazer tudo pelo usuário? Como é que a gente vai garantir os direitos dos usuários e os nossos direitos enquanto trabalhadores da Assistência ficam onde? (Informação verbal)[54].

---

54. Depoimento retirado do grupo focal realizado com Técnicos(as) de Fortaleza.

Em Crateús, uma trabalhadora do SUAS enfatizou a exigência de ampliação da equipe de trabalho, incluindo profissionais de outras formações acadêmicas para atender especificidades:

Aqui em Crateús, por exemplo, temos um CRAS, que é o CRAS 3, que é construído dentro de um território de comunidades tradicionais de povos indígenas, de remanescentes de quilombolas; então é lógico que um olhar de um antropólogo seria muito interessante para atrair essas comunidades até os serviços; porque certamente com o olhar e com a formação que ele tem, ele poderia, sim, propor, inclusive, estratégias de atividades dentro do que a tipificação nos orienta para que essas pessoas de repente sejam chamadas, e a partir dali comecem a se reconhecerem como sujeito de direitos na condição de remanescentes de comunidades quilombolas, que trazem uma tradição indígena. acredito que o profissional antropólogo seria para agregar nesse sentido. (Informação verbal)[55].

A questão das restrições numéricas das equipes, em face da demanda nos territórios, traz embutida uma crítica fundante à própria estruturação dos equipamentos do SUAS que, situados em áreas consideradas de vulnerabilidade e de risco social, circunscrevem contingentes inviáveis de famílias referenciadas, comprometendo a natureza do trabalho socioassistencial. Em verdade, conforme a proposta original da PNAS de 2004, em coadunação com critérios de territorialização, a contemplar áreas consideradas de vulnerabilidade e risco social, os CRAS deveriam multiplicar-se nos diferentes bairros e comunidades, situados às margens urbanas, no sentido de possibilitar o trabalho socioassistencial para garantir, de fato, processos reais e amplos de proteção social às famílias referenciadas.

Considerando a restrição das equipes de referência atuantes nos equipamentos do SUAS nos municípios e as extensas e complexas configurações dos espaços territoriais, classificados como de vulnerabilidade e de risco social, uma alternativa para ampliar a capilaridade

---

55. Depoimento retirado do grupo focal realizado com Técnicos(as) de Crateús.

do trabalho socioassistencial são as equipes volantes. Dentre os municípios da amostra, Crateús, município de médio porte, de grande extensão territorial, com apenas três CRAS, vem atuando com esta alternativa dos equipamentos volantes no exercício do trabalho socioassistencial, ampliando, assim, a abrangência de atuação do SUAS, chegando aos territórios nas zonas rurais que não são incluídas no âmbito dos equipamentos então disponíveis.

Ainda no âmbito das condições de trabalho, merecem destaque aportes feitos pelos(as) profissionais da Assistência Social de Fortaleza, concernentes à sua exposição a situações constantes de insegurança, inclusive, em relação à sua integridade física, nas ditas *áreas de risco*, de *alto risco* nas quais atuam. O depoimento de uma trabalhadora do SUAS de Fortaleza é deveras expressivo:

> *Porque se fosse falar, se fosse falar sobre as visitas, por exemplo, fazemos visitas em áreas de riscos, muitas vezes de alto risco e não temos sequer um crachá de identificação! Na realização de visita convocatória, dentro de uma área de risco, nosso crachá é só um adesivo do carro que, às vezes, não pode nem entrar muito na comunidade porque não tem acesso. É um risco pra nós, porque já teve situações que se a gente fosse contar a história daria para escrever um, dois, três livros das situações em que nós já colocamos a própria vida em risco.* (Informação verbal)[56].

Avançando na configuração das condições objetivas para exercício do trabalho socioassistencial dos(as) profissionais da Assistência Social no contexto cearense, cabe circunscrever a questão da infraestrutura, referente especificamente ao espaço físico, aos equipamentos e ao transporte. Nesse aspecto, diferentes sujeitos atuantes na PAS, nos seis municípios da amostra, criticaram a precarização da infraestrutura, destacando determinados elementos problemáticos: a inadequação dos espaços físicos, sem as devidas condições de trabalho; falta de equipamentos e as restrições do transporte, a limitar os necessários

---

56. Depoimento retirado do grupo focal realizado com Técnicos(as) de Fortaleza.

deslocamentos das equipes profissionais. Trata-se, de fato, de um conjunto de condições objetivas a comprometerem a dinâmica do trabalho socioassistencial. A equipe de pesquisadoras de Fortaleza é enfática na crítica a essa situação:

> Desta feita, há mais a considerar nesta análise: os prédios nos quais se encontravam instalados o CREAS e o Centro POP pesquisados eram alugados e não adequados às atividades propostas, interferindo nas condições de trabalho. Nossos(as) interlocutores(as) criticaram a infraestrutura das suas unidades públicas de trabalho, sobretudo de CREAS e Centro POP, que se apresentavam deficitários em termos da preservação/manutenção dos prédios e equipamentos, além da insuficiência de computadores e carros; quantitativo mínimo de salas apropriadas ao trabalho profissional, sobretudo, para o resguardo do sigilo dos atendimentos e/ou para trabalhos com grupos (Ceará, 2018).

O depoimento de uma trabalhadora do SUAS de Fortaleza enfatiza, sobremaneira, a inadequação das instalações físicas dos equipamentos para o necessário atendimento dos(as) usuários(as), com salas sem as devidas condições, vindo a comprometer os princípios éticos do sujeito profissional:

> *[...] a estrutura do social é constrangedora! A gente entrar aqui [CREAS] com as famílias, com um adolescente na sala com essa situação! Se for ver sigilo, um atendimento que exige sigilo, essa sala não oferece sigilo. Quem está aqui do lado escuta o que se está falando aqui dentro. Já teve situação que eu estava atendendo o adolescente e outra pessoa atendendo familiar e um escutava a conversa do outro, tanto que depois tivemos que juntar todo mundo pra conversar e tentar resolver a situação [...] Se duvidar, até do corredor dá para escutar o que se fala aqui dentro, dependendo do tom da voz do profissional, ou da pessoa que está sendo atendida. (Informação verbal)*[57].

---

57. Depoimento retirado do grupo focal realizado com Técnicos(as) de Fortaleza.

Em relação ao município de Beberibe, a Secretaria de Assistência Social reconhece o avanço em termos do número de equipamentos no âmbito da PSB, uma vez que o município passou de um equipamento para três CRAS. No entanto, destacou as condições inadequadas de trabalho, enfrentadas pelas equipes de referência nos equipamentos do SUAS. Dentre as condições precárias de infraestrutura destacaram, sobremaneira, a questão do transporte, o que representa um sério limitador ao desenvolvimento do trabalho socioassistencial, considerando a extensão territorial do município, com consideráveis distâncias em termos de mobilidade. E as pesquisadoras, no Relatório de Beberibe, enfatizaram como dificuldade a inexistência de transporte coletivo, como agravante, na falta de acesso dos(as) usuários(as) aos equipamentos do SUAS no município, tendo em vista a distância geográfica entre esses equipamentos. De fato, essa avaliação das pesquisadoras apontou para a questão-chave da mobilidade como direito de cidadania que, uma vez impossibilitada, compromete o acesso dos(as) usuários(as) aos equipamentos públicos.

Em meio ao quadro geral de deficiências e inadequações na infraestrutura dos equipamentos e dos transportes, Crateús parece destacar-se por apresentar uma situação relativamente boa. Avalia uma trabalhadora do SUAS:

> *Crateús hoje é referência dentro da nossa região, Crateús é uma diferença positiva. Quando vamos aos encontros, a gente vê isso nitidamente na fala das outras pessoas: Crateús tem isso? Vocês têm um carro para cada CRAS? Vocês têm um motorista? Vocês têm um carro exclusivo para o Conselho Tutelar? As pessoas ficam pasmas como é que aqui tem tanta coisa.* (Informação verbal)[58].

No contexto de condições de trabalho reconhecidamente favoráveis, Crateús também enfrenta entraves que repercutem na dinâmica

---

58. Depoimento retirado do grupo focal realizado com técnica SUAS, no exercício da Secretaria Executiva do Conselho Municipal de Assistência Social no Grupo Focal de Conselheiros(as) em Crateús.

do trabalho das equipes de referência, atuantes na execução, como a inexistência de um telefone fixo. Trabalhadores(as) destacaram dificuldades enfrentadas nos trâmites burocráticos:

> Um dos maiores entraves é a licitação... não é só para quem trabalha com benefícios, mas acredito para quem trabalha dentro da administração pública também. Porque até para uma cadeira, para o usuário sentar, a gente depende; uma caneta, para a gente usar para assinar um encaminhamento, a gente precisa desse trâmite, que é da administração pública, que é a licitação, o trâmite burocrático. (Informação verbal)[59].

Nos outros municípios da amostra, também são destacadas dificuldades nos trâmites burocráticos, com ênfase nas questões orçamentárias, sobretudo na sistemática de financiamento e licitação.

Avançando nas apreciações analíticas sobre a equipe técnica e condições de trabalho, uma questão que ganhou destaque foi a Qualificação Profissional, nos marcos do que as normativas da Política de Assistência Social denominam de Capacitação Permanente. De fato, essa importante dimensão no âmbito da gestão do trabalho foi alvo de críticas recorrentes nos municípios cearenses, constituindo um ponto de tensões e estrangulamentos nos percursos de implementação do SUAS. O depoimento de uma trabalhadora de Maracanaú é deveras contundente:

> Realmente, historicamente, a gente não tem tido uma política de educação permanente, embora, boa parte dos profissionais faça um esforço de qualificar-se; são iniciativas bem individuais, de pessoas que vão fazer especialização. E aí quem quer, encara fazer um mestrado, sem afastamento. Eu estou saindo agora para o doutorado, aproveitando todas licenças: licença-prêmio, licença não sei o quê, licença sem remuneração, contando as horas para poder ficar em outro Estado, investindo numa formação profissional. Então, acho que também isso acaba desestimulando as pessoas a ficarem principalmente na assistência. Parece assim que o sonho é ir para saúde. (Informação verbal)[60].

---

59. Depoimento retirado do grupo focal realizado com Técnico(a) de Crateús.
60. Depoimento retirado do grupo focal realizado com Trabalhador de Maracanaú.

O Relatório de Pindoretama apresentou críticas recorrentes às debilidades ou, mesmo, inexistência dos processos de capacitação profissional, enfatizando que, efetivamente, as capacitações promovidas pela Secretaria de Estado do Ceará não conseguem atingir aos(as) trabalhadores(as) das equipes de referência e, por sua vez, os municípios não desenvolvem processos formativos com seus/suas trabalhadores(as). Profissionais de Beberibe também explicitaram as debilidades e, mesmo, inexistência da chamada capacitação continuada.

No Relatório de Fortaleza foram identificadas contradições e divergências nos relatos dos(as) distintos(as) interlocutores(as) da pesquisa. Foi ressaltado que os gestores entrevistados falaram da existência do Plano Municipal de Educação Permanente e da preocupação da gestão em garantir a participação de seus profissionais em múltiplas capacitações, com destaque ao Capacita SUAS[61], apesar de reconhecerem as críticas acerca da qualidade da proposta viabilizada pelo governo do Estado em 2016. Por sua vez, trabalhadores(as) e conselheiros(as), em seus depoimentos, foram explícitos na crítica ao fragilizado processo de capacitação permanente em Fortaleza, afirmando não conhecer o Plano Municipal de Capacitação e contrapondo-se à *suposta* qualidade do Capacita SUAS no Ceará.

Por fim, em meio a intensos processos de precarização de relações de trabalho e de condições objetivas de exercício do trabalho socioassistencial, é necessário colocar em foco processos de organização dos sujeitos envolvidos com a Política de Assistência Social, sobremaneira dos(as) trabalhadores(as) do SUAS. Nesse sentido, constatamos, na grande maioria dos municípios pesquisados, especificamente cinco municípios — Fortaleza, Crateús, Beberibe, Pindoretama e Pires Ferreira — a inexistência de um Fórum de Trabalhadores(as) do SUAS, como forma coletiva de organização na luta contra as distintas modalidades

---

61. Cabe destacar que, no Estado do Ceará, o Capacita SUAS não foi desenvolvido pela Universidade Estadual do Ceará (UECE) — que tem expertise no campo da Política de Assistência Social — e, sim, foi desenvolvido pela Universidade de Fortaleza (UNIFOR) — que não tem um corpo de professores com acúmulo de conhecimento e de experiências na Assistência social!

de precarização que atingem a categoria. Em determinados municípios, como Crateús e Beberibe, gestoras reconheceram a importância dos Fóruns, chegando a declarar, inclusive, que incentivam a sua criação como forma de mobilizar e organizar os(as) trabalhadores(as) do SUAS. Maracanaú, mais uma vez, se destacou como o único município da amostra que tem um Fórum de Trabalhadores(as) do SUAS, a vivenciar avanços e recuos. Na Conferência Municipal de Maracanaú, em 2015, Alba Carvalho (2015b, p. 16) assim avaliou:

> O Fórum Municipal de Trabalhadores do SUAS vivencia avanços e retrocessos nestes dez anos. De fato, é restrita a participação de trabalhadores do SUAS no Fórum Municipal, configurando um paradoxo: trabalhadores que buscam garantir direitos não lutam pelos seus próprios direitos.

Em meio aos desmontes da Política de Assistência social, nos percursos do Golpe de 2016, o Fórum de Trabalhadores do SUAS em Maracanaú — FMT/SUAS — retomou sua mobilização e, em 2017, divulgou um documento, distribuído, inclusive, na Conferência Estadual da Assistência Social do Estado do Ceará, em outubro de 2017. O documento expressa o descontentamento pelo modo como a Política de Assistência Social vem se materializando no município, referindo-se ao passado em que Maracanaú constituía uma referência. E, de fato, demarcando o retrocesso em curso, os trabalhadores do SUAS de Maracanaú, organizados no espaço do Fórum, afirmaram que o cotidiano grita e pede socorro, diante de um espaço sócio-ocupacional doente.

Em verdade, a pesquisa de campo nos municípios cearenses sobre trabalhadores(as) do SUAS revelou que os profissionais vêm se constituindo e construindo sua identidade, em meio às diferentes modalidades de precarização. Nessa perspectiva, é digno de realce que a grande maioria dos profissionais da Assistência Social reconhecem a importância do trabalho socioassistencial desenvolvido na implementação do SUAS, vivenciando limitações e dilemas que, em diferentes níveis, podem comprometer a potencialidade da Política de Assistência Social, no contexto dos(as) usuários(as), imersos em dimensões de precarização estrutural de vida.

6.2.4 Participação e Controle Social na Política de Assistência Social nos municípios pesquisados

A discussão sobre a participação e o controle social na Política de Assistência Social, no Estado do Ceará, impôs profundas reflexões para a compreensão da dinâmica, dos avanços e recuos nos seis municípios da amostra da pesquisa, vislumbrando, também, perspectivas para o futuro. Daí a necessidade de rememorar a importância da redemocratização do Brasil e, nesse decurso, o processo constituinte, nos anos 1980, ambos impulsionados por intensa participação de múltiplos segmentos organizados da sociedade civil brasileira. Dentre as reivindicações sociopolíticas, a construção das políticas públicas sociais, como direito do cidadão e dever do Estado, impulsionou a democratização, culminando em emendas advindas de diversos grupos sociais — associações, organizações populares, conselhos profissionais, sindicatos e universidades — a compor a Carta Constitucional de 1988. Ressalta-se que a conquista do artigo 194, parágrafo único, inciso VII desta Carta Magna, que trata da Seguridade Social, demarcou o "[...] caráter democrático e descentralizado da administração mediante a gestão tripartite, com a participação dos trabalhadores, dos aposentados e do governo nos órgãos colegiados" (Brasil, 1988). De maneira especial, no que se refere à Assistência Social, o artigo 204, inciso II, prescreve a participação da sociedade civil, por meio de organizações representativas, na formulação e no controle em todos os níveis do Estado. Nesse sentido, operou-se uma *revolução* na forma de entender o novo formato da Assistência Social como dever do Estado e direito do cidadão. Ao tornar-se política pública, limitou-se o poder das entidades filantrópicas, das primeiras damas e de outros grupos que costumavam barganhar a concessão de benefícios socioassistenciais com trocas de favores e até de votos. Nesse sentido, a CF de 1988 propiciou a compreensão de um poder que deve emanar do povo, concebendo direitos dos cidadãos brasileiros. Dependendo de uma lei orgânica para se efetivar em todo o território nacional, vivenciou-se uma longa espera para sua operacionalização e organização, ocorrida com a promulgação da LOAS (Brasil, 1993).

No Estado do Ceará, a Assistência Social — proposta como política pública — foi amplamente discutida em diversos momentos e espaços, emergindo, de imediato, inúmeras dificuldades na busca de ruptura com os paradigmas assistencialistas vigentes. Estava posto que os conselhos, em todos os níveis, teriam o poder de limitar decisões governamentais, exigindo-se, assim, o alinhamento com os princípios constitucionais. A criação, em 1995, do CEAS foi acompanhada de inúmeros obstáculos para seu funcionamento, a saber: longa espera na nomeação da secretária executiva; ausência de local determinado para reuniões; demora na nomeação dos conselheiros por parte do governador, dentre outros. Os conselhos municipais, igualmente, sofreram resistências. Todos os 184 municípios do Estado possuíam, à época da pesquisa, Conselhos de Assistência Social e orientavam-se pelas normativas reguladoras desta política pública, a saber: além da LOAS (1993), a Política Nacional de Assistência Social (2004), as Normas Operacionais Básicas (2005, 2012); a Lei n°. 12.435/2011 e outros importantes documentos, sendo, também alimentados, com as orientações emanadas do CEAS. O CNAS manteve, desde o início de sua criação, intensa relação com os demais conselhos estaduais e municipais, com vistas ao fortalecimento da participação no controle social da PAS.

Partindo dessas considerações, adentra-se nos seis conselhos pesquisados, considerando uma história de quase 25 anos desse conselho de gestão da Política de Assistência Social. Para tanto, reporta-se às vozes dos(as) conselheiros(as) municipais, ou seja, as vozes mais legítimas para responder sobre os avanços, dificuldades e possibilidades para o exercício da participação no controle social no campo socioassistencial estatal. Enunciaram respostas assentadas nas suas experiências e nos desafios à consolidação da participação e do controle social no Ceará que, sem dúvidas, tendem a expressar a realidade de muitos outros municípios, apesar de a pesquisa não pretender generalizações.

Todos os municípios pesquisados — Fortaleza, Maracanaú, Crateús, Beberibe, Pindoretama e Pires Ferreira — apresentaram leis municipais sobre os CMAS, promulgadas, conforme as orientações de composição paritária entre governo e sociedade civil. No que diz respeito às escolhas governamentais, seus representantes são recomendados pelos secretários municipais; já a sociedade civil escolhe seus representantes por meio de assembleias ou fóruns. Detectou-se uma exceção no município de Pindoretama, que referiu uma forma atípica de definição de representantes da sociedade civil local: através de convites feitos à comunidade e a entidades governamentais escolhiam seus conselheiros. O relato abaixo explicita esta prática:

> *A gente vai numa comunidade, por exemplo, e tem uma associação, falamos com o presidente para pedir alguns representantes titular e suplente daquela localidade com o objetivo de garantir a participação e ouvir a opinião dele. Tipo assim: representantes da igreja, dos usuários dos CRAS e das pessoas que trabalham aqui. A gente pergunta: "Olha, você quer participar do conselho, e tal". o sistema é o mesmo com as entidades governamentais. Ai a gente faz todo o processo em ata, recebe a documentação e pronto.* (Informação verbal)[62].

No caso de Fortaleza, a escolha dos(as) usuários(as) para o CMAS ocorria nos equipamentos sociais, via de regra, nos CRAS e CREAS. Em seguida, os nomes são apresentados em fórum próprio da sociedade civil e escolhidos(as) por meio do voto. Em Maracanaú, a escolha dos(as) representantes governamentais recai, em especial, sobre os(as) assistentes sociais das Secretarias Municipais, como escolha dos(as) Secretários(as), por considerarem os(as) profissionais mais

---

62. Depoimento retirado da entrevista realizada com a Secretária Executiva do Conselho Municipal de Pindoretama.

aptos(as) para atender às demandas do controle social e por deterem mais conhecimento do trabalho das secretarias, podendo, desse modo, representar os(as) gestores(as).

Em relação às condições de trabalho dos CMAS, Maracanaú, Crateús e Beberibe funcionam em sedes próprias ou alugadas denominadas *Casa dos Conselhos*, por abrigarem outros conselhos de gestão de políticas públicas e conselhos de direitos, sob o escudo da Secretaria Municipal de Assistência Social. Todos os conselhos dispunham de um equipamento minimamente adequado ao funcionamento. Já os CMAS de Fortaleza, Pindoretama e Pires Ferreira funcionavam em sala cedida nas secretarias, utilizando, geralmente, a estrutura da mesma que, de certa forma, dificultava o trabalho dos conselhos. Alguns fragmentos colhidos de um longo depoimento de um conselheiro de Fortaleza são reveladores:

> *[...] sobre a questão do funcionamento do CMAS, a gente não tem uma estrutura. Não tem. Não são adequadas as condições de funcionamento. Três computadores não dão. Praticamente é uma sala redonda e não tem onde as pessoas ficarem [...], acho que a gente tem que tomar uma atitude em relação a isso [...] nossas decisões nas comissões não estão sendo encaminhadas para o pleno. Está uma desorganização mesmo. Total. Eu acho assim, nem acredito que vá mudar tão cedo (risadas). [...] A gente vai para a sala da secretária executiva que é menor ainda. Nós não aprovamos mais nenhum recurso enquanto não fizer seleção de pessoal. Esta foi feita, mas não foi suficiente. [...] a gente está sofrendo, nós comissões, nós conselheiros. Mas não estamos tendo respaldo da secretária executiva.* (Informação verbal)[63].

Outro fator que prejudica o funcionamento dos conselhos municipais, aludido pelos(as) conselheiros (as) de Fortaleza e Beberibe, diz respeito ao uso de transporte, já que muitos residem em bairros e distritos distantes das sedes, implicando gastos próprios. Houve queixas com relação às ajudas financeiras para os deslocamentos e

---

63. Depoimento retirado do grupo focal realizado com Conselheiro(a) de Fortaleza.

sobre a utilização de veículo da própria Secretaria Municipal, conforme expresso nas falas seguintes:

> *[...] sobre as condições de funcionamento do CMAS? Um zero à esquerda. Nada do que a gente compactua aqui é efetivado, por exemplo, vai terminar meu mandato e o meu vale-transporte não chega! A gente não conseguiu ainda fechar nosso regimento. Nós temos coisas belíssimas... em um ano nós não temos nenhuma conquista aqui. Começamos umas visitas. Alias a gente bateu, bateu, bateu. A gente é só aprovando, aí, vamos fiscalizar. Aconteceram agora duas fiscalizações [...] os conselheiros sem crachás, sem identificação [...] os agentes de cidadania têm crachás e nós do conselho não temos [...] outra coisa é o espaço físico para se trabalhar não tem, ficamos zanzando pela manhã e quando encontramos não cabe todo mundo [...] os recursos humanos é zero. Nós brigamos pra não cortar os assistentes sociais conselheiros. Mas não estamos tendo respaldo da secretária executiva.* (Informação verbal)[64].

De modo geral, todos os conselhos municipais tinham um(a) profissional de nível superior destinado ao cargo de Secretária Executiva. Mas, também, estavam ocupados com outras ações técnicas das Secretarias, limitando a dinâmica de funcionamento e, consequentemente, a qualidade do trabalho nos CMAS. Entre as atividades estavam: convocações para reuniões, organização das pautas de reuniões (ordinárias e extraordinárias), redação de editais e atas das reuniões, organização de fóruns para escolha de conselheiros(as), coordenação de conferências, contatos com conselheiros das comissões, contatos com outros órgãos e entidades.

Apesar dos esforços para o exercício do controle social, ainda foram apontadas pelos conselheiros outras fragilidades nas dinâmicas dos CMAS, segundo enunciado abaixo:

> *O esvaziamento das reuniões culminou na hora da votação com um mínimo de três ou quatro pessoas. Eu fico até o final e essa questão do regimento interno a*

---

64. Depoimento retirado do grupo focal realizado com Conselheiro(a) de Fortaleza.

> *gente tá no nível 17, não conseguimos sair dele. Já fizemos umas cinco reuniões só para tratar do vale-transporte e quando chega a hora de votar tem três ou quatro pessoas. Não tem pra votar, é uma coisa que temos que nos policiar. Por quê?* (Informação verbal)[65].

O depoimento a seguir denota ligações de conselheiros(as) a partidos políticos, o que incomoda e afeta as relações no interior dos CMAS. Isso lembra, também, a histórica interferência de políticos no campo socioassistencial, no desejo de permanecer na barganha assistencialista, e dos tempos vividos com a presença da figura da primeira-dama em conselhos, que se encontrava em tendência de superação, pouco a pouco, com argumentações e orientações das instâncias superiores. "A gente observa que a dinâmica da participação dos conselheiros pouco antes das eleições, durante e agora mudou. Muitos conselheiros participaram das eleições dos vereadores como cabos eleitorais." (Informação verbal)[66].

Outro significativo relato de conselheiro(a) enfatizou a necessidade de capacitação dos(as) conselheiros(as), numa clara avaliação sobre as falhas do controle social no município de Beberibe:

> *[...] a gente não buscou, por nós mesmos, conhecimento necessário que pudesse nos ajudar mais. Isso é talvez uma falha,... poderíamos ter cobrado mais capacitação, mais encontros que a gente pudesse buscar conhecimento pra gente ter ajudado mais... a gente as vezes se acomoda e não vai em busca do que realmente precisamos para estar à frente de um conselho tão importante, que lida e vai decidir a participação de uma politica tão importante para o usuário* (Informação verbal)[67].

Muitos depoimentos foram expressos nos grupos focais com conselheiros(as), nos seis municípios pesquisados, como limites ao

---

65. Depoimento retirado do grupo focal realizado com Conselheiro(a) de Fortaleza.
66. Depoimento retirado do grupo focal realizado com Conselheiro(a) de Maracanaú.
67. Depoimento retirado do grupo focal realizado com Conselheiro(a) de Beberibe.

controle social pelos CMAS, quais sejam: discussões de assuntos paralelos sem significado para o conselho; falta de conhecimentos e capacitação dos conselheiros, principalmente dos representantes da sociedade civil; ausência, nas reuniões, de conselheiros governamentais; influência da política partidária, além da dependência do CMAS à administração municipal.

Salienta-se a capacitação continuada dos(as) conselheiros(as) como crucial para a materialização do processo democrático de participação no controle social nos CMAS. O conhecer possibilita motivação às mudanças, como a aprovação de pautas necessárias à liberação de recursos, por exemplo. Nesse sentido, compete aos CMAS impulsionar essa capacitação política para o exercício qualificado do controle social. Ficou registrada, também, certa culpabilização dos(as) conselheiros(as), por não buscarem informações e qualificação, uma vez que o Ministério (MDS) oferta cursos *online*. Cabe examinar se esses cursos estão ao alcance de todos os(as) conselheiros(as) — alcance intelectual e material — e como os CMAS poderiam viabilizar o estudo coletivo, promovendo o conhecimento de todos(as) envolvidos nas instâncias de participação. A presença dos(as) usuários(as) das unidades públicas da PAS nos conselhos abriram possibilidades para um maior protagonismo no controle social, não dispensando, contudo, um aprimoramento no conhecimento sobre a política e os direitos vinculados. Participar implica não só estar presente nas reuniões, mas contribuir, efetivamente, na dinâmica de um órgão como o conselho, sentir-se parte de um grupo criado para operar mudanças substantivas na condução da política pública. Observou-se, durante os grupos focais com conselheiros(as), participantes por demais silenciosos, talvez receosos de expor seus pontos de vista, tímidos; e outros excessivamente participativos, indignados diante da morosidade dos seus próprios conselhos, da falta de respostas aos seus questionamentos e reivindicações, sem medo dessa exposição.

Chamou a atenção, nos grupos focais realizados nos seis municípios, a pouca interação dos CMAS com os movimentos sociais locais, a dificultar possíveis articulações visando à ampliação dos direitos e acesso a outros programas e projetos consignados nesses movimentos. Corrobora-se, então, com as reflexões de Carvalho e outros ao afirmarem que:

> Essa fragilidade dos movimentos sociais nos conselhos parece ser uma tendência dominante no Ceará. [...] verifica-se um distanciamento dos equipamentos do SUAS em relação aos movimentos sociais, como uma marca histórica [...] parece que o SUAS, no Ceará e quiçá no Brasil, não consegue trabalhar devidamente com esse potencial político, encarnado nos movimentos sociais. Este é um grande desafio e um dilema, cujos desdobramentos se fazem sentir nos tempos contemporâneos. O momento limite, que ora vivenciamos no Brasil, mais do que nunca, dificulta essa ação do SUAS (Ceará, 2018, p. 62).

A Assistência Social como direito do cidadão esteve, historicamente, submetida a recuos impostos em reformas governamentais, em ações de desmonte do sistema de proteção social brasileiro, permanecendo, continuamente, em luta para manter os direitos conquistados *para quem dela necessita*. Nesse sentido, o controle social requer articulações com os(as) usuários(as) e os movimentos sociais para, coletivamente, avançar na garantia dos direitos recém-conquistados.

As possibilidades de desmonte dessa política pública expressa constantes ameaças àqueles em complexificadas situações de pobreza pluridimensional, de vulnerabilidades e riscos sociais, por isso, faz-se urgente transcender na socialização das informações, a orientações e encaminhamentos indispensáveis à operacionalização dessa política pública. É preciso avançar na direção de um trabalho de cunho político-pedagógico, com vistas a construir uma nova cultura, buscando estratégias para a luta por *nenhum direito a menos* (Bezerra; Jales, 2018).

Por fim, os achados dessa pesquisa evocam inúmeros desafios inerentes à participação no controle social da Política de Assistência Social no Estado do Ceará. De fato, há avanços e recuos, a evidenciar a necessidade de garantir, incondicionalmente, o direito à participação democrática dos(as) conselheiros(as) e um especial cuidado na formação política de todos os(as) participantes envolvidos.

6.2.5 Vigilância Socioassistencial: sistematização, monitoramento e avaliação no SUAS

A estruturação da Assistência Social como Política Pública a partir da Constituição Federal de 1988 requereu a criação de leis, de resoluções, de protocolos, de documentos, de equipamentos, de sistemas de informações e de diversos processos que permitissem a sua materialização na perspectiva de uma política de Estado. Destarte, a Vigilância Socioassistencial constitui-se em estratégia de sistematização, monitoramento, avaliação e disseminação de informações na Política de Assistência Social, a fim de subsidiar a identificação de vulnerabilidades e riscos sociais, bem como a oferta de serviços socioassistenciais.

Embora a LOAS (1993)[68] a defina como objetivo e instrumento, e a NOB/SUAS (2012) como função da Política de Assistência Social, compreende-se, de acordo com os conceitos expressos na LOAS e NOB/SUAS, que a Vigilância Socioassistencial é uma função, uma vez que a sua realização possibilita atingir objetivos preconizados na PNAS (2004). Entende-se que a sua percepção como objetivo ou instrumento amplia ou reduz o seu conteúdo.

No entanto, o uso da palavra *vigilância* numa prática historicamente marcada por ações de controle, fiscalização e disciplinamento dos denominados *pobres* pode incorrer em equívocos de interpretação desta função, segundo chamou a atenção a fala de um dos(as) interlocutores(as) da pesquisa, a saber: "[...] Então, assim, a vigilância, pelo meu entendimento, é de todos nós. Mas o conselho ele tem a responsabilidade bem maior, porque ele é fiscalizado, ele é órgão

---

68. A LOAS (1993) foi alterada pela Lei n. 12.435/2011.

fiscalizador" (Informação verbal)[69]. Nesse sentido, vigilância pode adquirir conotação de fiscalização/inspeção, tanto dos usuários, como dos profissionais, na busca da garantia de eficiência do serviço prestado. Isso pode legitimar ou reforçar uma ação profissional criminalizadora e punitiva em relação aos usuários, bem como a cobrança pelo simples cumprimento de metas quantitativas aos técnicos.

Em relação à existência de um setor específico de Vigilância Socioassistencial na Secretaria que executa a Política Municipal de Assistência Social, a pesquisa revelou que Fortaleza, Maracanaú e Crateús, metrópole e municípios de grande e médio porte possuíam este setor. Em Pires Ferreira existiam pessoas responsáveis, no CRAS e no órgão gestor da Política de Assistência Social no município pela sistematização e monitoramento dos serviços e programas de transferência de renda. Somente Beberibe e Pindoretama, municípios de pequeno porte II e I, não possuem setor ou responsáveis por esta função.

O município de Maracanaú destacou-se pela criação, em 2014, de um Observatório de Práticas do Sistema Único de Assistência Social (ObservaSUAS), que realizou dois seminários e mostras de relatos de experiências e pesquisas no âmbito do SUAS. E vem se tornando referência na produção e disseminação de conhecimento na área. Segundo a Chamada Pública para seleção da equipe gestora do ObservaSUAS:

> O Observatório de Práticas da Assistência Social de Maracanaú tem por escopo o objetivo de criar um espaço de disseminação do conhecimento na área da assistência social, através da produção e divulgação de estudos, pesquisas e experiências profissionais no âmbito da Política de Assistência Social no município de Maracanaú, bem como: Incentivar a produção de conhecimentos e experiências, através da realização de estudos e pesquisas na área de Assistência Social visando subsidiar suas ações que qualifiquem a oferta dos serviços, programas, projetos e benefícios; Contribuir no processo de educação permanente dos

---

69. Depoimento retirado do grupo focal realizado com Conselheiros de Beberibe.

profissionais da Assistência Social do Município; Potencializar a interdisciplinaridade e intersetorialidade de conhecimentos e experiências; Analisar crítica e reflexivamente as práticas de Assistência Social no âmbito governamental e não governamental; Contribuir para os processos de controle social; Resgatar e preservar a memória da Política de Assistência Social; Produzir e trocar conhecimentos a partir das experiências realizadas no âmbito da Assistência Social no Município; Divulgar os dados produzidos no contexto de realização da política de Assistência Social (Maracanaú, 2016).

Em Crateús e Pires Ferreira também foram identificados processos de tabulação, sistematização e monitoramento de dados para além dos solicitados pelo MDS. O primeiro município buscou articulação com a Polícia Civil para fazer o levantamento das violências locais; e, no segundo, a psicóloga, técnica do CRAS, criou um conjunto de tabelas, fórmulas e indicadores no Excel que fazem o monitoramento detalhado dos usuários dos serviços socioassistenciais, do PBF, do BPC e do CadÚnico. Nos CRAS, a inserção e verificação dos dados no sistema são feitos pela psicóloga, e, na secretaria, pelos funcionários do CadÚnico. Pires Ferreira é o único município de pequeno porte com sistema informacional avançado de organização de dados e acompanhamento das famílias. Nas palavras do gestor municipal:

> [...] Então nessa base municipal que a gente fez ela já dá um alerta, vai mudando de cor, mudar de cor para amarela, quando faltam dois meses fica vermelho, então ficou mais fácil para a equipe identificar as famílias que a gente tem que priorizar e tudo que os entrevistadores identificam são no território, que eles fazem no território, aqui a gente está divido em territórios, principalmente porque a gente quer que seja feito no domicílio [...] (Informação verbal)[70].

A Gestora de Crateús ressaltou que a Vigilância Socioassistencial orienta principalmente o cumprimento do pacto de aprimoramento

---

70. Depoimento retirado da entrevista realizada com o Gestor Municipal de Pires Ferreira.

de gestão e a localização dos equipamentos socioassistenciais. Além disso, fez críticas aos Relatórios Mensais de Acompanhamento (RMA) solicitados pelo MDS. Na sua análise, os indicadores são insuficientes para a compreensão das vulnerabilidades e riscos sociais nos territórios: "[...] infelizmente, não há ainda nas ferramentas do MDS, dados bem específicos acerca da vulnerabilidade das populações, tipo domicílios vulneráveis." (Informação verbal)[71]. Por isso, o município busca registrar esses dados em instrumentais próprios. Crateús e Fortaleza destacaram a carência de ferramentas de compilação das violações de direitos vivenciadas pelas famílias e sujeitos no âmbito da Proteção Social Especial.

Em Fortaleza, os técnicos de CRAS, CREAS e Centros POP enfatizaram a tabulação de dados, a elaboração de relatórios e seu encaminhamento ao setor responsável. No entanto, o maior desafio dos municípios que produzem e sistematizam dados é a troca de informações entre os serviços, bem como o retorno e a discussão das análises feitas pelo setor ou responsáveis pela Vigilância Socioassistencial, para atuação territorializada. A fala a seguir pontua esta dificuldade-desafio:

> [...] O que acontece! Nós enviamos os dados mensalmente, mas se a gente precisa de [...] uma pesquisa [...], pedir os dados do CREAS [...], por exemplo! A gente tem que retomar a planilha, contabilizar tudo novamente ou mesmo mensalmente, tá enviando esse dado para a Secretaria, ou seja, acaba que o movimento é oposto, nós é que temos que dar uma resposta do todo, enquanto a secretaria deveria nos dar um *feedback*, já que mensalmente os relatórios são enviados. [...] Não existe [...] uma reunião para falar sobre isso. [...] A gente passa esses dados para ele [coordenado do CREAS], aí ele condensa, encaminha e aí encerra o assunto. (Informação verbal)[72].

A fim de contribuir com a implementação da Vigilância Socioassistencial nos Estado e municípios brasileiros, importa salientar o

---

71. Depoimento retirado da entrevista realizada com a Gestora Municipal de Crateús.
72. Depoimento retirado do grupo focal realizado com Trabalhadores(as) de Fortaleza.

seguinte fluxo de atividades proposto por Martinelli, Santos e Silva (2015), a saber: a) Registro gerado pelas proteções: básica e especial; b) Troca de informações entre os serviços; c) Encaminhamento das informações à Vigilância Socioassistencial; d) Sistematização das informações pela Vigilância Socioassistencial; e) Agrupamento, análise, processamento e devolução das informações para os trabalhadores e usuários que geraram as primeiras bases.

A Vigilância Socioassistencial desafia, portanto, "[...] a necessidade de realizar referência e contra referência dos processos que envolvem desde o registro até os encaminhamentos do usuário na rede socioassistencial" (Martinelli; Silva; Santos, 2015, p. 106). Todavia, as autoras alertam que a supervalorização de informações quantitativas, produzidas a partir de ferramentas verticalizadas, destitui a criação de áreas de gestão que possibilitem o conhecimento dos fenômenos sociais que geram as vulnerabilidades e os riscos sociais.

Nesse sentido, o diagnóstico socioterritorial é importante documento na compreensão das particularidades do município, dos territórios e das vulnerabilidades e ricos sociais, configurando um primeiro passo para implantação dos equipamentos e serviços socioassistenciais. Dos seis municípios pesquisados, apenas três afirmaram ter diagnóstico socioterritorial, sendo um deles elaborado por consultoria externa. Dessa forma, a ausência desses diagnósticos, sua construção por consultorias externas ou sua não atualização dificulta a apreensão dos territórios e do perfil socioeconômico, político e cultural das famílias, pelos trabalhadores do SUAS.

A Gestora de Beberibe também informou que a sistematização de dados do município ocorre tão somente em momentos de monitoramento e solicitações feitas pela Secretaria Estadual, sinalizando imediatismo e fragmentação na tabulação das informações para cumprimento de ordens e verificação de resultados quantitativos:

Pela ausência da vigilância, compromete. E a gente, nos momentos de planejamento, nos momentos de discussões, na equipe da básica, porque, [...] na especial não acontece, [...] a gente tenta, nos momentos, levar. Mas, quando a gente vai para um momento de planejamento são tantas coisas que, às vezes, as informações se perdem. Então, a gente fala do pacto de aprimoramento, fala dos nossos índices, fala de algumas informações, realmente, dos dados que a gente produz. Mas, geralmente, isso se dá em momentos de construção de plano e em momentos que a gente tá avaliando as nossas metas. Quando vem um aumento do estado, algo que pede dados, a gente costuma sentar. Mas as nossas equipes de base não são totalmente alheias a isso não. E a gente não faz só com a coordenação, a gente socializa essas informações com a equipe toda. Mas não sei como isso se dá. Não tem [um sistema de vigilância socioassistencial]. É só mesmo de socialização e uma socialização que, talvez, não fique, pela gama de informações que é. (Informação verbal)[73].

Destaca-se a existência de uma organização digital de dados em um dos CRAS de Beberibe que, embora contribua para a percepção do território e das famílias, não é socializado com os outros equipamentos, nem com a gestão. Todavia, isso é um avanço em relação ao município de Pindoretama, no qual prevalece o registro manual das informações.

Há que se destacar que a pesquisa identificou lacunas na compreensão e na operacionalização da Vigilância Socioassistencial por parte dos sujeitos da pesquisa nos municípios pesquisados. No que tange à compreensão, embora alguns tenham mostrado percepção desta função, conforme definido nas normativas legais, outros revelaram total desconhecimento, com destaque para os usuários, ou, ainda, demonstraram equívocos que a aproximam da noção de fiscalização e controle. Em relação à operacionalização, a principal fragilidade identificada foi a falta de troca de informações entre os serviços e a socialização e discussão dos dados compilados pela gestão.

Não obstante, o estudo revelou avanços nas práticas da Assistência Social: a possibilidade de dimensionar, quantitativa e qualitativamente, os resultados do trabalho socioassistencial e planejar algumas ações a partir dos levantamentos e diagnósticos realizados. Além disso, a

---

73. Depoimento retirado da entrevista realizada com a Gestora Municipal de Beberibe.

criação da Vigilância Socioassistencial estimulou a construção de ferramentas próprias de tabulação de dados que contribuem para análise e intervenção qualificada nos territórios e nas vulnerabilidades e riscos sociais vivenciados pelas famílias atendidas. Todavia, é necessário que sejam criadas condições para a implantação dessa função em todos os municípios, em especial nos municípios de pequeno porte que apresentaram maiores dificuldades infraestruturais, políticas e financeiras, para o desenvolvimento dos trabalhos do SUAS. Ademais, a pesquisa colocou a necessidade de progredir, teórico e metodologicamente, em relação à concepção de Vigilância Socioassistencial, a fim de apoiar Estados e municípios na materialização da Política de Assistência Social.

6.3 Conclusão: avanços, limites e desafios da Política de Assistência Social

Tomando por base a realidade circunscrita na exposição dos resultados da pesquisa de campo nos seis municípios da amostra, foi possível demarcar dimensões, aspectos e elementos relevantes no tocante à implementação do SUAS no Estado do Ceará, delineando avanços, recuos, limites, desafios e perspectivas.

Cabe ressaltar, em princípio, como uma dimensão fundante, que a investigação revelou avanços institucionais e de concepções e práticas na implementação do SUAS nos seis municípios da amostra, em meio a limites e, mesmo, alguns recuos no âmbito das especificidades das configurações municipais. São avanços reais em um contexto de contradições e tensões. No entanto, ao longo dos vários momentos do percurso investigativo, sobretudo na definição dos municípios a serem pesquisados, podemos perceber que, em determinados municípios de pequeno porte tem-se ainda, de forma marcante, processos relativamente precários de implementação do SUAS, com predominância de concepções e práticas assistencialistas e, mesmo, filantrópicas, em meio à estruturação formal de Equipamentos, Conselhos e Fundos Municipais de Assistência Social.

Especificamente, no âmbito da amostra de municípios é necessário destacar um diferencial: os municípios que, durante determinados períodos, vivenciaram gestões progressistas ou de esquerda, como é o caso de Maracanaú e Crateús, constatamos avanços consideráveis nos processos de consolidação do SUAS, com redefinições na estruturação organizacional, com sensíveis mudanças na qualificação dos serviços e na valorização dos(as) trabalhadores(as). No entanto, tais avanços são passíveis de recuos, a partir de mudanças na linha política de administração municipal, como é o caso de Maracanaú, embora permaneçam traços históricos dos avanços.

Em verdade, trata-se de uma diversidade de configurações na implementação do SUAS no Estado, reveladas na pesquisa, a nos permitir afirmar que, no Ceará, a Assistência Social tem relativos avanços, no sentido de constituir-se uma Política Pública de Estado, mas ainda com nítidas configurações de *Política de Governo*, a depender da vontade política e das injunções conjunturais de gestores e gestoras municipais, sobremaneira nos fluxos eleitorais.

Apresentadas essas considerações avaliativas de cunho mais geral, circunscrevemos um quadro-síntese de avaliação da implementação do SUAS, sistematizado em termos de avanços; limites e dilemas; recuos e perspectivas.

No âmbito dos *avanços* destacam-se:

a) Consolidação de processos de institucionalidade da Política de Assistência Social nos seguintes termos: avanços jurídicos-políticos, em consonância com marcos regulatórios e normativas nacionais, tendo, inclusive, no interior da amostra, a metrópole e os municípios de grande e médio porte promulgado lei municipal específica de regulamentação do SUAS; avanços na grande maioria dos municípios cearenses quanto a normatizações e tipificação dos serviços socioassistenciais; existência de órgãos específicos de comando único da Política de Assistência Social em cinco dos municípios cearenses da amostra, com exceção da metrópole Fortaleza, que já teve um órgão específico e foi extinto em 2013; técnicos na condição de gestores e gestoras de Política de Assistência Social em todos os seis municípios da amostra.

b) Avanços no tocante aos trabalhadores do SUAS, em seu reconhecimento como categoria profissional emergente, com uma identidade em construção e na manifestação da vontade política de uma parte considerável desses trabalhadores no sentido de um compromisso ético-político com a população usuária.

c) Avanços em relação aos usuários(as) de Política de Assistência Social em uma dupla dimensão: reconhecimento crescente da sua condição de sujeitos(as) de direitos por parte de parcela significativa das equipes técnicas, conselheiros e gestores e por um segmento dos próprios usuários, apesar dos traços persistentes da cultura do favor/da benesse, do assistencialismo; representação específica de usuários em grande parte dos Conselhos Paritários de Assistência Social nos municípios pesquisados e alternância da presidência entre representantes governamentais e não governamentais nos Conselhos, tendo o Conselho de Assistência Social de Maracanaú sido já presidido por uma usuária na gestão 2014-2016.

d) Reconhecimento da importância do CRAS, CREAS e Centros POP por parte de seus usuários, com atribuição de distintos significados destes equipamentos no universo de vida destas populações vulnerabilizadas e vivendo situações de risco.

e) Constituição da vigilância socioassistencial como função da Política de Assistência Social, com a existência desse setor ou responsáveis pela função de vigilância socioassistencial em quatro dos seis municípios pesquisados, sendo que dois municípios apresentaram bancos de dados próprios para monitoramento das informações.

Em termos de *limites* e *dilemas* nos processos de implantação do SUAS no Ceará, configurou-se uma questão fundante, a marcar a contemporaneidade de Política de Assistência Social: a imbricação entre o que é nominado como *novo* e o que é considerado como *velho*. De fato, nos discursos dos sujeitos e nas observações *in lócus* constatamos um fenômeno de dupla face: a Política de Assistência Social avança em seus instrumentos legais, em sua base conceitual e na oferta dos serviços socioassistenciais e, ao mesmo tempo, convive com concepções arcaicas a que historicamente esteve subjugada, como *a visão de política pobre, para pobres*, que pode ser feita de qualquer jeito e com poucos recursos, sem profissionalismo, referenciada na ajuda e no amor ao próximo. Essa tensão é agravada pela persistência da cultura do favor/benesse e dos traços históricos do assistencialismo no imaginário e práticas no campo socioassistencial, sobretudo, nas versões reiteradas de usuários(as) nas suas relações com os profissionais do SUAS.

Um outro limite a constituir-se um dilema contemporâneo diz respeito ao universo de trabalho no âmbito do SUAS, atingindo os(as) trabalhadores(as) que operam a Política de Assistência Social, cabendo enfatizar: a) precarização das relações de trabalho, com a ampliação do contingente de trabalhadores(as) com vínculos empregatícios temporários e baixos salários, a provocar alta rotatividade de profissionais, sobretudo nos municípios de pequeno porte e na metrópole Fortaleza; b) ausência de Plano de Cargos e Salários em cinco dos municípios investigados, a implicar em rotatividade e saídas sistemáticas dos(as) profissionais em busca de melhores condições salariais e de trabalho. Ademais, verificamos o congelamento do Plano de Cargos e Salários dos Trabalhadores do SUAS no único município que dispõe desse mecanismo de regulação, qual seja, Maracanaú; c) precarização das condições de trabalho nos equipamentos do SUAS nos municípios investigados, em termos de instalações físicas e de infraestrutura, de disponibilidade de telefones, computadores e impressoras e, também, de transportes para deslocamentos das equipes técnicas; d) deficiências e debilidades nos processos de capacitação permanente dos(as) trabalhadores(as) do SUAS e dos(as) Conselheiros(as) em todos os municípios investigados, a comprometer o trabalho no campo socioassistencial; e) fragilidades no processo de organização dos(as) trabalhadores(as) do SUAS nos diferentes municípios constituintes da amostra, destacando-se a inexistência de Fórum de Trabalhadores(as) em cinco desses municípios;

Uma questão recorrente a demarcar um limite na implementação da Política de Assistência Social é quanto aos equipamentos institucionais do SUAS e às próprias equipes técnicas. De fato, a pesquisa revelou um baixo quantitativo do CRAS, CREAS e Centros POP na metrópole Fortaleza, no município de grande porte Maracanaú e de médio porte Crateús e, mesmo, nos municípios de pequeno porte, considerando a abrangência territorial e populacional, em meio ao adensamento das expressões da questão social no Estado do Ceará. Ademais, esses equipamentos são operados por equipes técnicas mínimas em relação à abrangência dos territórios e número de famílias referenciadas em cada unidade pública estatal (CRAS e CREAS), implicando sobrecarga de trabalho e insuficiência nos atendimentos.

A pesquisa empírica junto aos diferentes sujeitos envolvidos com a Política de Assistência Social deixou claro um outro limite: desconhecimento relativo dos programas, projetos, serviços e benefícios socioassistenciais por parte dos(as) usuários(as) e dos(as) Conselheiros(as), desvelando um incipiente e ambíguo reconhecimento dos direitos socioassistenciais pelos(as) usuários(as) da Política Pública. Nessa perspectiva, os processos investigativos também revelaram falta do necessário conhecimento sobre a Política de Assistência Social por parte dos(as) Conselheiros(as) municipais, como um dilema histórico a limitar a atuação do próprio Conselho Municipal.

Uma questão limitante no exercício do controle social no âmbito da Política de Assistência Social, revelada nos percursos investigativos, diz respeito à dependência dos Conselhos Municipais de Assistência Social da própria gestão municipal, em parte considerável dos municípios cearenses. Ademais, verificou-se, ainda, a influência da política partidária em determinados Conselhos Municipais. É também digno de nota a precarização nas condições de funcionamento dos Conselhos Municipais de Assistência Social, com deficiência de infraestrutura e a não garantia das devidas condições para os(as) Conselheiros(as) participarem das reuniões, sobretudo vale-transporte ou carro da Secretaria.

Por fim, cabe registrar dificuldades e limites delineados em dois campos que foram devidamente configuradas no âmbito do SUAS. Primeiro, a construção do Pacto Federativo, por parte do ente estadual no Ceará, no que diz respeito ao cofinanciamento e à capacitação de trabalhadores(as) e conselheiros(as), sendo considerada frágil a relação dos municípios com o Estado. Cabe ressaltar que o financiamento da Política de Assistência Social por parte do Estado do Ceará é considerado inexpressivo, ficando, assim, o financiamento, a cargo do ente federal e de determinados municípios. Segundo, a construção da Vigilância Socioassistencial, constatando a não existência do setor em dois municípios pesquisados, verificando-se um número restrito de profissionais que atuam neste campo, bem como a falta de qualificação específica para o exercício do trabalho. Ademais, tem-se a falta de investimento municipal em sistemas informacionais próprios e pouco conhecimento de gestores(as), trabalhadores(as) e Conselheiros(as) sobre o que é realmente a Vigilância Socioassistencial.

A indicação de *perspectivas* exige pensar a Política de Assistência Social no Brasil contemporâneo. No atual contexto de ultraneoliberalismo, com um desmantelamento crescente da institucionalidade democrática, a Política de Assistência Social vem sofrendo um drástico processo de desmonte. Desse modo, parecem não se afirmar as perspectivas de consolidação dos avanços na implementação do SUAS nos municípios cearenses, seguindo uma tendência nacional.

A exigência histórica é de resistências e lutas dos diferentes sujeitos que fazem o SUAS e que estão sendo violentamente atingidos pelo grave quadro de desmonte. Assim sendo, podemos vislumbrar perspectivas, a partir de lutas organizadas. Nesse sentido, merecem destaque: a) ampliação dos processos organizativos dos(as) trabalhadores(as) do SUAS, em articulação com outros segmentos de trabalhadores em âmbitos local, estadual e federal, em defesa do frágil e recente sistema de proteção social brasileira, a exigir o enfrentamento político qualificado do atual *estado de coisas*, marcado pelo desmonte de quaisquer regulações democráticas; b) organização e luta dos(as) usuários(as) da PAS e do SUAS, em defesa de seus direitos socioassistenciais, sociais e trabalhistas a exigir a indispensável compreensão da Política, dentro do pacto democrático, viabilizado na Constituição de 1988; c) avanço no trabalho político-educativo nos territórios de vulnerabilidade social, por dentro dos processos de atuação nos CRAS, CREAS e Centros POP, a implicar a desconstrução de pré-noções e estigmatizações socioterritoriais projetadas sobre os(as) usuários(as) do SUAS para reconhecê-los(as) como sujeitos de direitos. Por fim, impõe-se a implosão da categoria, por vezes homogeneizadora de *usuários(as)* do SUAS, para reconhecer a diversidade destes *sujeitos de carne e sangue* a partir das dinâmicas e estruturas socioterritoriais locais, nacionais e globais, de forma a garantir igualdade, equidade e justiça social, com respeito às diferenças de gêneros, relações étnico-raciais, gerações e de territorialidades.

Referências

ALVES, G. O que é precariado? *Blog da Boitempo*, São Paulo, 2013. Disponível em: https://blogdaboitempo.com.br/2013/07/22o_que_é_oprecariado. Acesso em: 10 jul. 2018.

BEZERRA, L. M. P. de S. *De "territórios vulneráveis/de riscos sociais" aos territórios vividos nas margens urbanas:* uma análise da implementação do Sistema Único de Assistência Social em Fortaleza-CE. 2018. Relatório de Pesquisa de Estágio Pós-Doutoral — Programa de Pós-Graduação em Sociologia, Universidade Federal do Ceará, Fortaleza, 2018.

BEZERRA, L. M. P. de S. *Pobreza e lugar(es) nas margens urbanas:* lutas de classificação em territórios estigmatizados do Grande Bom Jardim, 2015. Tese (Doutorado em Sociologia) — Programa de Pós-Graduação em Sociologia, Universidade Federal do Ceará, Fortaleza-CE, 2015.

BEZERRA, L. M. P. de S.; JALES, P. R. da S. *Relatório da pesquisa: Avaliando a Implementação do Sistema Único de Assistência Social na Região Norte e Nordeste:* significado do SUAS para o enfrentamento à pobreza nas regiões mais pobres do Brasil. Fortaleza, 2018. Mimeo.

BRASIL. *Constituição da República Federativa do Brasil.* Brasília: Senado Federal, 1988.

BRASIL. Lei n. 8.742, de 7 de dezembro de 1993. Lei Orgânica da Assistência Social (LOAS). Dispõe sobre a organização da assistência social e dá outras providências. *Diário Oficial da União,* Brasília, DF, 1993.

BRASIL. Lei n. 12.435, de 6 de julho de 2011. Altera a Lei n. 8.742, de 7 de dezembro de 1993, que dispõe sobre a organização da Assistência Social. *Diário Oficial da União,* Brasília, DF, 2011. Disponível em: http://www.planalto.gov.br/. Acesso em: 7 jan. 2019.

BRASIL. Ministério do Desenvolvimento Social e Combate à Fome. *Norma Operacional Básica do Sistema Único de Assistência Social (NOB/SUAS).* Brasília, DF, 2005a.

BRASIL. Ministério do Desenvolvimento Social e Combate à Fome. *Política Nacional de Assistência Social — 2004.* Brasília, DF, 2005b.

BRASIL. Secretaria Nacional de Assistência Social. *Tipificação Nacional de Serviços Socioassistenciais.* Brasília, DF, 2009. (reimpressão 2013).

CARVALHO, A. M. P. de. A consolidação do SUAS e seus trabalhadores: perfil crítico, natureza/exigências do trabalho socioassistencial e desafios nos processos de organização política. ENCONTRO DOS TRABALHADORES DA ASSISTÊNCIA SOCIAL DE MACÉIO — DO CONTROLE SOCIAL, 1., Maceió, 2015. *Anais* [...]. Maceió, 2015a.

CARVALHO, A. M. P. de. Consolidar o SUAS rumo a 2026: o SUAS que temos e o SUAS que queremos. CONFERÊNCIA MUNICIPAL DE ASSISTÊNCIA SOCIAL, 8., Maracanaú, 2015. *Palestra* [...]. Maracanaú, 2015b. Mimeo.

CARVALHO, A. M. P. de. O uso da informação para aprimoramento do modelo de atenção no SUAS. ENCONTRO NACIONAL DE MONITORAMENTO E VIGILÂNCIA SOCIOASSISTENCIAL DO SUAS, Brasília, DF, 2012. *Anais* [...]. Fortaleza, 2012a.

CARVALHO, A. M. P. de. Trabalhadores no mundo do trabalho no SUAS: identidade em construção. ENCONTRO NACIONAL DO CONGEMAS, 14., Fortaleza, 2012. *Anais* [...]. Fortaleza: CONGEMAS, 2012b.

CARVALHO, A. M. P. de; SILVEIRA, I. M. M. da. A consolidação da Assistência Social como política pública no século XXI: o desafio da Educação Permanente como princípio estratégico na gestão do trabalho. *In:* BRASIL. Ministério do Desenvolvimento Social e Combate à Fome. Secretaria Nacional de Assistência Social. *Gestão do Trabalho no Âmbito do SUAS:* uma contribuição necessária. Brasília, DF, 2011.

CEARÁ. *Relatório Final — Projeto Avaliando a Implementação do Sistema Único de Assistência Social na Região Norte e Nordeste:* significado do SUAS para o enfrentamento à pobreza nas regiões mais pobres do Brasil. Fortaleza: Universidade Federal do Ceará, 2018. Mimeo.

CONSELHO NACIONAL DE ASSISTÊNCIA SOCIAL. Resolução n. 17 de 20 de junho de 2011. Ratificar a equipe de referência definida pela Norma Operacional Básica de Recursos Humanos do Sistema Único de Assistência Social — NOB-RH/SUAS e Reconhecer as categorias profissionais de nível superior para atender às especificidades dos serviços socioassistenciais e das funções essenciais de gestão do Sistema Único de Assistência Social — SUAS. *Diário Oficial da União*, Brasília, DF, 2011.

CONSELHO NACIONAL DE ASSISTÊNCIA SOCIAL. Resolução n. 33, de 12 de dezembro de 2012. Aprova a Norma Operacional Básica do Sistema Único de Assistência Social — NOB/SUAS. *Diário Oficial da União*, Brasília, DF, 2012.

FÓRUM DOS TRABALHADORES DO SISTEMA ÚNICO DE ASSISTÊNCIA SOCIAL DE MARACANAÚ. *A Garantia de direitos no fortalecimento do Sistema Único de Assistência Social — SUAS*. Maracanaú, 2017.

HARVEY, D. *O enigma do capital e as crises do capitalismo*. Tradução João Alexandre Peschanski. São Paulo: Boitempo, 2015.

INSTITUTO BRASILEIRO DE GEOGRAFIA E ESTATÍSTICA. *Pesquisa Nacional por Amostra de Domicílios Contínua* — anual. Rio de Janeiro, 2018. Disponível em: https://www.ibge.gov.br/estatisticas/sociais/trabalho/17270-pnad-continua.html?=&t=resultados. Acesso em: 5 jun. 2019.

INSTITUTO BRASILEIRO DE GEOGRAFIA E ESTATÍSTICA. *Síntese de indicadores sociais:* uma análise das condições de vida da população brasileira: 2017. Rio de Janeiro, 2017. (Estudos e pesquisas. Informação demográfica).

INSTITUTO DE PESQUISA E ESTRATÉGIA ECONÔMICA DO CEARÁ. *Indicadores Sociais do Ceará — 2017.* Fortaleza, 2018.

MARACANAÚ. Secretaria de Assistência Social e Cidadania. *Chamada de membros para compor a Comissão Gestora do OBSERVASUAS de Maracanaú.* Maracanaú, 2016. Disponível em: file:///C:/Users/paula/AppData/Local/Packages/Microsoft.MicrosoftEdge_8wekyb3d8bbwe/TempState/Downloads/chamada-publica-observasuas-2016%20(1).pdf. Acesso em: 19 jul. 2018.

MARTINELLI, T.; SILVA, M. B.; SANTOS, S. R. dos. Vigilância socioassistencial na política de assistência social: concepção e operacionalidade. *Revista Katálysis,* Florianópolis, v. 18, n. 1, p. 104-112, 2015. Disponível em: http://www.scielo.br/scielo.php?script=sci_arttext&pid=S1414-49802015000100104&lng=pt&nrm=iso. Acesso em: 19 jul. 2018.

SOUZA, Jessé. *A invisibilidade da desigualdade brasileira.* Belo Horizonte: Editora UFMG, 2006.

SANTOS, B. de S. *A crítica da razão indolente: contra o desperdício da experiência.* Para um novo senso comum: a ciência, o direito e a política na transição paradigmática. São Paulo: Cortez, 2000.

TELLES, V. da S. *Direitos sociais:* afinal, do que se trata? Belo Horizonte: UFMG, 1999.

WACQUANT, L. *Os condenados da cidade:* estudos sobre marginalidade avançada. Trad. João Roberto Martins Filho. 2. ed. Rio de Janeiro: Revan, 2005.

7

A Política de Assistência Social na conjuntura brasileira de desconstrução de direitos e de desmonte da seguridade social:
2016/2018

Maria Ozanira da Silva e Silva
Alba Maria Pinho de Carvalho
Annova Míriam Ferreira Carneiro
Cleonice Correia Araújo
Margarete Cutrim Vieira
Maria Antonia Cardoso Nascimento
Maria Eunice Ferreira Damasceno Pereira
Maria do Socorro Sousa de Araújo
Salviana de Maria Pastor Santos Sousa
Valéria Ferreira Santos de Almada Lima

Para complementar a pesquisa empírica desenvolvida em 18 municípios dos Estados do Pará, Maranhão e Ceará, no bojo do projeto *Avaliando a Implementação do Sistema Único de Assistência Social na Região Norte e Nordeste: significado do SUAS para o enfrentamento à pobreza nas regiões mais pobres do Brasil*, optou-se por situar a pesquisa no atual contexto econômico, político e social, considerando o desmonte de direitos e as contrarreformas em curso. Para isso, foram realizadas entrevistas com os gestores dos três Estados (Pará, Maranhão e Ceará) e os gestores municipais das três capitais que integram a amostra da pesquisa empírica (Belém, São Luís e Fortaleza). Foram levantados depoimentos de sujeitos nacionais, estudiosos e usuários engajados na Política. Com esses sujeitos, procurou-se identificar possíveis rebatimentos da conjuntura brasileira recente na Política de Assistência Social e na implementação do SUAS. Foram ainda levantadas produções documentais e bibliográficas elaboradas sobre a situação recente da Política de Assistência Social no Brasil. Portanto, o presente texto tem como foco a PAS e o SUAS, situados no contexto socioeconômico e político 2016-2018, propondo-se a analisar e problematizar o desmonte do maior Sistema não contributivo da América Latina direcionado à população pobre.

O texto é estruturado em quatro itens. No primeiro, procura-se situar a Política de Assistência Social no contexto socioeconômico e político do Golpe 2016 e seus desdobramentos, seguindo-se de uma análise e problematização do desenvolvimento histórico da Política de Assistência Social e a construção e desconstrução do SUAS. Segue apresentando reflexões a partir da literatura recente sobre a Política de Assistência Social e a visão de gestores e usuários sobre a Política e o SUAS. Por último, são apresentadas algumas reflexões a título de conclusão.

7.1 A Política de Assistência Social no contexto socioeconômico e político do Golpe 2016 e seus desdobramentos

A Política de Assistência Social, juntamente com a Política de Saúde e a Previdência Social compõem a Seguridade Social instituída na Constituição Federal de 1988, cuja primeira regulamentação infrainstitucional foi a Lei n. 8.742/1993, LOAS, atualizada pela Lei n. 12.436, de 6 de julho de 2011. Esse referencial legal é complementado pela PNAS, aprovada pelo Conselho Nacional de Assistência Social em 2004. A expressão maior da PNAS foi a criação, em 2005, do SUAS que se orienta pelas NOB/SUAS 2012, enquanto instrumentos políticos e normativos que inserem a Política de Assistência Social no campo da Política Pública para garantia de direitos.

Tem-se clareza de que a construção do SUAS vem se fazendo não por um processo linear, mas por um movimento dialético, de avanços, recuos, limites, possibilidades e contradições (Couto *et al.*, 2017). Nesse processo, a Assistência Social ampliou seu protagonismo, conquistando reconhecimento público e legitimando as demandas de seus usuários, procurando transformar medidas e ações assistenciais em direitos, cabendo ao Estado a responsabilidade de proteção social não contributiva para os que dela necessitarem. Institui-se um processo que demanda a integração do econômico com o social. Procura-se construir um novo desenho institucional, realçando a importância da participação da população no processo de implementação da Política.

Criam-se Conselhos Municipais, Estaduais e Nacional, enquanto instâncias de participação responsáveis por aprovar a Política de Assistência Social, a proposta orçamentária para a área, normatizar as ações e regular a prestação de serviços de natureza pública e privada no campo da Assistência Social nas três esferas de governo. Responsabilizam-se pela realização das Conferências de Assistência Social, a cada dois anos, espaços de avaliação e de proposição para aperfeiçoamento da Política. Com essa prerrogativa, na IV Conferência

Nacional de Assistência Social, realizada em dezembro de 2003, em Brasília, foi aprovada pelo CNAS a Política Nacional de Assistência Social, em vigência, abrindo-se espaço para estruturação do SUAS, criado em 2005, enquanto Sistema responsável pela implementação da Política nos 5.570 municípios brasileiros.

Tem-se o SUAS composto por serviços, programas, projetos e benefícios, implementados diretamente ou por convênios com organizações sem fins lucrativos, por órgãos e instituições públicas federais, estaduais e municipais da administração direta e indireta e das fundações mantidas pelo poder público.

Em 2018, no Brasil, o total de CRAS era de 8.360; de CREAS, 2.664 e de Centros POP era de 226 (Brasil, 2018).

Os avanços na construção do SUAS vêm sofrendo profundo retrocesso desde 2016, num contexto de desmonte do Sistema de Proteção Social brasileiro, cuja expressão mais perversa é a destituição de direitos sociais historicamente conquistados por lutas sociais dos trabalhadores. Inaugura-se um contexto conservador, de acirramento do neoliberalismo, no qual a Política de Assistência Social, política não contributiva, direcionada aos pobres, é amplamente atingida e os pobres são criminalizados e responsabilizados pela sua situação de pobreza e por possíveis desvios na implementação dos programas sociais a eles destinados.

Por conseguinte, a atualidade da Política de Assistência Social precisa ser analisada e problematizada situada no contexto da realidade socioeconômica e política que marca o Brasil a partir do golpe de 2016, culminando com aprovação pelo Congresso Nacional do *impeachment* da presidenta Dilma Rousseff, eleita para um segundo mandato, sendo a presidência da República assumida pelo vice-presidente, Michel Temer, do então Partido do Movimento Democrático Brasileiro (PMDB). Institui-se, uma conjuntura marcada por um projeto conservador que vem desestruturando os avanços, sobretudo no campo social, considerados causa do declínio econômico do país, com expressivo crescimento do déficit público e queda significativa da taxa de crescimento do PIB.

Nesse contexto, o Estado brasileiro torna-se:

[...] conservador e autoritário, profundamente submetido aos interesses do capitalismo financeiro internacional, com verdadeiro desrespeito a princípios democráticos que vinham regendo a sociedade brasileira, cuja consequência de maior destaque é um amplo retrocesso dos direitos sociais e trabalhistas, além de desativação e redução de programas sociais relevantes para a população pobre (Silva; Lima, 2017, p. 15).

Consolida-se um "[...] contexto de espoliação das riquezas nacionais e de intensificação da superexploração da força de trabalho, sendo o Fundo Público prioritariamente destinado ao pagamento dos serviços da dívida interna e para apoiar demandas e projetos de interesse do capital" (Silva; Lima, 2017, p. 15). Impõe-se um projeto societário, cujo objetivo foi romper com um pacto de conciliação de classes, instituído pelos governos petistas de Lula e Dilma (2003-2016).

Na verdade, assiste-se à vitória de um projeto conservador que passou a pôr em xeque importantes avanços experimentados pelo país, sobretudo na esfera social, ao longo da primeira década de 2000, que resultaram na melhoria significativa de indicadores relacionados ao mercado de trabalho, à pobreza e à desigualdade. Isso porque a esses avanços são considerados as principais causas do agravamento do déficit público, da aceleração da inflação e da queda significativa da taxa de crescimento do PIB, regredindo de 2,7% para 0,1% entre 2013 e 2014, atingindo os índices negativos de 3,8% em 2015 e 3,6% em 2016 (Instituto Brasileiro de Geografia e Estatística, 2015b; Instituto Maranhense de Estudos Socioeconômicos e Cartográficos, 2017).

Quanto aos rebatimentos de tal contexto sobre o mercado de trabalho, Lima, Anchieta Júnior e Sousa (2015) destacam que, em que pese à resiliência da taxa de desocupação em patamares historicamente baixos, pelo menos até o final de 2014, a Pesquisa Mensal de Emprego (PME) estimou uma taxa de desocupação, nas seis principais regiões metropolitanas brasileiras, de 6,0% nos primeiros quatro meses de 2015, contra 5,0% nos primeiros quatro meses de 2014 (média das estimativas mensais de janeiro a abril) (Instituto Brasileiro de Geografia e Estatística, 2015a). De acordo com a PNAD Contínua, que tem abrangência maior que a PME, na passagem do último trimestre de 2014 para o 1º trimestre de 2015, a taxa de desocupação deu um salto de 6,5% para 7,9% (Instituto Brasileiro de Geografia e Estatística, 2015b). Em termos médios, segundo a PNAD Contínua, a taxa de desocupação registrada no Brasil no ano de 2015 foi de 8,5%.

Já como resultado do aprofundamento da crise política e econômica brasileira, a trajetória ascendente da taxa de desocupação se acentuou no Brasil em 2016, alcançando a média de 11,5% (Lima; Moraes; Silva, 2017).

Em 2017, em que pese à retomada do crescimento do PIB e, embora os dados mais recentes da PNAD Contínua trimestral apontem um movimento de queda na taxa de desocupação no segundo e no terceiro trimestre de 2017, na média do ano, a taxa ainda permaneceu elevada, alcançando o maior nível da série iniciada em 2012, saltando de 8,5%, em 2015, para 13,1% em 2017 (Instituto Brasileiro de Geografia e Estatística, 2017a).

Nesse contexto, mesmo quando começa a ser preconizado o fim da recessão em 2017, com o crescimento do PIB de 1%, a PNAD Contínua, divulgada em março de 2018, aponta uma taxa de desocupação de 13,1%, com um crescimento de 1,3% de janeiro a março de 2018 e, se considerada em relação ao trimestre de outubro a dezembro de 2017, a população ocupada caiu 1,7%, enquanto a taxa de desemprego subiu, no mesmo período, de 11,8% para 13,7% e o número de empregados com carteira assinada caiu 1,2%.

Na verdade, no Brasil, o número de empregos com carteira assinada no setor privado vem recuando desde 2015 e na comparação entre o segundo trimestre de 2018 e o mesmo trimestre do ano anterior o recuo foi de 1,5%. Em contrapartida, comparando-se os mesmos períodos, o número de trabalhadores sem carteira aumentou em 3,4% (Instituto Brasileiro de Geografia e Estatística, 2018a)

Centrando o foco nos indicadores de pobreza extrema, o Brasil encerrou o ano de 2016 com 24,8 milhões de brasileiros vivendo com renda inferior a 1/4 do salário mínimo por mês, o equivalente a R$ 220,00. O resultado representa um aumento de 53% na comparação com 2014, quando teve início a crise econômica no país. Isso significa que 12,1% da população do país passaram a viver na miséria, conforme aponta a Síntese de Indicadores Sociais (SIS) divulgada pelo IBGE (2017b).

Considerando a linha de extrema pobreza global, entre 2016 e 2017, aumentou o percentual de pessoas com rendimento domiciliar *per capita* inferior a US$ 1,90 por dia (ou cerca de R$ 140,00 mensais em valores de 2017). No País, em 2016 havia 6,6% da população abaixo desta linha, valor que chegou a 7,4% em 2017 (compreendendo mais de 15 milhões de pessoas). O crescimento do percentual de pessoas abaixo dessa linha aumentou em todas as regiões, com exceção da Região Norte, onde se manteve estável. Da mesma forma, a linha de US$ 3,20 (cerca de R$ 236,00 mensais) mostrou crescimento, classificando 13,3% da população na pobreza, em 2017, (diante de 12,8% em 2016), com crescimento acentuado na Região Nordeste.

No Brasil, em relação à medida de US$ 5,50 PPC diários, 26,5% da população, ou quase 55 milhões de pessoas, viviam com rendimento inferior a esta linha em 2017 (cerca de R$ 406,00 mensais), diante de 25,7% da população em 2016, sendo que a maior parte dessas pessoas (mais de 25 milhões) estava na Região Nordeste (Instituto Brasileiro de Geografia e Estatística, 2018b).

Nesse contexto, segundo o discurso oficial, a solução para a crise econômica exigiria necessariamente o aprofundamento do ajuste fiscal, já iniciado no segundo mandato da presidenta Dilma Rousseff, mediante rigorosos cortes de recursos, especialmente na área social, e a aprovação de reformas nos campos trabalhista e previdenciário de cunho extremamente regressivo do ponto de vista da classe trabalhadora. Tal ajuste, entretanto, não coloca em questão o mau uso dos recursos e pagamentos de juros sobre a dívida pública, que alcançaram, segundo Pochmann[1], cerca de 8,5% do PIB em 2015, ante 5,7%

---

1. Entrevista concedida ao *Boletim do Observatório Social e do Trabalho*, ano 6, n. 2.

em 2014, além dos desperdícios em subsídios e desonerações para setores privilegiados. Ademais, nem sequer tangencia a necessidade de reforma do sistema tributário brasileiro, extremamente regressivo, cuja carga de impostos, taxas e contribuições termina favorecendo os ricos em detrimento dos pobres (Pochmann, 2017).

No bojo do rigoroso ajuste fiscal implementado pelo governo Temer, foi aprovada a Proposta de Emenda à Constituição nº 95 de 2016, denominada de PEC do Teto dos Gastos Públicos, a qual institui o Novo Regime Fiscal no âmbito dos Orçamentos Fiscal e da Seguridade Social da União, a vigorar por vinte exercícios financeiros.

Ademais, nesse contexto de crise, com rebatimentos negativos sobre o mercado de trabalho brasileiro, reascende-se o debate em torno da necessidade de flexibilização das relações de trabalho, culminando com a aprovação pela Câmara de Deputados e sanção pelo Presidente da República da Lei n. 13.429, de 31 de março de 2017. Essa Lei amplia e flexibiliza ainda mais as possibilidades de terceirização e de contratação de trabalho temporário, a qual certamente imporá mudanças marcantes e regressivas na estrutura do mercado de trabalho brasileiro.

Para complementar o pacote de medidas regressivas, foi aprovada pelo Congresso Nacional uma proposta de reforma trabalhista, extremamente regressiva do ponto de vista da classe trabalhadora, cuja principal orientação é o predomínio do negociado sobre o legislado em matéria de direitos trabalhistas. Ademais, vinha sendo proposta uma reforma da Previdência Social com forte ataque a importantes direitos duramente conquistados pela classe trabalhadora. Essa proposta foi tirada de pauta em razão de intensa pressão dos trabalhadores e dos movimentos organizados. Todavia, esse contexto de restrição e de desmonte pode ser aprofundado no âmbito do governo Bolsonaro, iniciado em janeiro de 2019, cujas marcas se expressam por três vetores: acirramento do neoliberalismo; nacionalismo autoritário e fundamentalismo moral e religioso (Carvalho, 2018), sendo prioridades absolutas uma profunda reforma da Previdência e a privatização e venda das riquezas nacionais. Onde o trabalho e o pobre perdem ainda mais espaço.

Tais tendências aqui analisadas, resultantes do atual contexto de crise econômica e política, seguramente têm impactado a implementação da Política de Assistência Social, na medida em que repercutem na ampliação das demandas da população alvo desta Política — em um contexto político e econômico de forte pressão por cortes de recursos destinados a este fim, e nas próprias condições de trabalho das equipes profissionais envolvidas na implementação da Política de Assistência Social, constituindo-se, portanto, tais impactos no foco central de análise do presente texto.

7.2 Incursão histórica e atualidade da Política de Assistência Social

No contexto brasileiro da segunda década do século XXI, de nítida regressão social, em meio às reconfigurações do Estado, a assumir um caráter conservador e autoritário, nos marcos de diretrizes ultraneoliberais, afirma-se a exigência histórica de uma discussão crítica do desmonte da Política de Assistência Social, no âmbito da Seguridade Social. Nessa perspectiva é preciso, no cenário de três anos do Golpe de 2016, avaliar o espectro de tal desmonte e seus significados sociopolíticos na vida brasileira, considerando, justamente, que nos treze anos de governos petistas (2003 a 2016), a Política de Assistência Social foi uma das que mais materializou avanços e conquistas em suas configurações institucionais e no desenvolvimento do trabalho socioassistencial. Um marco decisivo é a implementação do SUAS, criado em 2005 e reafirmado em 2011, mediante o sancionamento de Lei n. 12.435/2011.

Para circunscrever o processo de construção, desenvolvimento e desconstrução da Política de Assistência Social e do SUAS, a referência encontra-se em Castro (apud Carvalho, 2016)[2] que considera o processo

---

2. Entrevista de Ieda Castro em 11 de agosto de 2016, concedida a Alba Pinho de Carvalho.

de desenvolvimento do SUAS, mediante a indicação de dois ciclos. O primeiro vai de 2005, ano de sua criação, a 2011, quando ocorreu a reformulação da LOAS. O segundo ciclo é situado de 2012 a 2016, considerado período de consolidação do Sistema, o qual foi interrompido em maio de 2016, com o *golpe institucional* do governo Temer.

No primeiro ciclo são formuladas categorias de referência e normas legais para fundamentar a Política de Assistência Social, enquanto política pública de construção de direitos, com destaque às NOB/SUAS e a NOB RH. Ocorreu ainda a tipificação para padronizar e orientar a implementação dos serviços em todo o território nacional.

Para Castro (apud Carvalho, 2016), a construção do SUAS é produto de ação de vários sujeitos sociais: sociedade, academia, segmentos de profissionais, Conselho Nacional, Conselhos Estaduais e Conselhos Municipais, com pactuação do Governo Federal com Estados, Distrito Federal, municípios e a sociedade. Foi esse um processo de construção do marco legal e institucional e de busca de legitimidade social, de avanço qualitativo e quantitativo, na busca de superação do não direito que marcou a história da Assistência Social no Brasil para construção de uma política pública de direito para inclusão na universalidade da proteção social.

Esse foi um processo que, para Castro (*apud* Carvalho, 2016), foi favorecido por um ambiente democrático de gestão dos governos Lula e Dilma (2003-2014) que permitiu uma dinâmica de disputa da Assistência Social no âmbito institucional do governo, envolvendo a atuação de militantes, alguns ocupando cargos na condução da Política, em nível nacional.

No período 2011 a 2015, ainda segundo Castro (*apud* Carvalho, 2016), tem-se um segundo ciclo no desenvolvimento da PAS, expresso pela consolidação do SUAS. É um momento de redimensionamento e correção do processo em curso, sendo visualizada a necessidade de ressignificação ou reedição de alguns conceitos, tais como: território, vulnerabilidade, família e usuário. Foram também incluídos outros conceitos, com especial destaque ao conceito de classes sociais, como referência de análise da categoria usuários. Foi ainda apontada a necessidade de concursos públicos, qualificação e educação permanente e inclusão do planejamento, com a adoção dos planos decenais. A centralidade do período é atribuída à X Conferência Nacional da Assistência Social, realizada em 2015, cujo tema foi *O Suas que temos, o Suas que queremos*. Igualmente importante no âmbito do segundo ciclo mencionado foi a inclusão na dinâmica do SUAS do usuário, sujeito que passa a assumir relevante participação nas conferências da Política de Assistência Social, registrando-se também o surgimento e atuação de Fóruns Estaduais e Municipais de Usuários em quase todos os municípios, enquanto expressão da força alcançada pelo movimento organizado da população em situação de rua.

O processo de avanço na construção do SUAS foi abruptamente interrompido em maio de 2016, no contexto de profundas mudanças na conjuntura econômica e política do Brasil, iniciando-se um processo de desconstrução de um Sistema de Proteção Social que avançava desde a Constituição Federal de 2008. Passa a se registrar um desmonte sem precedentes de direitos sociais, conquistados nas lutas sociais dos trabalhadores. Dá-se uma interrupção de um processo exitoso na construção de uma contracultura de substituição do não direito pelo direito.

De forma incontestável, o Golpe de 2016 constitui um ponto de inflexão na consolidação do Sistema de Seguridade Social Brasileira, interrompendo, de maneira brusca e autoritária, processos de avanços democráticos nas Políticas de Saúde, de Previdência Social e de Assistência Social. São desmontes em curso, a comprometer o Sistema de Proteção Social Pública, com repercussões drásticas nas políticas específicas constituintes deste Sistema: reduz a base de financiamento da Seguridade Social; restringe a abrangência de benefícios socioassistenciais; restabelece o poder federal centralizado, atropelando o pacto federativo.

Ao enfocar especificamente a Política de Assistência Social, pode-se bem esboçar uma *cartografia do seu desmonte*, a partir de sinais de inflexão em eixos constitutivos desta Política, quais sejam: concepção e conceitos fundantes; gestão de Assistência Social Pública; Financiamento Público; Controle Social Democrático. (Castro *apud* Carvalho, 2016)[3]. De fato, é esta uma agenda de investigação e discussão que se delineia na análise das configurações atuais da Política de Assistência Social.

Cabe adentrar, especificamente, nas inflexões no âmbito de concepção e conceitos fundantes, processualmente gestados ao longo de mais de três décadas, com base em um Movimento Social pela construção da Assistência Social como Política Pública de Estado e consubstanciados na LOAS e nas formulações da própria Política. Tais inflexões conceituais tornam-se, cada vez mais evidentes, nas reconfigurações da Política de Assistência Social, nesses mais de três anos de implosão da CF de 1988 e do próprio Estado de Direito. Senão vejamos: rejeição do *status* de direito e reincremento de concepções de indigência; secundarização das necessidades sociais básicas, submetidas às regras do mercado; retorno da abordagem da questão social como questão de preservação da ordem e questão de polícia; criminalização da pobreza, com ênfase nas chamadas *operações pente-fino* (Castro *apud* Carvalho, 2016)[4].

As inflexões do planejamento público materializam-se, de forma drástica, no subfinanciamento do SUAS, alterando conquistas na perspectiva de Assistência Social como Política de Estado, merecendo destaque: o contingenciamento no orçamento da Assistência Social; mudança nas regras do cofinanciamento federal, adotando-se o critério da meritocracia para as transferências dos recursos federais aos municípios, agora, condicionadas ao bom desempenho das gestões municipais; retorno de emendas parlamentares carimbadas para entidades filantrópicas. (Informação verbal)[5]. Em verdade, tais inflexões configuram uma regressão de décadas, desmontando avanços e conquistas!

---

3. Entrevista de Ieda Castro em 11 de agosto de 2016, concedida a Alba Pinho de Carvalho.
4. Entrevista de Ieda Castro em 11 de agosto de 2016, concedida a Alba Pinho de Carvalho.
5. Entrevista de Ieda Castro em 11 de agosto de 2016, concedida a Alba Pinho de Carvalho.

Para comandar esta cartografia de desmontes, a Secretaria Nacional de Assistência Social é assumida por uma intelectual orgânica do Partido da Social Democracia Brasileira (PSDB), numa conjuntura marcada pelo conservadorismo fundado no neoliberalismo radical, instituindo as condições para construção de um projeto de assistência social orientado pelo focalismo e a incriminação dos pobres.

O mérito substitui o direito. Institui-se um espaço de radicalização, orientado pela fiscalização dos sujeitos usuários dos programas sociais e pela culpabilização dos pobres, considerados potencialmente transgressores, transformando-os de cidadão em devedor.

Emerge uma conjuntura de confronto entre dois projetos de proteção social, referenciados em diferentes concepções de pobreza e de proteção social. De um lado, um projeto conservador, meritocrático, descontextualizado, focalista e pontual, que restabelece a velha *porta de saída*, individualizando e descontextualizando o fenômeno da pobreza de suas determinações estruturais. De outro lado, tem-se a contraposição de um projeto progressista, orientado pelo direito de todos à proteção social sob a responsabilidade do Estado, orientado por uma concepção de pobreza produto da determinação estrutural, cujo foco é a consolidação da Assistência Social enquanto política de direito de natureza não contributiva.

O exposto sugere que o desmonte de direitos e do SUAS não decorre essencialmente da decantada crise fiscal do Estado brasileiro, mas, sobretudo, da adoção de um projeto conservador que passa a explicar e a justificar um projeto extremamente liberal, focalizador e residual para o enfrentamento da pobreza no Brasil. Constitui-se um Estado penal para a população mais pobre, cuja consequência é o aprofundamento da desigualdade e da pobreza, com retorno do Brasil ao Mapa da Fome, com elevação do desemprego e do trabalho instável, precarizado e mal remunerado. Constrói-se um modelo de proteção social focado em programas pontuais; no voluntarismo e no fisiologismo político que alimentam o patrimonialismo e impõem postura residual nas ações do Estado (Silveira, 2017), com consequente ameaça à desestruturação da Seguridades Social, agravada pela drástica redução de recursos para financiamento do SUAS no orçamento de 2018 e 2019.

Tem-se então uma realidade de agravamento da situação anterior a 2018, quando a disponibilidade de recursos para a Política de Assistência Social já vinha sendo comprometida. Silveira (2017) lembra que o orçamento de 2015 só foi aprovado em agosto daquele ano, e que a Política ficou 18 meses sem liberação de recursos para transferências mês a mês. Essa situação institui um processo de desfinanciamento público da Assistência Social, sendo mantidos somente os recursos destinados aos dois principais benefícios, BF e BPC, enquanto despesas obrigatórias, com redução da cobertura dos serviços ofertados.

A situação foi atenuada porque em 2011 foi instituído o Brasil Sem Miséria, com atribuição de novos recursos para atender novos serviços que foram implementados, com destaque ao busca ativa; elevação do valor do PAIF, com extensão dos serviços à população de rua; melhoria dos serviços de atendimento de média complexidade; inclusão do combate a drogas, com a campanha *Crack: é possível vencer*.

Mesmo com as restrições orçamentária indicadas, Márcia Lopes (2018) informa, em depoimento aos pesquisadores do projeto, que o orçamento do MDS era de 8 bilhões, em 2003; em 2010, era de 42 bilhões e, em 2016, eram 84 bilhões. Foi um crescimento nunca visto antes, tanto para benefícios, quanto para os serviços socioassistenciais, lembrando que incluía a área de Segurança Alimentar e Nutricional.

O impacto dessa conjuntara se expressa mais drasticamente com o anúncio do orçamento para 2018 pela Secretária Nacional da Assistência Social, Maria do Carmo Brant de Carvalho, em reunião da CIT no dia 06/09/2017, decretando, praticamente, o desmonte do SUAS, desconsiderando mais de 30 milhões de famílias referenciadas nos mais de 8 mil CRAS; mais de 70 mil pessoas acolhidas e protegidas por uma rede estatal e complementada por organizações de assistência social, deixando milhares de pessoas atendidas diariamente sem proteção. Em relação aos benefícios, são desconsiderados mais de 4,4 milhões de beneficiários do BPC e mais de 13 milhões de famílias atendidas pelo

Bolsa Família, com previsão de corte de 11% nos recursos destinados a esse programa (Silveira, 2017)

Por conseguinte, a proposta orçamentária do governo Temer ignora que, desde 2004, o orçamento da Assistência Social seguia uma trajetória ascendente e convergente com as propostas do CNAS, que para 2018 aprovou uma Proposta Orçamentária para a Assistência Social, mediante a Resolução n. 12 de 09/07/2017, no valor de R$ 59.070.067.715,00, sendo R$ 59.030.613.508,00 para o Fundo Nacional de Assistência Social (FNAS) e R$ 38.454.207,00 para a Administração Direta, sob gestão da Secretaria Nacional de Assistência Social.

A proposta orçamentária do Ministério do Planejamento chegou a representar um corte de até 99% em alguns serviços. A redução nos serviços de proteção social básica, desenvolvidos pelos CRAS, foi de 99,96%, passando de 2 bilhões para 800 milhões. Para o ACESSUAS, programa de acesso ao mundo do trabalho, foi proposta uma redução de 99%. Os serviços de proteção de média complexidade, desenvolvidos pelos CREAS para atendimento de populações em situação de risco, tiveram uma previsão de corte de 99,9%. Para os serviços de atendimento institucional para crianças, foi previsto um corte de 99,8% no orçamento e o Bolsa Família sofreu uma redução de 29 para 26 bilhões. No entanto, o Programa Criança Feliz, criado no governo Temer, ganhou mais centralidade do que o próprio SUAS, com orçamento para 2018 de 1 milhão de reais, superior aos recursos destinados aos CRAS, R$ 800 mil.

Este perverso desmonte do financiamento público da Política de Assistência Social é uma expressão particular do desmonte da Proteção Social Pública, regido pela lógica da cidadania, no âmbito da construção do Estado Democrático de Direito. No *Brasil do presente*, o Estado está submetido à lógica do financismo, sob a égide do ajuste fiscal e das chamadas *políticas de austeridade*, transformados em ideologia.

Diante de pressões de conselhos e fóruns em defesa do SUAS, o governo recuou na segunda proposta enviada ao Legislativo, incluindo alguns recursos mínimos em relação à proposta do CNAS.

Mesmo assim, registraram-se ainda significativas perdas na nova versão da Proposta Orçamentária do Ministério do Planejamento, de modo que a recomposição, do orçamento de 2018 manteve-se 30% menor do que o proposto pelo CNAS. O BPC para pessoas idosas perdeu R$ 410,00 milhões e o BPC para pessoas com deficiências perdeu R$ 495 milhões; com R$ 1.148 bilhão previstos para o Serviço de PSB, a redução ainda foi de 56% em relação ao indicado pelo CNAS e, com a previsão de R$ 299 milhões para o Serviço de PSE de Média Complexidade a perda foi de 44% (Menezes, 2017). Para o orçamento/2019 para o MDS, está previsto o valor de 60 bilhões, ou seja, 24 bilhões a menos que o de 2016.

Mesmo nesse contexto de desmonte e de repressão de manifestações, registra-se a eclosão de movimentos de resistência e de defesa do SUAS por todo o país. Tem-se a organização e articulação de frentes e fóruns com significativa atuação em todo território nacional, tais como: a Frente Nacional em Defesa do SUAS e da Seguridade Social, propondo-se a contribuir para reverter, de forma unificada em todo país, os ataques do governo Temer; Fórum Nacional de Usuários do SUAS, que também se propõe a fomentar a articulação política, o empoderamento, monitoramento, o controle social e representar o coletivo dos/as usuários/as nas instâncias de discussão, deliberação, pactuação, controle e gestão nacional do SUAS; Fórum Nacional de Trabalhadores e Trabalhadoras do SUAS, que se propõe a articular a força de trabalho do SUAS com os demais segmentos de trabalhadores.

Nesse contexto de resistência, vêm ocorrendo eventos de diversas naturezas, representações em comissões oficiais e de categorias profissionais, audiências públicas comunitárias, manifestações nas redes sociais e mídias. Na construção do processo de resistência, é significativo registrar, sob a coordenação da Frente Nacional em defesa do SUAS e da Seguridade Social, a realização do Encontro Nacional em Defesa do SUAS, em Brasília, em dezembro de 2017, antecedendo a XI Conferência Nacional de Assistência Social. Esse evento reuniu pesquisadores, intelectuais, gestores, conselheiros, usuários, trabalhadores do SUAS e alguns delegados da Conferência Nacional, provenientes de 26 Estados do Brasil. A pauta incluiu debates sobre a conjuntura, as últimas medidas do governo, a atuação das instâncias do SUAS, análise dos documentos e dos resultados das conferências municipais e estaduais. Como produto desse Encontro, foi elaborada uma Agenda de Lutas a ser implementada pelo conjunto das entidades e grupos mobilizados em defesa do SUAS.

No âmbito das resistências em curso, convém mencionar, ainda, o Blog Mais SUAS para brasileiros[6], espaço de divulgação da resistência contra o desmonte do SUAS e da Seguridade Social, formulando e divulgando uma pauta comum de reflexões, problematizações e propostas de ação e reação para impedir o retrocesso imposto ao SUAS.

Enquanto reações, registra-se que no dia 22 de maio de 2018 foi instalada a Comissão Especial para analisar a PEC nº 383 de 2017, que destina 1% da receita corrente líquida da União para o financiamento do SUAS.

Em resumo, o exposto evidencia o confronto de dois projetos de Proteção Social para o Brasil pós-golpe de 2016. Um Projeto de Proteção Social referenciado na universalização, com inclusão enquanto direito de todos, defendido por segmentos representativos dos sujeitos sociais que, historicamente, vêm construindo o SUAS. Outro Projeto de Proteção Social conservador, ultraliberal e focalizado, voltado para o desmonte da Seguridade Social, expressando uma opção política assentada no descaso com a realidade de pobreza crescente no País, com culpabilização e criminalização dos pobres.

Em verdade, no campo da Proteção Social Brasileira materializam-se embates deste momento singular da luta de classes no Brasil, a exigir lucidez analítica para a necessária compreensão da História, ora em curso, e capacidade política de mobilização e organização para tencionar e confrontar com os interesses dessa sociedade do capital submetida à loucura da razão econômica, nessa segunda metade do século XXI, como nos alerta David Harvey (2018).

---

6. Disponível em: www.maissuas.org. Acesso em: 8 mar. 2018.

Mais do que nunca, precisamos encarnar a lição de Antonio Gramsci: *pessimismo da razão e otimismo da vontade!*... Em outras palavras: exercer o pessimismo da racionalidade na análise crítica do contexto brasileiro, nesse momento de ofensiva do capital, de guerra de ricos contra pobres, mas, junto com essa racionalidade crítica, encarnar o otimismo da paixão política de construir uma sociedade democrática, justa, para além das formas de domínio do capital e de todos os modos de discriminações, violências e exclusões.

7.3 O que diz a literatura recente sobre a Política de Assistência Social no contexto do Golpe de 2016

Tomando por referência levantamento documental e bibliográfico, já mencionado, é possível pontuar algumas análises e considerações emitidas pelos autores, destacando, de modo breve e objetivo, as ideias centrais contidas nos textos analisados, num esforço de reflexão acerca do movimento de inflexão na Política de Assistência Social e no SUAS, na conjuntura brasileira pós-golpe 2016.

A esse respeito, Granemann (2016, p. 173) afirma que:

> A razão para tão vulgar ataque reside na necessidade dos grandes capitais em operar uma nova partilha do fundo público que lhes permita, simultaneamente, o enfrentamento da crise e a abertura de novos espaços de inversão de seus capitais.

Ou seja, a saída para a *crise fiscal* do Estado brasileiro, conforme discurso oficial, é desenvolver um programa de redução de gastos, especificamente dos recursos destinados à classe trabalhadora. Isso significa cortes de direitos do trabalhador, incluindo-se aqueles vinculados à proteção social.

Dentre as políticas sociais em processo de desmonte ou ameaças, no Brasil, Silveira considera que a Política de Assistência Social está em risco com evidentes retrocessos que ameaçam as bases de sustentação do SUAS. A autora ressalta que o cenário atual revela tendências regressivas explícitas ou ocultadas nas narrativas que demarcam fragilidades do Sistema, tais como: dificuldades inerentes à execução de recursos repassados para os municípios pelo FNAS e pela ausência de padrões relativos aos custos dos serviços. Essas são justificativas utilizadas pelo governo federal "[...] para a cristalização da agenda no SUAS, especialmente na expansão do financiamento e dos serviços, inclusive os tipificados, mas não cofinanciados" (Silveira, 2017, p. 488).

Considerando o processo de desenvolvimento do SUAS, como mencionado anteriormente, Castro (*apud* Carvalho, 2016)[7] destaca dois ciclos: o primeiro que se inicia em 2005, quando da sua criação, e se estende até 2011, ano de reformulação da LOAS; e um segundo ciclo, que se inicia em 2012 e se estende até 2016, quando o processo, rumo à consolidação do Sistema, é interrompido com a implementação do golpe institucional e início do governo Temer.

Silva (2017) destaca que os avanços alcançados nesses dois ciclos de construção do SUAS no Brasil encontram-se, desde 2016, em retrocesso decorrente da instalação de um golpe institucional midiático e jurídico, cuja expressão mais cruel é o avanço ostensivo de contrarreformas neoliberais consubstanciadas na retirada de direitos sociais conquistados por meio da luta e organização da classe trabalhadora, acarretando no desmonte do Sistema de Proteção Social, ainda em construção. Ressalta que nesse contexto a PAS é atingida com mais intensidade enquanto política direcionada ao enfrentamento da pobreza.

Referindo-se à conjuntura atual, Silveira (2017, p. 501) ressalta algumas medidas neoliberais e seus impactos nas bases estruturantes do SUAS:

> Aprovação da lei de Diretrizes Orçamentárias com base no executado de 2016, o que implicou a redução de recursos para 2017; congelamento de recursos pelos próximos vinte anos, com a aprovação do Novo Regime

---

7. Entrevista de Ieda Castro em 11 de agosto de 2016, concedida a Alba Pinho de Carvalho.

Fiscal (PEC n. 55) e implantação do Programa Criança Feliz, definido pelo Conselho Nacional de Assistência Social como Primeira Infância no Suas (Resolução n. 20, de 24 de novembro de 216), sem discussão coletiva e aprofundada nas instâncias do Suas, e aprovação no mês seguinte ao decreto que cria o referido programa.

O governo utiliza também como argumento a "[...] impossibilidade de reversão das reformas em curso e do congelamento dos recursos" (Silveira, 2017, p. 502). Desse modo, a ênfase é *fazer mais com menos*, cujo enfoque gerencial restringe a agenda SUAS à busca de resultados e de eficácia, em detrimento da consolidação de um Sistema que vinha se estruturando em direção a condições efetivas para contribuir para o enfrentamento à pobreza.

A partir da análise do contexto socioeconômico e político do golpe 2016, Silva (2017) enfatiza que a opção do governo Temer por um projeto conservador, orientado pelo desmonte dos direitos sociais e desestruturação da Seguridade Social no Brasil é complementado pelas ações para redefinição do orçamento público para a PAS, como a PEC n. 241/2016, posteriormente denominada Emenda Constitucional n. 95, que instituiu, de forma arbitrária, um Novo Regime Fiscal (NRF) para a União pelos próximos vinte anos e estabeleceu limites para as despesas primárias, destinadas a cada um dos poderes, de maneira que o crescimento anual dos gastos não pode ultrapassar a taxa de inflação de 2016. O NRF instituído no governo Temer inviabiliza, portanto, a vinculação dos recursos para as políticas sociais, conforme estabelecido na Constituição Federal de 1988, visto que impõe o congelamento das despesas primárias com exceção de gastos com o pagamento de juros da dívida. Silva (2017) ainda destaca que, nesse contexto, a previsão de recursos orçamentários para a Política, já em 2018, compromete os avanços adquiridos na diminuição da pobreza e na manutenção e oferta de novos serviços socioassistenciais, impondo, dessa forma, uma descontinuidade na garantia dos serviços socioassistenciais ofertados. Nesse contexto, a autora afirma que o SUAS está em processo de desconstrução ou em risco de interrupção, situando-se em contraposição da agenda de expansão de recursos proposta pelo II Plano Decenal de Assistência Social.

É nesse contexto contrarreformista e conservador que Programas como o Criança Feliz assumem centralidade. Para Silveira (2017, p. 488), num contexto de contrarreformas, tais programas podem "[...] se sobrepor, como programa de governo, ao próprio sistema estatal, embora os programas na assistência social sejam complementares a serviços e benefícios". A autora continua assinalando que "[...] essa sobreposição se revela na hegemonização de uma concepção tecnicista de gestão pública, centrada nos resultados e na lógica da extrema focalização [...]" (Silveira, 2017, p. 488), ou seja, uma lógica que opera a seletividade e a fragmentação na contramão da universalidade.

Conforme assevera Silveira (2018, p. 1), referindo-se ainda ao Programa Criança Feliz:

> A política social do governo Temer é menor que mínima, nada republicana e irrelevante de qualquer ponto de vista de análise: o Programa Criança Feliz, acompanhado de ações "voluntaristas", descontínuas e pontuais, em detrimento do Sistema Único de Assistência Social e políticas específicas de defesa e promoção de direitos humanos.

As tendências identificadas, ao mesmo tempo que fragilizam o SUAS, enquanto sistema de gestão da PAS, têm impulsionado o enfrentamento e a resistência pela não adesão ao Programa Criança Feliz por alguns municípios, com não aprovação pelos conselhos municipais, pelo questionamento do seu desenho por trabalhadores e trabalhadoras do SUAS e gestores, mesmo nos municípios que assinaram o termo de adesão ao Programa.

A respeito desse programa, Sposati (2017) denuncia que se trata de um programa que se contrapõe à universalidade ao recortar a primeira infância na faixa de 0 a 3 anos, fragmentando a infância e transgredindo o campo normativo, incorrendo no risco do não reconhecimento de outras faixas etárias da infância como prioridade absoluta, fragilizando, portanto, o Estatuto de Criança e do Adolescente (ECA) na defesa integral dos direitos da infância. Ademais, consoante essa autora, o Criança Feliz transgride o princípio da universalidade da Política de Assistência Social e do SUAS, desconsiderando, por exemplo, o princípio democrático da igualdade de direito ao acesso aos serviços socioassistenciais sem quaisquer formas de discriminação e com extensão da cobertura a toda a população demandatária.

No sentido exposto, esse programa representa uma contraposição ao SUAS ao reforçar a lógica tradicional-conservadora não superada na Política de Assistência Social, expressa principalmente no primeiro-damismo, no voluntariado e na moralização da pobreza numa associação perversa do gerencialismo com o conservadorismo, como pontua Silveira (2017). Para essa autora, antes do golpe deflagrado em 2016, o SUAS se encontrava numa trajetória de aperfeiçoamento institucional e político, de expansão qualificada e integrada dos serviços socioassistenciais, conforme estabelecido no II Plano Decenal de Assistência Social, orientado pela gestão democrática e pela integralidade da proteção. Ainda, conforme a autora, no contexto pós-golpe 2016, é imposto um projeto de retrocessos que revela uma crise moral e civilizatória expressa no aumento da pobreza e da desigualdade, na fragilidade dos vínculos sociais, na precarização das condições de vida e no descompromisso do Estado e da sociedade na construção de respostas de caráter efetivamente democrático. Há uma evidente restrição do Estado em implementar políticas sociais direcionadas ao enfrentamento da questão social, à reprodução social da classe trabalhadora, desconsiderando o avanço do desemprego e das inseguranças sociais crescentes nesse contexto.

Reafirmando reflexões anteriores, estudos resenhados destacam que as medidas instituídas pelo governo Temer impõem um processo de destruição de direitos sociais, com a inviabilização da Política de Assistência Social e consequente desestruturação do SUAS, como assevera Carvalho (2017a). O que está em curso, conforme a autora, é um processo de inflexão na consolidação do

SUAS, afetando sobremaneira a gestão e o financiamento público. Neste sentido destaca:

> [...] o subfinanciamento do SUAS; o contingenciamento de 30% no orçamento da Assistência Social; mudança nas regras do cofinanciamento federal, adotando-se o critério da meritocracia para as transferências dos recursos federais aos municípios, agora condicionados ao bom desempenho das gestões municipais; retorno de emendas parlamentares carimbadas para entidades filantrópicas. Em verdade, é uma regressão de décadas, desmontando avanços e conquistas! [...] (Carvalho, 2017a, p. 18).

A autora assinala que se trata de um desmonte de avanços e conquistas, de um movimento de regressão que remonta há várias décadas, ao período *pré-Vargas*. É o avanço do conservadorismo reproduzindo requisitos não superados como o assistencialismo, o voluntariado, a solidariedade, a filantropia. E mais, a instituição do mínimo numa perversa lógica de *fazer o mínimo com um mínimo*. Nessa lógica, o BPC, por exemplo, sofre alterações no sentido de propostas de restrição dos critérios de acesso (aumento da idade de 65 para 70 anos), redução do quantitativo de beneficiários mediante clivagem seletiva para bloqueio e corte de benefícios e a proposta, sempre presente, desvinculação do valor do salário mínimo. Trata-se de uma ameaça explícita à manutenção da frágil democracia brasileira, aos pactos sociais e civilizatórios previstos na Constituição de 1988 e à garantia de direitos sociais conquistados nas lutas pela afirmação da Assistência Social como política pública de Seguridade Social. Cabe assinalar que a Seguridade Social, desde sua instituição na Constituição Federal de 1988, tem sido objeto de disputas entre o capital e o trabalho e sempre esteve na mira das grupos dominantes-conservadores e, efetivamente, não chegou a ser viabilizada como uma política pública integrada de proteção social.

Sob o governo Temer, a Seguridade Social brasileira é duramente afetada por um movimento ofensivo do capital no sentido de destruição de direitos sociais e trabalhistas. Um movimento que compromete as condições de vida de parcelas majoritárias da sociedade brasileira, em particular da classe trabalhadora cada vez mais submetida a situações de empobrecimento extremo em face da lógica destrutiva da proteção social brasileira. Carvalho (2016) assevera que o desmanche do SUAS significa um retrocesso na forma como o Estado brasileiro não apenas concebe a pobreza, mas como atende e cuida das famílias pobres. Nesse sentido, para a autora, o governo Temer se configurou, indiscutivelmente, como um governo contra os pobres. Um governo plutocrata comprometido em intensificar a precarização das condições de vida da classe trabalhadora, desqualificar e destruir políticas de reprodução social dessa classe em nome da política de austeridade exigida pelo capital financeiro e sua voracidade por altas taxas de lucro.

Castro (apud Carvalho, 2016)[8] enfatiza que o governo Temer faz uso da estratégia adotada por Hitler, conhecida como *arquitetura da destruição*, para impor à sociedade brasileira os ditames do neoliberalismo expressos nas ações de redução do Estado e destituição dos direitos sociais, expresso particularmente no desmantelamento da Política de Assistência Social no contexto do desmonte da Seguridade Social.

Nesse sentido, a autora destaca os seguintes desmontes: desmonte na lógica da seguridade social, através da alteração de regras ao acesso aos benefícios; proposta de desvinculação do valor dos benefícios previdenciários e assistenciais do salário mínimo; desmonte do órgão gestor da Assistência Social, por meio da realocação em todo o país de ações e serviços (tais como: combate à droga, desenvolvimento agrário e operação de benefícios previdenciários), descaracterizando a Assistência Social enquanto uma política; desmonte do BPC, através da proposta de desvinculação do salário mínimo; e, por fim, o desmonte da rede pública de atendimento da Assistência Social, através do deslocamento do Cadastro Único e a gestão dos benefícios de transferência de renda dos territórios onde vivem as famílias para as poucas agências do INSS existentes no país.

---

8. Entrevista de Ieda Castro em 11 de agosto de 2016, concedida a Alba Pinho de Carvalho.

No contexto em análise, Fernandes (*apud* Matos, 2017) destaca que, como as medidas adotadas pelo governo Temer são de curto e longo prazo, impactam profundamente a PAS, com cortes nos orçamentos da Política. Destaca que junto com o desmonte na Assistência, é importante atentar para as contrarreformas como a reforma trabalhista, reforma da previdência, reforma do ensino médio e o congelamento do orçamento em 20 anos, comprometendo os direitos sociais. Afirma que tais mudanças impactam na PAS e na sociedade brasileira como um todo e que, se não houver mudanças nesse cenário, "[...] voltaremos à absolutização da pobreza, da miséria crônica, da violência e da criminalização. As pessoas ficarão sem perspectivas, sem forças para viver" (Fernandes *apud* Matos, 2017, p. 1).

Prosseguindo a linha de análise, Silveira (2018) destaca que, com o avanço do conservadorismo e ameaça à democracia no Brasil, num contexto de congelamento de recursos e de desmonte dos sistemas públicos, de contrarreformas que aprofundam a desigualdade, a pobreza e outras violações dos direitos humanos, retornam às propostas retrógradas, focalistas e meritocráticas no âmbito da esfera pública. Cita como exemplo a perspectiva de moralização dos pobres com o lançamento do Programa de Educação Financeira para os beneficiários do Bolsa Família, Programa esse anunciado pelo governo sem a devida pactuação, num verdadeiro desrespeito ao comando institucional da democracia participativa. Considera ainda que o referido programa é coerente com os demais programas pontuais que estão se alastrando e desmontando o SUAS, tais como o Criança Feliz, e as demais propostas, como o Bolsa Dignidade, sugestão de nova designação do Bolsa Família, passando a supor como condicionalidade para o recebimento do benefício monetário o cumprimento de uma contrapartida, tipo trabalho voluntário.

Enfim, as reflexões identificadas e referenciadas em produções recentes sobre a PAS e o SUAS destacam o contexto de radicalização da agenda neoliberal, com imposição da desestruturação do SUAS, que se encontrava num processo exitoso de aperfeiçoamento ao longo de mais de uma década (Carvalho, 2017b). Trata-se de uma desconstrução com implicações drásticas para a Assistência Social expressas no retorno de programas pontuais, descontinuados, com reforço a vícios históricos arraigados nas relações sociais como o voluntarismo, o clientelismo, o fisiologismo político que sustentam o patrimonialismo do Estado. Tem-se o desmonte do SUAS e sua transmutação em ações fragmentadas, de conteúdo filantrópico, submetidas à lógica da *caridade* num giro conservador que institui e legitima a substituição do direito pelo favor.

7.4 Análise e problematização sobre a atualidade da Política de Assistência Social e do SUAS na visão de gestores, estudiosos e usuários

A partir de meados de 2016, para se adequar ao projeto ideopolítico de cariz conservador em andamento, a nação brasileira passa a sofrer, entre outros revezes, extenso e sistemático desmonte da arquitetura política e administrativa do Estado. É acerca das mudanças que se vêm processando, na particularidade do campo da Política de Assistência Social, que tratamos no presente item. Este foi construído com base em informações extraídas de entrevistas com gestoras estaduais e municipais[9] e de depoimentos[10] com especialistas da área.

---

9. Foram entrevistadas as gestoras municipais da Criança e Assistência Social de São Luís, Andreia Carla Santana Everton Lauande; da Fundação Papa João XXII de Belém, Adriana Monteiro Azevedo, a Secretária-Adjunta de Direitos Humanos e Desenvolvimento Social de Fortaleza, Patrícia Helena Nóbrega Studart, e a Secretária-Adjunta de Desenvolvimento Social do Estado do Maranhão, Célia Maria Brandão Salazar.

10. Participaram como depoentes: a) Aguinaldo Umberto Leal, Conselheiro Estadual de Assistência Social de Tocantins, Coordenador Estadual e Nacional do Fórum dos Usuários do SUAS (FEUSUAS); b) Aldaíza Sposati, doutora em Serviço Social e professora titular da Pontifícia Universidade Católica de São Paulo no Programa de Pós-Graduação em Serviço Social, onde coordena o Núcleo de Estudos e Pesquisas em Seguridade e Assistência Social (NEPSAS); c) Jucimeri Isolda Silveira, doutora em Serviço Social, professora da Pontifícia Universidade Católica do Paraná (PUC-PR) e coordenadora do Núcleo de Direitos Humanos; d) Márcia Helena

Para dar forma às reflexões desenvolvidas, entrevistadas e depoentes manifestaram-se em resposta a um conjunto de provocações elaboradas pelos pesquisadores e que podem ser sintetizadas em duas questões centrais: as mudanças em andamento podem ser entendidas como avanços ou retrocessos em relação à configuração do SUAS? Como essas mudanças refletem sobre a atual arquitetura do SUAS e se concretizam no processo de implementação da PNAS em Estados e municípios?

Como advoga Jucimeri Silveira, o SUAS pode ser considerado uma das principais reformas desenvolvidas no âmbito da Política Social em atendimento aos indicativos da Constituição Federal de 1988. Orienta-se pelos princípios de universalização, participação e integralidade da proteção social, caracteriza-se pela provisão de seguranças tipificadas em equipamentos públicos estatais e territorialmente referenciados e prevê caminhos para a profissionalização com o escopo de evitar a precarização das condições e dos vínculos de trabalho, bem como garantir a qualidade dos serviços prestados. Teve três etapas centrais na construção das bases normativo-jurídicas para a regulação do conteúdo relativo ao direito à assistência social.

Na primeira fase, a PNAS possibilitou a nacionalização da política com conceitos essenciais aperfeiçoados com a edição da Tipificação Nacional dos Serviços Socioassistenciais. O período pós-Dilma até o Golpe revela-se como a fase de importante expansão de recursos e serviços, de reordenamento da proteção social especial e implantação de novos dispositivos para atender diversidades e desigualdades territoriais, e a transversalidade dos direitos socioassistenciais (lanchas, Centros Especializados para População em Situação de Rua, Residência Inclusive, Centro Dia, novas modalidades de acolhimento para crianças, adolescentes e jovens, acolhimento para migrantes e famílias). Foram produzidas orientações que visam à qualificação dos serviços socioassistenciais e a integração dos mesmos com benefícios. Tais orientações avançaram mais

---

Carvalho Lopes, mestre em Serviço Social, Ministra de Desenvolvimento Social e Combate à Fome (2010), professora do Curso de Serviço Social da Universidade Estadual de Londrina (UEL).

na perspectiva da produção para dentro do SUAS, com desafios que persistem na relação intersetorial, tendo em vista uma concepção de Seguridade Social universal e ampla, a interdependência dos direitos. (Informação verbal)[11]

Entre os avanços históricos no processo de construção do SUAS, Márcia Lopes destaca a construção coletiva da PNAS, aprovada em 2004 e a Norma Operacional Básica (NOB/SUAS 2005), que alavancaram o conjunto das regulações, decisões e medidas concretas implementadas até meados de 2016, entre elas: realização de estudos sobre os serviços de Assistência Social no Brasil; NOB/RH/2006; I Plano Decenal do SUAS (2005/2015); Tipificação dos Serviços Socioassistenciais/2009; transferência dos serviços públicos de responsabilidade de outras políticas (educação infantil, órtese e prótese, álcool e drogas); adoção da Vigilância Socioassistencial, como uma das três funções do SUAS, junto com a Defesa e Proteção dos direitos socioassistenciais; revisão e aprimoramento dos benefícios de transferência de renda (BPC e PBF), bem como do Cadastro Único; criação do Índice de Gestão Descentralizada do Bolsa Família (IGD/BF) e do Índice de Gestão Descentralizada do SUAS (IGD/SUAS); sanção da Lei n. 12.101/2009, que garantiu ao CNAS a função de órgão deliberativo no âmbito da Política de Assistência Social; Lei do SUAS nº 12.435/2011; NOB/2012; II Plano Decenal do SUAS (2016 a 2026).

No seu depoimento, Márcia Lopes reconhece que, embora com fragilidades, no contexto de diversidades territoriais, regionais, culturais, étnico raciais, econômicas e sociais, vinha ocorrendo um ciclo de consolidação do SUAS. Nele, elementos de gestão, financiamento, controle social, processos de capacitação, tecnologias de informação, gestão do trabalho, sistemas de avaliação e monitoramento estavam sendo debatidos com vistas à edificação da PNAS no âmbito da proteção social brasileira. Ganhava legitimidade num campo de confronto entre a assistência social do passado, como direito e como política de

---

11. Depoimento retirado da entrevista realizada com Jucimeri Silveira.

Estado. Todavia, com o golpe de 2016, passa-se a verificar retrocessos de cunho ético e político nesse processo de construção.

Pelas informações colhidas nas entrevistas e depoimentos, pode-se constatar que, na opinião desses participantes, entre as decisões do governo Temer, muitas dos quais, claramente antidemocráticas e antirrepublicanas, aprovadas com o apoio da maioria do Congresso Nacional, três vêm repercutindo no campo da Assistência Social e colocando em xeque o construto histórico que conformou a PNAS e o SUAS.

A primeira decisão do atual Governo congregou, de acordo com Márcia Lopes, a extinção do Ministério da Previdência e alocação do INSS no MDS, sendo as Secretarias Nacionais para Políticas de Mulheres, Igualdade Racial e Direitos Humanos absorvidas pelo Ministério da Justiça e da Cidadania. Também vem desconstruindo a Secretaria de Avaliação e Gestão da Informação (SAGI), criada em 2004 para servir de referência nos processos de estudos, pesquisas, informações, avaliação e monitoramento do SUAS e de todas as políticas públicas no MDS, sendo acessada amplamente por diferentes esferas do governo e da sociedade. A segunda decisão foi a ruptura com a direção única da PNAS, já que os programas passaram a ser desenvolvidos por duas secretarias concorrentes, a Secretaria Nacional de Promoção e Desenvolvimento Humano e a Secretaria de Assistência Social. A terceira decisão materializou-se na Emenda Constitucional nº 95/2016 e se reverte em cortes de recursos para as políticas sociais, aprofundando um processo de desfinanciamento da proteção social.

Em decorrência dessas decisões, verifica-se expressivo movimento de retorno ao velho formato assistencialista da Política de Assistência Social. De acordo com Aldaíza Sposati, trata-se de efeito cascata da flexibilização e que se reproduz no contexto de todos os entes federativos. "Então há prefeituras fechando CRAS, reduzindo o recurso, retirando este ou aquele serviço" (Informação verbal)[12]. Tem havido

---

12. Depoimento retirado da entrevista realizada com Aldaíza Sposati.

"[...] uma diluição do que foi construído no SUAS, retornando à velha concepção de que não existe segurança de proteção na assistência social". "Cada um inventa aquilo que é possível, em uma espécie de *playground* do governante" (Informação verbal)[13], o que se distancia da noção de direito do usuário, da população, de extensão da proteção social. Nesse sentido, vem se verificando retrocessos em termos da tipologia dos serviços, da disposição para se inventar novas coisas, da disponibilização de recursos e, ainda, o retorno da ideologia do primeiro-damismo, que confunde a responsabilidade social com a bondade da primeira-dama, um desserviço profundo à própria concepção da Política de Assistência Social.

Também têm ocorrido baixas nas equipes, inclusive, como lembra Márcia Lopes, a do próprio MDS. Esse fato, associado à redução de recursos, fragiliza o trabalho desenvolvido, fazendo com que muitos usuários adotem posições reativas ao trabalho dos profissionais de campo, já que tendem a associar a dificuldade de acesso aos programas, particularmente, o Bolsa Família, à má gestão dos CRAS e à falta de vontade política dos profissionais situados no âmbito de implementação da Política.

Ainda de acordo com Márcia Lopes, é possível identificar esse desmonte da PAS e do SUAS no âmbito das instâncias de participação. Nesse caso, tem ocorrido substituições de conselheiros e anúncios de novas medidas de gestão, na contramão do que foi construído na luta coletiva, principalmente, em relação ao Cadastro Único, Programa Bolsa Família e BPC.

> *A justificativa apresentada para as mudanças foi melhorar a execução orçamentária e financeira da SENARC e SNAS, acusadas de má gestão e conivência com os usuários, embora não se tenha confirmado as críticas ou as dúvidas levantadas, mesmo com auditorias realizadas regularmente pelo TCU, em cada ano, com relatórios muito positivos nessas áreas.*

---

13. Depoimento retirado da entrevista realizada com Aldaíza Sposati.

> [...] *mudanças explicitas na relação com o CNAS, passando por cima das instâncias de pactuação e controle social, como CIT, FONSEAS, CONGEMAS e outros espaços de debates do SUAS, prevalecendo práticas autoritárias, centralizadoras, desrespeitosas ao controle social e aos usuários, sem transparência, num processo crescente de afastamento entre a gestão e os demais interlocutores.* (Informação verbal)[14].

Outros entrevistados e depoentes também concordam que as mudanças que foram implementadas pelo governo Temer são retrocessos na configuração das instâncias responsáveis pela dinâmica das ações da PAS: "[...] Com a transição do governo Dilma para o governo Temer, a Assistência Social perdeu, de fato, sua referência ideopolítica. Nós nos sentimos órfãos. Falo tanto pelo nosso estado, como pelo Governo Federal." (Informação verbal)[15].

> *O SUAS não alterou a estrutura, mas o MDS sim, o MDS a ele foi agregado mais uma secretaria, que é a Secretaria Nacional de Promoção de Desenvolvimento Humano. Tal secretaria constitui-se em contraposição a tudo que se lutou historicamente, que é a fragmentação. O Programa Criança Feliz repassado como a grande mudança é gestado com recursos da Assistência Social, do Fundo Nacional de Assistência Social, mas é gerenciado pela Secretaria paralela à Secretaria SNAS, que é a Secretaria Nacional de Promoção e Desenvolvimento Humano. Esta Secretaria congrega dois programas: o principal é o Criança Feliz e agora o Brasil Amigo do Idoso.* (Informação verbal)[16].

> *O cenário da Política de Assistência Social -016 é um verdadeiro campo arrasado. O Governo Federal promove o maior desmonte já visto desde a modernização da Política e a criação da LOAS.* (Informação verbal)[17].

> [...] *As primeiras-damas estão adentrando novamente, de forma explícita, a Política de Assistência Social. Situação que parecia ter sido minorada... Parece*

---

14. Depoimento retirado da entrevista realizada com Márcia Lopes.
15. Depoimento retirado da entrevista realizada com Gestora do Ceará.
16. Depoimento retirado da entrevista realizada com Gestora de São Luís.
17. Depoimento retirado da entrevista realizada com Aguinaldo Leal.

que a gente tá andando para trás, exemplo disso é o Programa Criança Feliz. (Informação verbal)[18].

Conforme expresso na fala dos depoentes e entrevistadas, a redução de recursos para o campo das políticas sociais incide fortemente na dinâmica da PNAS em todas as instâncias governativas. Reflete a perspectiva ideopolítica conservadora que orientou o governo. Do ponto de vista estrutural, como recorda a Gestora de Fortaleza, mesmo com a reforma que permitiu a construção do SUAS, as ações da PAS continuaram a depender de arrecadação, diferentemente de outras políticas como as de Saúde e de Educação, que contam com recursos garantidos em orçamento. Porém, a partir de 2016, a materialização da intenção governamental no orçamento expressa o jogo que vem desmontando os sistemas públicos, dentre os quais, o SUAS.

Segundo Márcia Lopes:

Quando assumi a gestão da SNAS, em 2003, o orçamento do MDS era de 8 bilhões. Em 2010, quando fui ministra, depois do ministro Patrus Ananias, o orçamento era de 42 bilhões. E quando a ministra Tereza Campelo deixou o MDS em 2016, eram 84 bilhões. Foi um crescimento nunca visto antes, tanto para benefícios quanto para os serviços socioassistenciais, lembrando que incluía a área de Segurança Alimentar e Nutricional. E se sabia que a evolução deveria continuar, no mínimo, nessa mesma progressão [...]

Com o enfrentamento do CNAS e ações de mobilização junto ao Congresso Nacional, pela Frente Nacional em Defesa do SUAS e da Seguridade Social, FONSEAS, CONGEMAS, Fórum Nacional de Trabalhadores do SUAS — FNTSUAS e Fórum Nacional de Usuários do SUAS — FNUSUAS, entre outros, houve uma recomposição do orçamento/2018, mas ainda 30% menor do que o orçamento anterior. E conforme discussão recente no CNAS, o orçamento/2019 do MDS está previsto no valor de 60 bilhões, ou seja, 24 bilhões a menos que o de 2016. (Informação verbal)[19].

---

18. Depoimento retirado da entrevista realizada com Secretária-Adjunta de Fortaleza.
19. Depoimento retirado da entrevista realizada com Márcia Lopes.

De acordo com Jucimeri Silveira:

O cenário de ameaças ao SUAS está marcado, especialmente, pelo desfinanciamento, embora este não seja o único sinal de ameaça. O orçamento público, submetido às correlações de força e poder, aos projetos políticos em disputa, às pressões sociais pela incidência política, tem sido duramente afetado pelo avanço do neoliberalismo.

Os cortes inscritos no orçamento foram profundos para a Assistência Social, durante a fase de elaboração orçamentária para 2018, sendo que variaram entre 97 e 99% para os serviços, programa, projetos e ações de aprimoramento da gestão. Parte do orçamento foi recuperado, mas os cortes persistem e só não são maiores do que 25% em função do Criança Feliz que abarca 25%. Representa, ainda, uma ausência de expansões e de novas pactuações, sobreposição do Programa Criança Feliz e a penalização dos municípios. (Informação verbal)[20].

Quanto ao repasse estadual aos municípios, permanece sendo descumprida a responsabilidade pelo cofinanciamento. Segundo Aguinaldo Leal e a Gestora do Maranhão,

A visão que temos enquanto fórum é de que o cofinanciamento está falido. A maioria dos municípios brasileiros tem só o financiamento federal. Os Estados não estão cumprindo sua parte. (Informação verbal)[21].

Então, a gente tem um processo de cofinanciamento ainda muito pequeno, pouco em relação aquilo que seria obrigação do Estado. Por exemplo, os Benefícios Eventuais, eles não têm sido financiados plenamente... a União não tem essa responsabilidade de financiamento. (Informação verbal)[22].

O que se constata é que está em curso o desmonte dos direitos da classe trabalhadora e de um sistema que protege a população em situação de vulnerabilidade, que enfrenta as desigualdades e garante direitos sociais, mediante a correlação de forças na composição do fundo público. (Informação verbal)[23].

---

20. Depoimento retirado da entrevista realizada com Jucimeire Silveira.
21. Depoimento retirado da entrevista realizada com Aguinaldo Leal.
22. Depoimento retirado da entrevista realizada com Secretária-Adjunta do Maranhão.
23. Depoimento retirado da entrevista realizada com Secretária-Adjunta do Maranhão.

Particularizando a questão dos avanços e retrocessos configurados nas mudanças em curso e seus reflexos na implementação do SUAS em Estados e municípios, a Gestora de Belém entende que, na prática, o que de fato ocorreu foram mudanças nas nomenclaturas ministeriais e nos ocupantes desses cargos, porém, a essência das normativas tem sido mantida. Não há avanço ou retrocesso. Do seu ponto de vista, os problemas representam, na verdade, uma continuidade daqueles já existentes

> *O que mudou basicamente foi o cadastro do BPC no CADÚNICO, a questão do cruzamento dos dados; vai ser analisado para verificar se não teve nenhuma inconsistência de renda, por exemplo, as bases administrativas hoje têm cruzamento com todas as prefeituras, com a Receita Federal e com a Previdência Social. O controle tá bem maior do que nos outros anos.* (Informação verbal)[24].

Outros entrevistados e depoentes, porém, entendem que as atuais mudanças são a base para um processo mais profundo de retrocessos, cuja intenção é desonerar o Estado da responsabilidade com a proteção social pública. Nesse sentido, os Programas Sociais passam a apresentar caráter pontual, *seletivo, fora da tipificação socioassistencial*, atendendo a interesses políticos e a lógica de redução de gastos. O exemplo mais visível é o "Programa Criança Feliz: uma clara negação do SUAS". (Informação verbal)[25].

> *[...] e com a transição do governo Dilma para o governo Temer, aí nós vimos realmente a Assistência Social perder a sua referência. Nós nos sentimos órfãos, aí falo tanto pelo Estado, como pelo Governo Federal. Antes, nós tínhamos uma abertura muito grande. Mesmo que o Estado não nos desse esse suporte, aliás, que está deixando muito a desejar para as Metrópoles, no caso aqui em Fortaleza.* (Informação verbal)[26].

---

24. Depoimento retirado da entrevista realizada com Gestora de Belém.
25. Depoimento retirado da entrevista realizada com Márcia Lopes.
26. Depoimento retirado da entrevista realizada com Secretária-Adjunto de Fortaleza.

Alguns depoentes, entre os quais Márcia Lopes, consideram inequívoco o retrocesso na relação federativa e no cumprimento do Pacto de Gestão do SUAS, que comporta as três esferas de governo e as instâncias de pactuação. Tal movimento vem inviabilizando o princípio de cofinanciamento, tal como definido nas deliberações das Conferências e do Plano Decenal do SUAS em vigência.

> *Passaram-se a criar programas e estratégias em oposição ao SUAS e toda a regulação, a exemplo do Programa Criança Feliz e Educação Financeira às famílias do Bolsa Família. Recentemente, houve o envio de cobrança às famílias usuárias desse programa para devolução de recursos dos benefícios que teriam sido recebidos indevidamente, sem que tenha havido qualquer debate ou esclarecimento com quem de direito. Por fim, e igualmente grave, foi o posicionamento da Secretária Nacional de Assistência Social — SNAS em relação ao caráter das Conferências de Assistência Social, com afirmação em reunião do CNAS de que as Conferências Nacionais são de caráter consultivo e não deliberativo.* (Informação verbal)[27]

Para a Gestora de São Luís, uma grande dificuldade "[...] tem sido a falta de respeito às instâncias de pactuação, as coisas chegam prontas." (Informação verbal)[28].

Sobre as condições de funcionamento das instâncias estaduais e municipais como CRAS, CREAS e Centros POP, para alguns entrevistados, apenas se mantêm as dificuldades preexistentes

> *[...] hoje nosso atendimento é 96% dos 12 CRAS, o atendimento é online, todos possuem estrutura computadores, mas no geral continua tudo igual: sem cofinanciamento, a mesma falta de pessoal, estamos hoje com o número aquém de pessoal.* (Informação verbal)[29].

---

27. Depoimento retirado da entrevista realizada com Márcia Lopes.
28. Depoimento retirado da entrevista realizada com a Gestora de São Luís.
29. Depoimento retirado da entrevista realizada com Gestora de Belém.

Para outros entrevistados, os problemas vêm se agravando

[...] eu percebi os equipamentos muito fragilizados, rotatividade de profissionais, alguns equipamentos sem a equipe mínima completa, equipamentos sucateados. Como é que vou atender humanizadamente os usuários que já estão fragilizados, se apresento para eles o local fragilizado, com profissionais também fragilizados. Nós não temos uma capacitação permanente para os profissionais, um incentivo, uma elevação de conhecimento, nada. Nós estamos hoje com o mesmo número de CRAS que a gente tinha em 2013, que é de 27 CRAS. É um número insignificante para o contingente de vulnerabilidade social que tem no Município de Fortaleza, e no último estudo que nós fizemos, na gestão passada, apontava algo em torno de 60, e nós continuamos com os 27. (Informação verbal)[30].

Nós estamos vendo um índice de violência cada vez maior, maior incidência de adolescentes e jovens envolvidos. E continuamos com 6 (seis) CREAS (deveriam ser 14 para atender a demanda!). E aí, adolescentes que vão para medida socioeducativa não são acompanhados. Os Centros POP também são uma política totalmente desestruturada, sem pé nem cabeça, onde os usuários estão ditando as normas que querem, mas não está se seguindo uma política nacional, o direcionamento que foi fruto da luta tanto para consolidar a PNAS. (Informação verbal)[31].

O período 2015-2017 foi muito complicado para manter os serviços disponíveis. A qualidade do serviço vem caindo, já que não há investimento, inclusive, em pessoal. O esforço municipal tem se voltado para a realização de concurso público, apesar de os salários não serem muito estimulantes. Mas é uma luta que se discute articulada com outros trabalhadores, lembrando que a questão do pessoal é um problema histórico na Assistência Social. (Informação verbal)[32].

Frente às dificuldades sentidas em nível nacional, o Governo do Maranhão iniciou em 2016 a construção de 159 CRAS, o que provoca impacto na gestão do PAIF e nas próprias unidades do CRAS. Porque se deixa de pagar locação e as famílias começam a ter uma localização: "agora eu sei onde fica o CRAS".

---

30. Depoimento retirado da entrevista realizada com Secretária-Adjunta de Fortaleza.
31. Depoimento retirado da entrevista realizada com Secretária-Adjunta de Fortaleza.
32. Depoimento retirado da entrevista realizada com Gestora de São Luís.

Há uma referência, um impacto positivo, a despeito da configuração nacional regida pela precariedade. (Informação verbal)[33].

Jucimeri Silveira entende que, entre os avanços necessários ao SUAS e à Seguridade Social, alguns estão vinculados diretamente aos Programas de Transferência de Renda. São eles: estabelecer modelo de cofinanciamento entre as três esferas federais reconhecendo as desigualdades regionais; universalizar a segurança de renda, ultrapassando o recorte monetário e de faixa etária e incluindo especificidades de gênero, racial, regional e diversidades; definir novos critérios para concessão do BPC; e fortalecer a proteção social às pessoas com deficiência e idosas, considerando a agenda de regulamentação do piso de transição e da proteção social no domicílio.

Em relação ao quantitativo de públicos, as entrevistadas destacaram que não há estudos comparativos para definir se houve incremento ou diminuição de públicos, mas uma delas entende que houve certa ampliação dos benefícios eventuais, sobretudo, aluguel social, efeito da falta de moradia. Nesse campo destaca que o Programa Minha Casa, Minha Vida continua em andamento, mas não se ampliou, o que deixa as famílias em situação de insegurança quanto ao futuro.

A Gestora do Ceará entende que houve redução de públicos porque o CRAS não tem atrativo e também em razão da insegurança social decorrente do aumento da violência.

Não tem atrativo no CRAS. Eu não tenho serviço em que aquela comunidade tem interesse em participar. Eu vou para o CRAS, a única coisa que vou fazer no CRAS é atualizar meu cadastro." (Informação verbal)[34].

[...] A gente sabe que pela questão da violência, as pessoas estão muito mais temerosas de irem para os equipamentos públicos. Os territórios estão muito violentos, e a gente vê o tráfico vigiando os territórios, vigiando o que que você

---

33. Depoimento retirado da entrevista realizada com Secretária-Adjunta do Maranhão.
34. Depoimento retirado da entrevista realizada com Secretária-Adjunta de Fortaleza.

fala, infiltrando inclusive crianças com celulares dentro dos eventos para filmar o que os técnicos estão conversando com as famílias. Há criança de 7 anos fazendo isso. Estamos em territórios bem vulneráveis. (Informação verbal)[35].

Nesse sentido, para os profissionais é importante ampliar o quadro de pessoal, e as entrevistadas afirmaram que tem havido esforço de contratação pela via de seleção pública, embora esse movimento venha sendo obstaculizado pela atual conjuntura de crise política e econômica no país. Profissionais como a Gestora do Ceará entendem que as seleções são importantes porque ampliam os quadros e porque profissionais novos são acolhidos, muitos recém-formados, o que é bom porque estes têm conhecimento "[...] ali mais fresquinho da política". De fato, "[...] quando *me formei não tinha o SUAS, o CRAS, a Casa de Família*". "*A gente teve um período de adaptação para entender*". Por outro lado, as novas profissionais "[...] *não conseguem dentro dos territórios fazer com que os usuários percebam a importância do SUAS.*" (Informações verbais)[36]. Essa configuração possibilitada pelos seletivos, com certeza, segundo as entrevistadas, permitem um quadro mais consistente e adequado às demandas da PAS.

Em relação às mudanças no BPC, embora o acesso dos beneficiários tenha aumentado (são mais de 4 milhões e 400 mil pessoas com deficiência e idosas beneficiárias), os limites postos pelo Decreto n. 8.805/2016 que preconiza a necessidade de que a pessoa com deficiência e a pessoa idosa receptoras do BPC devam ser registradas no CadÚnico retiram muitas pessoas dos limites de renda definidos pelos programas.

Aguinaldo Leal entende que BPC e PBF hoje são programas alvo de ataques, porque "[...] são verdadeiros fetiches da classe política e social fascista, que articulou o golpe político contra o campo progressista." (Informação verbal)[37]. Jucimeri Silveira também entende que "[...] as propostas de alterações no BPC, visando sua transformação em

---

35. Depoimento retirado da entrevista realizada com Secretária-Adjunta de Fortaleza.
36. Depoimento retirado da entrevista realizada com Gestora do Ceará.
37. Depoimento retirado da entrevista realizada com Aguinaldo Leal.

complementação de renda e não substituição, são um grande retrocesso." (Informação verbal)[38]. De fato, como lembra a Gestora de São Luís:

> *O próprio decreto 8.805/2016 determina que os beneficiários do BPC (idosos e pessoas com deficiência) devem se cadastrar no CadÚnico. No momento em que a pessoa é colocada no cadastro ocorre somatório de rendas que anteriormente não acontecia, já que era facultativo informar se tinha BPC ou não.* (Informação verbal)[39].

A Gestora de Belém, embora veja a inserção dos beneficiários do BPC no CadÚnico como um problema, lembra que o Governo Federal está dando prazo para as beneficiárias desse programa se adequarem à nova configuração proposta. Para ela, esse prazo representa respeito e as mudanças são indicativo "[...] de qualidade de acesso ao benefício de transferência de renda". (Informação verbal)[40].

Há que se lembrar, porém, como admite a Gestora do Maranhão, que tais mudanças, justamente em um momento de falta de vagas no mercado de trabalho e de aumento da pobreza são um baque para as famílias receptoras

> *Para a maioria das famílias que têm os dois benefícios (BPC e Bolsa Família), o somatório de rendas pelo CadÚnico poderá ocasionar desvinculação de beneficiários do Programa Bolsa Família, causando impacto negativo na renda das famílias que dependem desses programas.* (Informação verbal)[41].

Outro aspecto destacado pelas entrevistadas, como limitante para acessar o BPC, é a falta de informação. Maior divulgação permitiria alcançar um número maior de demandantes, sobretudo, idosos que atendem aos critérios exigidos, mas não sabem da existência do Programa.

---

38. Depoimento retirado da entrevista realizada com Jucimeri Silveira.
39. Depoimento retirado da entrevista realizada com Gestora de São Luís.
40. Depoimento retirado da entrevista realizada com Gestora de Belém.
41. Depoimento retirado da entrevista realizada com a Secretária-Adjunta do Maranhão.

Pelo exposto, do ponto de vista da maioria das entrevistadas e depoentes, considerando o atual quadro ideopolítico, a situação de retrocessos de conquistas históricas, em curso, tende a se acentuar e refletir, cada vez mais, negativamente na arquitetura, nas normativas e na dinâmica do SUAS.

Por outro lado, alguns desses sujeitos, como a Gestora do Maranhão, apontam que, ao lado dessa tendência de retrocessos, há um movimento de resistência a esses ataques por parte dos trabalhadores, dos próprios usuários, dos conselhos, da CIT, do Fórum de Gestores Estaduais e de outras organizações que defendem o SUAS e a Política. Entre os espaços onde tem sido possível identificar esse movimento de resistência, destaca-se a 11ª Conferência Nacional de Assistência Social, realizada em Brasília em 2017, quando os delegados deliberaram, entre outras questões, pela extinção do Programa Criança Feliz e devolução dos recursos destinados a ele, ao Fundo Nacional de Assistência para uso na PAS.

Como perspectiva, portanto, entrevistados e depoentes colocaram a necessidade de fortalecer a luta em defesa do SUAS e da Seguridade Social, que passa, necessariamente, pela articulação de forças das frentes nacional, estaduais e municipais, dos movimentos sociais, dos usuários e trabalhadores em prol da unidade democrática e enfrentamento dos retrocessos que configuram a agenda conservadora encaminhada pelo governo Temer e com perspectiva de aprofundamento no governo Bolsonaro iniciado em 2019, orientado por ações de discriminação de minorias e de criminalização dos movimentos e manifestações sociais.

7.5 Conclusão

A análise desenvolvida sobre a atualidade da Política de Assistência Social e da implementação do SUAS permitiu uma incursão num processo exitoso que passou a vivenciar uma profunda inflexão direcionada para uma situação de desmonte e de ameaça da continuidade do processo em curso.

Em 2018 chegamos a 13 anos de implementação do SUAS, criado em 2005. A Política de Assistência Social, instituída pela Constituição Federal de 1988 enquanto Política de Seguridade Social, vinha, até 2015, construindo um processo rumo a uma política pública de direito, na busca da inclusão de todos num Sistema de Proteção Social Universal, processo esse iniciado com a instituição da LOAS em 1993 e aprofundado por normativas legais, elaboradas posteriormente, e pela ação de um campo amplo de sujeitos sociais, culminando com a criação do SUAS. Buscava-se ultrapassar o campo de não direito para concretização de um campo de direitos, para possibilitar acesso a serviços e benefícios por segmentos da população até então sujeitos do não direito, de benesses e de ações assistencialistas.

Nesse contexto, buscava-se construir um novo desenho institucional e operacional para a Política de Assistência Social, com inclusão da participação da população no processo de formulação e de implementação da Política. Todavia, o processo de avanços para consolidação do SUAS, embora marcado por recuos e contradições, foi interrompido, desde 2016. Vivencia profundo retrocesso no contexto de um governo cuja opção é por um projeto conservador e de regressão no campo social. Marcado pelo desmonte de direitos sociais conquistados pelos trabalhadores, com forte ameaça à continuidade do SUAS, Sistema direcionado para proteção dos pobres. Dessa forma, a Política de Assistência Social, política não contributiva, é profundamente atingida, registrando-se também verdadeira criminalização dos pobres, responsabilizados por possíveis desvios, inclusive pela sua situação de pobreza e pela superação da situação de desproteção e de exploração em que se encontram.

Essa é uma conjuntura de aprofundamento do neoliberalismo, marcada pela regressão, pelo desmonte de uma realidade socioeconômica e política que marcou os anos 2000 no Brasil, quando se vivenciou diminuição do desemprego, aumento da renda do trabalho, decréscimo dos índices de pobreza e ligeira regressão da elevada desigualdade que marca, historicamente, o Brasil no contexto mundial.

Desconstrói-se um projeto de aliança de classe, que orientou os governos petistas (2003/2016), que atendia demandas do capital, mas, ao mesmo tempo, criou e implementou políticas e programas de enfrentamento à pobreza e de proteção da classe trabalhadora. O projeto societário de aliança de classes, embora tenha favorecido largamente os interesses do capital, foi desmontado pela imposição da hegemonia de forças conservadores a serviço do capital internacional, interrompendo a marcha que se desenvolvia rumo à ampliação e amadurecimento da democracia em processo, após a derrocada do golpe militar que vigorou no Brasil de 1964 a 1985.

No lugar de uma realidade pró-pobre, dá-se o avanço de uma conjuntura socioeconômica e política de restrição de direitos, com superexploração da força de trabalho; de espoliação das riquezas nacionais e de desvio do Fundo Público para atender a projetos de interesse do capital e para pagamento da dívida pública. Essa é uma conjuntura que tem profundos rebatimentos na implementação do SUAS, interrompendo uma realidade que se dirigia rumo ao *O SUAS que temos, o SUAS que queremos*, conforme tema da X Conferência Nacional da Assistência Social, realizada em 2015. Marca a desconstrução de um Sistema de Proteção Social que vinha avançando desde a CF de 1988 e interrompe um processo exitoso de construção de uma contracultura no âmbito da Assistência Social, sob a responsabilidade do Estado, regredindo-se rumo a uma cultura do não direito. Tem-se clareza de que esse não é um processo linear, mas contraditório, e como tal demandava tempo e esse tempo foi interrompido.

O atual contexto expressa a feição perversa do neoliberalismo pela ameaça à democracia, pela perspectiva constante de redução de direitos, justamente quando há aumento da pobreza e, consequentemente, das demandas direcionadas à Política de Assistência Social. Portanto, a tendência de retrocesso no âmbito da PAS refuta a concepção dessa Política, fundamentada em dispositivos relacionados à construção de uma política pública, estatal e democrática.

As reflexões apresentadas a partir de manifestações de autores, entrevistados e depoentes evidenciam que o processo de consolidação do SUAS se defronta com um cenário instável e adverso, caracterizado pela restrição de direitos sociais em decorrência de uma crise estrutural que se aprofunda nas suas dimensões sociais, políticas e econômicas a partir do golpe de 2016. No âmbito da desestruturação em curso, acirram-se as disputas entre capital e trabalho mediante pressão do capital financeiro pela apropriação do fundo público. Nessa disputa, a Seguridade Social e, em particular, a Política de Assistência Social tem sido uma das políticas mais atingidas ante a um movimento regressivo que se materializa em contrarreformas orientadas para a redução de investimentos na proteção social. Nesse movimento, o SUAS, como Sistema de proteção social estatal público, como ficou demonstrado, sofre inflexão na sua trajetória crescente de aperfeiçoamento, sendo evidenciada a fragilidade do seu reconhecimento como sistema de gestão de uma política pública de Seguridade Social.

O exposto sugere que a realidade em curso explicita dois projetos em disputa: um que se fundamenta na construção de uma proteção social universal, de direitos, e outro cujo horizonte é a construção de programas pontuais, orientados por uma inflexão nos conceitos de pobreza, de proteção social e de gestão, com mudanças profundas no critério de financiamento federal aos municípios. O critério da necessidade e do direito cede lugar ao critério do mérito, da discriminação e das ações pontuais, do voluntarismo e do fisiologismo, colocando em risco o SUAS, o maior sistema social não contributivo da América Latina, interrompendo ou fazendo regredir benefícios e serviços disponibilizados a mais de 30 milhões de famílias referenciadas nos CRAS espalhados pelos 5.570 municípios brasileiros. Contraditoriamente, tem-se uma conjuntura de demanda pela ampliação de uma Seguridade Social pública, acompanhada de reformas estruturantes, enquanto contrapontos a contrarreforma trabalhista e da previdência social. Portanto, é estruturado um projeto de proteção social justificado pelo discurso da crise econômica e política. Na realidade, trata-se de uma proposta de assistência social residual e não estatal.

Portanto, a perspectiva imposta para o SUAS no governo Temer é de desmonte, de pulverização, filantropização e redução e desqualificação dos serviços socioassistenciais. Para a classe trabalhadora, alijada de direitos básicos, o contraponto deve ser a organização coletiva, exercício da crítica e construção de estratégias de enfrentamento diante de um cenário que cristaliza a existência de projetos societários distintos e em disputa na esfera pública estatal. Esse quadro coloca a necessidade de a Assistência Social ser contemplada na agenda de luta por direitos no âmbito da Seguridade Social, como forma de resistência às reformas e desmontes impostos, inclusive com a exigência do cumprimento e respeito aos Planos Plurianuais de Assistência Social, às propostas orçamentárias apresentadas pelo Conselho Nacional de Assistência Social e às Deliberações da 11ª Conferência Nacional de Assistência Social realizada em 2017.

Referências

BRASIL. Ministério do Desenvolvimento e Combate à Fome. *Relatórios de Informações Sociais*. Brasília, DF, 2016. Disponível em: https://aplicacoes.mds.gov.br/sagi/RIv3/geral/index.php. Acesso em: 29 maio 2017.

BRASIL. Ministério do Desenvolvimento Social e Combate à Fome. Secretaria Nacional de Assistência Social. *Censo SUAS 2018 — Bases e Resultados*. Brasília, DF, 2018.

CARVALHO, A. M. P. de. *Avaliação de conjuntura*. Palestra no ESPLAR. Fortaleza, 2018. Mimeo.

CARVALHO, A. M. P. de. Democracia, participação e seguridade. SEMINÁRIO DA POLÍTICA DE ASSISTÊNCIA SOCIAL EM MARACANAÚ, 2., Maracanaú, 2017. *Palestra*. Maracanaú: Secretaria de Assistência Social e Cidadania, Observatório de Práticas do Sistema Único de Assistência Social, 2017a. Mimeo.

CARVALHO, A. M. P. de. *Movimento ético-político e social em defesa do Suas, crise e golpe de Estado:* o que está acontecendo com o Brasil? Fortaleza, 2016. Palestra proferida em 11 de agosto de 2016 no Cine São Luís. Mimeo.

CARVALHO, A. M. P. de. O Golpe: um ponto de inflexão na consolidação do SUAS. SEMINÁRIO DO FÓRUM NACIONAL DOS TRABALHADORES DO SUAS, Fortaleza, 2017. *Conferência*. Fortaleza: FNTSUAS, 2017b.

COUTO, B. R. et al. (Orgs.). *O Sistema Único de Assistência Social no Brasil*: uma realidade em movimento. 5. ed. São Paulo: Cortez, 2017.

GRANEMANN, S. O desmonte das políticas de seguridade social e os impactos sobre a classe trabalhadora: as estratégias e a resistência. *Serviço Social em Revista*, Londrina, v. 19, n. 1, p. 171-184, 2016.

HARVEY, D. *A loucura da razão econômica*: Marx e o Capital no século XX. São Paulo: Boitempo, 2018.

INSTITUTO BRASILEIRO DE GEOGRAFIA E ESTATÍSTICA. *Pesquisa Mensal de Emprego*. Brasília, DF, 2015a. Disponível em: https://ww2.ibge.gov.br/home/estatistica/indicadores/trabalhoerendimento/pme_nova/default.shtm. Acesso em: 27 maio 2015a.

INSTITUTO BRASILEIRO DE GEOGRAFIA E ESTATÍSTICA. *Pesquisa Nacional por Amostra de Domicílios Contínua*. Rio de Janeiro, 2015b. Disponível em: http://www.ibge.gov.br/home/estatistica/indicadores/trabalhoerendimento/pnad_continua/default_tabelas_uf.shtm. Acesso em: 30 mar. 2017.

INSTITUTO BRASILEIRO DE GEOGRAFIA E ESTATÍSTICA. *Pesquisa Nacional por Amostra de Domicílios Continua — Terceiro Trimestral de 2017*. Rio de Janeiro, 17 nov. 2017a. Disponível em: https://biblioteca.ibge.gov.br/visualizacao/periodicos/2421/pnact_2017_3tri.pdf. Acesso em: 15 fev. 2018.

INSTITUTO BRASILEIRO DE GEOGRAFIA E ESTATÍSTICA. *Pesquisa Nacional por Amostra de Domicílios Continua*. Rio de Janeiro, 2018a. Disponível em: https://sidra.ibge.gov.br. Acesso em: 5 set. 2018.

INSTITUTO BRASILEIRO DE GEOGRAFIA E ESTATÍSTICA. *Síntese de indicadores sociais:* uma análise das condições de vida da população brasileira. Rio de Janeiro: IBGE, 2017b.

INSTITUTO BRASILEIRO DE GEOGRAFIA E ESTATÍSTICA. *Síntese de Indicadores Sociais: análise das condições de vida da população brasileira*. Rio de Janeiro, 2018b. Disponível em: https://biblioteca.ibge.gov.br/index.php/biblioteca-catalogo?view=detalhes&id=2101629. Acesso em: 5 jun. 2019.

INSTITUTO MARANHENSE DE ESTUDOS SOCIOECONÔMICOS E CARTOGRÁFICOS. *Boletim de Conjuntura Econômica Maranhense*. São Luís, 2017. (Nota Conjuntura, n. 1). Disponível em: http://www.imesc.ma.gov.br/. Acesso em: 30 mar. 2017.

LIMA, V. F. S. de A.; ANCHIETA JÚNIOR, V.; SOUSA, R. M. de. Rebatimentos da recessão no mercado de trabalho e mudanças regressivas no marco regulatório. *Boletim do Observatório Social e do Trabalho*, São Luís, ano 4, n. 3, 2015. Disponível em: http://www.gaepp.ufma.br/boletim/images/ctj/PDF/Boletim_ano_4_n_3/em%20foco.pdf. Acesso em: 4 ago. 2015.

LIMA, V. F. S. de A.; MORAES, G. B. P.; SILVA, R. T. C. A atual conjuntura de aprofundamento da precarização do trabalho no Brasil e no Maranhão e as recentes medidas de flexibilização das relações de trabalho. *Boletim do Observatório Social e do Trabalho*, São Luís, ano 6, n. 2, 2017. Disponível em: http://www.gaepp.ufma.br/boletim/index.php?option=com_content&view=frontpage&Itemid=79. Acesso em: 23 abr. 2018.

LOPES, M. *Depoimento sobre a atualidade da Política de Assistência Social*. [S. l.: s. n.], 2018. Mimeo.

MATOS, V. A. F. de Lara. Em tempos de desmonte, um compromisso ético em favor dos direitos sociais. *Revista IHU online*, São Leopoldo, 2017. Disponível em: http://www.lhu.unisinos.br/160-noticias/cepat/570728-em-tempos-de-desmonte-um-compromisso-ético-em-favor-dos-direitos-sociais, 2017. Acesso em: 5 jun. 2018.

MENEZES, F. Orçamento 2018, uma carta de intenções aos pobres do Brasil. *Le Monde Diplomatique Brasil*, São Paulo, 2017. Disponível em: https.1/diplomatique.org.br/orçamento-2018-uma-carta-de-intencoes-aos-pobres-do-brasil. Acesso em: 24 jun. 2018.

POCHMANN, M. Crise, mercado de trabalho e mudanças na regulação pública do trabalho no Brasil. *Boletim do Observatório Social e do Trabalho*, São Luís, ano 6, n. 2, p. 1-3, 2017. Entrevista realizada pela Profa. Valéria Ferreira Santos de Almada Lima.

SILVA, M. O. da S. e. Política de Assistência Social e o Sistema Único de Assistência Social (SUAS) na conjuntura social brasileira de desmonte da seguridade brasileira. ENCONTRO NACIONAL DE ENSINO E PESQUISA DO CAMPO DE PÚBLICAS, 2., Brasília, DF, 2017. *Anais* [...]. Brasília, DF: ANEPCP, 2017.

SILVA, M. O. da S. e; LIMA, V. F. S. de A. The political and economic juncture in brazil after the Lula and Dilma administrations: a step back in the direction of implantation of a Basic Income in Brazil. CONGRESS OF THE BASIC INCOME EARTH NETWORK, 17., 2017, Lisboa. *Anais* [...]. Lisboa, 2017. Mimeo.

SILVEIRA, J. I. A velha moralização dos pobres é a novidade do MDS do governo Temer. *Mais SUAS*, Brasília, DF, 2018. Disponível em: https://maisuas.org/2018/05/21/a-velha-moralização-dos-pobres-é-a novidade-do-MDS-do- governo-Temer. Acesso em: 1. jan. 2019.

SILVEIRA, J. I. Assistência social em risco: conservadorismo e luta por direitos. *Serviço Social & Sociedade*, São Paulo, n. 130, p. 487-506, 2017.

SPOSATI, A. Transitoriedade da felicidade da criança brasileira. *Serviço Social & Sociedade,* São Paulo, n. 130, p. 526-546, 2017.

8

Conclusão geral:
convergências, divergências e especificidades na implementação do SUAS nas regiões Norte e Nordeste

Maria Ozanira da Silva e Silva

A presente conclusão foi delineada considerando os achados mais relevantes identificados na pesquisa realizada nos 18 municípios que compuseram a amostra representativa dos três Estados onde foi realizada a pesquisa de campo: Pará, Maranhão e Ceará. Nesse sentido, os destaques encontram-se devidamente apresentados, analisados e problematizados no decorrer dos conteúdos que compõem as abordagens desenvolvidas sobre os resultados da pesquisa empírica em cada Estado.

Os eixos norteadores da presente conclusão foram construídos com base em manifestações expressas pelos diferentes sujeitos da pesquisa: gestores municipais e estaduais, técnicos, conselheiros e usuários, com complementação de observações desenvolvidas pelas(os) pesquisadoras(es) nos equipamentos públicos selecionados para o estudo: CRAS, CREAS e Centros POP. Mereceu destaque a identificação de avanços na implementação da PAS no âmbito do SUAS, numa perspectiva que termina por explicitar contradições que têm marcado a construção histórica da Política de Assistência Social no Brasil num percurso não linear, mas mediante um processo marcado por movimentos de avanços, recuos e contradições, impactados por limites e dificuldades que, ao mesmo tempo, constroem uma política não contributiva que procura ultrapassar o não direito rumo à construção do direito.

Partindo dessa referência, cabe destacar:

a) Os avanços e contradições na construção da Política de Assistência Social nas Regiões Norte e Nordeste, na pesquisa realizada nos três Estados, situam-se no campo denominado *institucionalidade da Política de Assistência Social rumo à construção de direito*. Esse aspecto é representado pela formulação do ordenamento legal da Política, perpassando toda a discussão e conteúdo jurídico e teórico-conceitual que fundamentam as ações dos órgãos gestores estaduais e municipais e a implementação de serviços e benefícios; pelo aprimoramento e regulação de Benefícios Eventuais; ampliação de programas, projetos e ações; pelo incremento da prestação de serviços e benefícios para atendimentos de demandas apresentadas junto aos CRAS, CREAS e Centros POP em cada município; reorganização e ampliação da proteção social básica e especial, em conformidade com a Tipificação Nacional rumo à institucionalização dos serviços; adoção de ações planejadas, mediante a adoção do Plano de Acompanhamento, Monitoramento e Avaliação enquanto ferramenta de orientação técnica para qualificação da oferta dos serviços e benefícios; elaboração do Plano Plurianual (PP) e da Lei Orçamentária Anual (LOA) com a participação de profissionais vinculados à gestão da PAS em alguns municípios; melhoria de estruturas administrativas em apoio à prestação de serviços em conformidade com as normativas da PAS; progressiva assimilação e incorporação do arcabouço jurídico-institucional pelos sujeitos que implementam e fazem o controle social da Política; crescente superação do primeiro-damismo, mesmo que ainda num plano formal; esforços de ultrapassagem do clientelismo, com reconhecimento e defesa da Assistência Social na perspectiva do direito de cidadania; avanços no reconhecimento relativo dos(as) trabalhadores(as) do SUAS enquanto categoria emergente, que constrói sua identidade, mesmo vivenciando processos de precarização, de instabilidade e baixos salários provenientes de seu trabalho; reconhecimento relativo dos(as) usuários(as) do SUAS como sujeitos de direitos por parte de parcela significativa das equipes técnicas, conselheiros e gestores; existência de leis municipais de estabelecimento e regulamentação do SUAS em alguns municípios; postura de gestores e gestoras da Assistência Social em alguns municípios no sentido de manter uma interlocução interna com os demais sujeitos da PAS, na busca de desenvolver mecanismos de democracia;

reconhecimento da importância dos CRAS, CREAS e Centros POP por parte de seus usuários(as), atribuindo distintos significados a esses equipamentos para as populações vulnerabilizadas e em situações de risco; Identificação, na maioria dos municípios, do comando único mediante a existência de Secretarias específicas da Assistência Social. Verificamos, todavia, que os traços mencionados que materializam o avanço da institucionalidade da Política de Assistência Social, contraditoriamente, são marcados por recuos e limites demonstrados na fala de vários sujeitos participantes da pesquisa, que terminam por contribuir para um entendimento limitado sobre a Política, o que foi verificado mais intensamente nos municípios de pequeno porte, pela maior influência da cultura do favor, do clientelismo e do assistencialismo. Essa é uma situação que termina por favorecer demandas por ações imediatistas e fomentar traços persistentes da cultura do favor e da benesse. Ademais, o critério político para indicação dos gestores ainda se sobrepõe ao critério técnico em vários municípios, ocorrendo indicações de pessoas aliadas ao grupo político do prefeito, sem que, necessariamente, tenham capacitação técnica no campo da PAS e do SUAS. Ademais, em alguns municípios foi mencionado o descompromisso do executivo municipal com os princípios da PAS, com direcionamento de determinadas demandas para a prefeitura, numa postura de reiteração de práticas clientelistas, expressando interesses político-eleitoreiros. Convém ressaltar que, mesmo nesse campo contraditório de avanços e recuos, foi identificada vontade política de muitos(as) trabalhadores(as) do SUAS nos municípios, manifestando compromisso ético-político com a população usuária da Assistência Social. Identificou-se, também, o despontar dos usuários como sujeitos da Política, com assentos nos Conselhos Paritários de Assistência Social nos municípios pesquisados, verificando, em alguns casos, alternância da presidência entre representantes governamentais e não governamentais nos Conselhos. Ademais, a população usuária em situação de rua vem demonstrando crescente participação em lutas e organizações políticas, pautando reivindicações e instituindo fóruns como espaço de luta política e de resistência. Sobre avanços e contradições, há que se destacar que as contradições que permeiam os avanços na institucionalidade da Política de Assistência Social terminam por distanciar a Política de seu foco central, que é a construção de direitos, centrando os avanços alcançados nos aspectos legais, normativos e operacionais, com dificuldade para direcionar esses avanços em ações concretas. Contribuem, ainda, para que os sujeitos sejam capazes de situar a PAS no contexto da realidade nacional, estadual e municipal, e limitam a compreensão da Política enquanto processo e produto das relações históricas, sociais e políticas, dificultando o estabelecimento de articulação entre domínio técnico, teórico e político. Ademais, os avanços mencionados são também impactados pela prevalência do que foi considerado limites e dificuldades, como segue:

b) Condições de espaço físico e disponibilização de equipamentos: verificou-se que, nos três Estados, os CRAS, CREAS e Centros POP, na sua grande maioria, funcionam em prédios alugados que apresentam estrutura físico-operacional em desconsideração aos pré-requisitos determinados para funcionamento desses equipamentos, conforme foi anteriormente detalhado nas conclusões específicas quando da apresentação dos resultados da pesquisa empírica em cada Estado. Acrescenta-se aos problemas de espaço físico a insuficiência de equipamentos e materiais adequados ao funcionamento dos trabalhos, tais como: insuficiência de computadores, telefones, carros, além do funcionamento precário da internet. Ademais, foi considerada a insegurança no exercício do trabalho dos(as) profissionais, pela exposição a situações de violência nos ditos *territórios de risco*, onde são instalados os CRAS.

c) *Quadro de pessoal do SUAS*: Esse foi um aspecto frequentemente destacado na grande maioria dos municípios pesquisados, quando os sujeitos da pesquisa consideraram o quadro de pessoal insuficiente, composto por profissionais contratados, com alta rotatividade, condições de trabalho instáveis e precárias; baixos salários e ausência de Planos de Cargos e Salários, contribuindo para a descontinuidade e qualidade das ações desenvolvidas nos diversos equipamentos. Acrescentaram-se a essas situações mais gerais outras, tais como: técnicos desempenhando dupla função no âmbito do SUAS; equipes mínimas incompletas; curta permanência de profissionais nos respectivos municípios durante a semana; existência de CRAS quase desativados em razão da falta de técnicos com contratos encerrados e sem renovação e falta de participação sistemática dos técnicos em atividades de educação permanente.

d) *Cofinanciamento da PAS*: Nesse aspecto, os maiores destaques foram para a disponibilização limitada de recursos, tanto para contratação das equipes técnicas, como para execução dos serviços e benefícios, conforme a demanda. Além da disponibilização de poucos recursos federais, principal fonte de financiamento da PAS nos municípios, foi registrada a disponibilização limitada de recursos por parte dos municípios e a não participação ou tímida participação dos Estados no cofinanciamento da Política, numa desconsideração do pacto federativo, comprometendo o desempenho da Política para atendimento das demandas nos municípios.

e) *Vigilância Socioassistencial:* a pesquisa evidenciou que essa função é incipiente ou praticamente inexistente em vários municípios, verificando-se insuficiência e fragilidade nas informações acerca da PAS aos usuários quanto à Política e aos serviços e benefícios prestados. No geral, a Vigilância Socioassistencial não vem assumindo centralidade na dinâmica do trabalho no âmbito da implementação do SUAS, sobretudo nos municípios de pequeno porte, com falta de investimento municipal em sistemas informacionais próprios e pouco conhecimento de gestores(as), trabalhadores(as) e Conselheiros(as) sobre o significado da Vigilância Socioassistencial.

f) *Fragilidade do controle social e da participação dos usuários* na implementação do SUAS. Nesse aspecto, o destaque foi o registro de fragilidade da participação dos Conselhos na dinâmica do SUAS no exercício do controle social e inexpressiva participação dos usuários no processo de implementação da Política nos municípios. Essa situação é agravada pela inexistência de espaço físico e de condições materiais e humanas suficientes para funcionamento dos CMAS e pela pouca atenção atribuída para a qualificação dos conselheiros para o efetivo exercício do controle social, ocorrendo, ainda, influência da política partidária em determinados conselhos e fragilidade da organização social da população demandante do SUAS nos municípios.

g) *Rede Socioassistencial* considerada insuficiente e com funcionamento precário para atender às demandas da população, demandando definição de responsabilidades e estabelecimento de estratégias para o fortalecimento e efetividade do trabalho em rede.

A indicação de avanços, limites e dificuldades na implementação da PAS no âmbito do SUAS foi acompanhada pelo registro de perspectivas que foram situadas na conjuntura socioeconômica e política brasileira recente de desmonte de direitos e de subfinanciamento das políticas sociais, entre estas a Política de Assistência Social. Trata-se de uma conjuntura forjada pelo Golpe 2016 que prioriza as *políticas de austeridades* no contexto de exacerbação do neoliberalismo, com desmonte de direitos historicamente conquistados pela organização e lutas das classes subalternizadas ao longo de várias décadas da história social no Brasil. Essa situação vem sendo agravada pela venda do patrimônio brasileira para grandes empresas internacionais. Esse é também um cenário de desmonte das recentes conquistas da Política de Assistência Social e da instituição do Sistema Único de Assistência Social, freando o movimento de consolidação que vinha ocorrendo no SUAS, nos municípios brasileiros, em direção ao estabelecimento de uma política não contributiva de direitos.

Por fim, o exposto no decorrer de todos os textos que compõem este livro evidencia que a implementação do SUAS nas Regiões Norte e Nordeste, mediante pesquisa empírica realizada em 18 municípios dos Estados do Pará, Maranhão e Ceará, vem se desenvolvendo por uma dinâmica complexa, contraditória, não linear, voltada para a construção e reconstrução de uma Política cujo foco é romper com uma longa história do não direito para garantir direitos para todos que vivem do trabalho ou que não encontram espaço de inserção no limitado mercado de trabalho no Brasil.

Sobre as(os) autoras(es)

ALBA MARIA PINHO DE CARVALHO — Doutora em Sociologia, com pós-doutoramento em Sociologia Política na Universidade de Coimbra. Professora do Programa de Pós-Graduação em Sociologia, do Mestrado Acadêmico e do Mestrado Profissional em Avaliação de Políticas Públicas da Universidade Federal do Ceará (UFC). Coordenadora da Rede Universitária de Pesquisadores sobre América Latina (RUPAL). Autora do livro *A questão da transformação e o trabalho social — uma análise gramsciana* (1983). Autora e coautora de capítulos de livros sobre a contemporaneidade brasileira e artigos publicados em periódicos sobre a inserção do Brasil no capitalismo financeirizado, com destaque para a *Revista de Políticas Públicas* da UFMA em 2014, 2015, 2016, para a *Revista em Pauta* da UERJ em 2013 e para a *Revista Estudios Latinoamericanos* em 2013 e 2018. Conferencista em dezenas de eventos sobre as reconfigurações do Estado Brasileiro e as Políticas Públicas, com ênfase na Assistência Social.

☑ E-mail: albapcarvalho@gmail.com

ANNOVA MÍRIAM FERREIRA CARNEIRO — Assistente social, mestre e doutora em Políticas Públicas pelo Programa de Pós-Graduação em Políticas Públicas da Universidade Federal do Maranhão (UFMA); professora do Curso de Serviço Social da mesma Universidade. Pesquisadora do Grupo de Avaliação e Estudo da Pobreza e de Políticas Públicas Direcionadas à Pobreza — GAEPP/UFMA. Autora e coautora de capítulos de livros e artigos publicados em periódicos científicos, dentre os quais: "Egressos do Programa Bolsa Família em São Luís — MA: dimensionamento e impacto", publicado na coletânea *Políticas Públicas: temas e questões afins* (EDUFMA, 2018) e *Política de Assistência Social no período 1988-2018: construção e desmonte* (coautoria). Revista Ser Social, v. 21, n. 44, 2019.

☑ E-mail: annova@ig.com.br

CLEONICE CORREIA ARAÚJO — Assistente Social pela Universidade Federal do Maranhão (UFMA); mestre e doutora em Políticas Públicas pelo Programa de Pós-Graduação em Políticas Públicas da mesma Universidade. Professora do Departamento de Serviço Social da UFMA. Autora do livro *Pobreza e Programas de Transferência de Renda: concepções e significados* (EDUFMA, 2009); autora e coautora de vários artigos publicados em periódicos de circulação nacional; pesquisadora do Grupo de Avaliação e Estudo da Pobreza e de Políticas Direcionadas à Pobreza (GAEPP) da UFMA.

☑ E-mail: cleo.araujo.as@hotmail.com

IRMA MARTINS MORONI DA SILVEIRA — Mestra em Educação pela Universidade de Albany — New York; doutora em Serviço Social pela Universidade Federal de Pernambuco (UFPE). Professora aposentada da Universidade Estadual do Ceará (UECE). Líder do Grupo de Pesquisa Políticas de Seguridade Social, Movimentos Sociais e Trabalho do Serviço Social e pesquisadora do Laboratório de Seguridade Social e Serviço Social (LASSOSS) da UECE.

☑ E-mail: irmoroni@gmail.com.

LEILA MARIA PASSOS DE SOUZA BEZERRA — Doutora e pós-doutora em Sociologia pela Universidade Federal do Ceará (UFC); professora da Graduação em Serviço Social da Universidade Estadual do Ceará (UECE), do Programa de Pós-Graduação em Políticas Públicas (UECE) e do Mestrado em Avaliação de Políticas Públicas

(MAPP-UFC). Pesquisa sobre Margens, Território, Pobreza, Estado e Políticas Públicas, Epistemologias do Sul. Autora de capítulos de livros e artigos publicados em periódicos científicos, dentre os quais: "Dimensão técnico-operativa da instrumentalidade na formação profissional em Serviço Social, no livro *Trabalho e Instrumentalidade do Serviço Social* (EdUECE/CE, 2018), e "Fronteiras simbólicas e (des) classificação hierárquica dos "pobres" nas margens urbanas". *Revista de Políticas Públicas*, 2016.

☑ E-mail: leila.passos@uece.br

LEIRIANE DE ARAÚJO SILVA — Assistente social, mestre em Política Pública e Sociedade pela Universidade Estadual do Ceará (UECE). Especialista em Serviço Social, Direitos Sociais e Competências Profissionais pela Universidade de Brasília (UnB). Professora do Curso de Serviço Social do Centro Universitário Fametro (Unifametro). Servidora pública da Prefeitura Municipal de Maracanaú-CE, lotada na Secretaria de Assistência Social e Cidadania. Presidenta do Observatório de Práticas da Política de Assistência Social do Município de Maracanaú-CE — ObservaSUAS (2014-2017) e Conselheira Presidenta do Conselho Regional de Serviço Social — CRESS/3ªRegião (Gestão 2017-2020). Pesquisadora do Laboratório de Seguridade Social e Serviço Social (LASSOSS/UECE). Pesquisa sobre pobreza, políticas públicas e assistência social.

☑ E-mail: leirianevn@hotmail.com.

MARGARETE CUTRIM VIEIRA — Assistente social, mestra em Políticas Públicas pelo Programa de Pós-Graduação em Políticas Públicas da Universidade Federal do Maranhão (UFMA). Pesquisadora do Grupo de Avaliação e Estudo da Pobreza e de Políticas Públicas direcionadas à Pobreza — GAEPP/UFMA. Atualmente, exerce o cargo de Secretária Adjunta de Assistência Social da Secretaria de Estado de Desenvolvimento Social — SEDES — Maranhão.

☑ E-mail: margarete.cutrim@hotmail.com

MARIA ANTONIA CARDOSO NASCIMENTO — Doutora em Serviço Social; professora do Programa de Pós-Graduação em Serviço Social da Universidade Federal do Pará (UFPA); vice-coordenadora do Grupo de Estudos e Pesquisa Trabalho, Estado e Sociedade na Amazônia (Gep-TESA), da mesma Universidade. Organizadora da coletânea *Tempos de Bolsa: estudos sobre Programas de Transferência de Renda* (Papel Social, 2015). Co-organizadora das coletâneas *O Avesso dos direitos: Amazônia e Nordeste em questão 1 e 2* (Editora Universitária da UFPE, 2012 e 2016). Autora de vários capítulos de livros e artigos publicados em periódicos científicos, dentre os quais "O desenvolvimento da pobreza amazônica", publicado no livro *Desenvolvimento que queremos: Bolsa Família como aprendizado para uma nova agenda* (Editora PUC/RJ, 2018) e "Feminização do desemprego nos polos desenvolvimentistas do Pará". *Revista Argumentum*, 2016.

☑ E-mail: mariaant@ufpa.br

MARIA DO SOCORRO SOUSA DE ARAÚJO — Assistente Social e doutora em Políticas Públicas pela Universidade Federal do Maranhão (UFMA). Docente do Departamento de Serviço Social, exercendo docência no Curso de Graduação em Serviço Social e integrando o quadro permanente de docentes do Programa de Pós-Graduação em Políticas, ambos da UFMA. É organizadora e coautora do livro *Políticas Públicas: temas e questões afins* (EDUFMA, 2018); autora do livro *Fome de pão e de beleza: pobreza, filantropia e direitos sociais* (EDUFMA, 2009); autora de capítulos dos livros: *Cadernos do patrimônio da ciência e tecnologia — instituições, trajetórias e valores* (Museu de Astronomia e Ciências afins, 2017); *Política de Assistência Social e temas correlatos* (Papel Social, 2016); *A gestão da proteção social em debate* (Ebook, CCTA, 2016) e autora de vários artigos publicados em Periódicos Científicos.

☑ E-mail: contato.socorro@gmail.com

MARIA EUNICE FERREIRA DAMASCENO PEREIRA — Assistente social, mestre em Políticas Públicas pelo Programa de Pós-Graduação em Políticas Públicas da Universidade Federal do Maranhão (UFMA);

doutora em Economia Aplicada pela Universidade Estadual de Campinas (Unicamp). Professora do Departamento de Serviço Social e do Programa de Pós-Graduação em Políticas Públicas da UFMA; pesquisadora do GAEPP (Grupo de Estudo e Avaliação da Pobreza e das Políticas Direcionadas à Pobreza), onde tem participado de diversas pesquisas sobre políticas de enfrentamento à pobreza, particularmente a Política de Assistência Social, temática que tem sido objeto de reflexão de vários artigos e capítulos de livros publicados.

☑ E-mail: eunicepereira@gmail.com

MARIA OZANIRA DA SILVA E SILVA — Doutora em Serviço Social pela Pontifícia Universidade Católica de São Paulo (PUC-SP), com estágio pós-doutoral no Núcleo de Estudos de Políticas Públicas da Universidade Estadual de Campinas (Unicamp). Pesquisadora Nível IA do CNPq. É professora do Programa de Pós-Graduação em Políticas Públicas da Universidade Federal do Maranhão (UFMA) e coordenadora do Grupo de Avaliação e Estudo da Pobreza e de Políticas Direcionadas à Pobreza (GAEPP). É autora, coordenadora e coautora de vários livros, entre os quais: *O Serviço Social e o popular*; *Política Social brasileira no século XXI: prevalência dos programas de transferência de renda*; *O Sistema Único de Assistência Social no Brasil: uma realidade em movimento*; *O Bolsa Família no enfrentamento à pobreza no Maranhão e Piauí*; *Avaliando o Bolsa Família: unificação, focalização e impactos*; *Avaliação de políticas e programas sociais: teoria e prática*; *Pesquisa avaliativa: aspectos teórico-metodológicos*; *Políticas públicas de enfrentamento à pobreza*; *Os programas de transferência de renda na América Latina e Caribe*; *O mito e a realidade no enfrentamento à pobreza na América Latina: estudo comparado de programas de transferência de renda no Brasil, Argentina e Uruguai* e *O Bolsa Família: verso e reverso*.

☑ E-mail: maria.ozanira@gmail.com

PAULA RAQUEL DA SILVA JALES — Graduada em Serviço Social pela Universidade Estadual do Ceará (UECE), mestra em Políticas Públicas e Sociedade pela UECE, doutoranda em Políticas Públicas pela Universidade Federal do Piauí (UFPI) e bolsista da Coordenação de Aperfeiçoamento de Pessoal de Nível Superior (Capes). Professora substituta da UECE. Pesquisa sobre os seguintes temas: Assistência Social, Estado, Políticas Públicas, Gestão Pública, Programas de Transferência de Renda e Direitos Sociais. Da sua produção acadêmica, destaca-se o artigo publicado na *Revista Argumentum* (UFES) intitulado "Estado neoliberal VS projeto democratizante: implicações na Política de Assistência Social Brasileira", que discute aspectos teóricos e analíticos a serem desenvolvidos em sua tese.

☑ E-mail: raquel.jales@uece.br.

REINALDO NOBRE PONTES — Mestre em Serviço Social pela Pontifícia Universidade Católica de São Paulo (1993); doutor em Sociologia pela Universidad Complutense de Madri (2007). Professor adjunto III da Universidade Federal do Pará (UFPA), lotado no Instituto de Ciências Sociais Aplicadas, atuando na Faculdade de Serviço Social e no Programa de Pós-Graduação em Serviço Social, no qual ocupa a coordenação. Líder do Grupo de Estudos e Pesquisas em Serviço Social, Políticas Sociais e Formação Profissional (GEPSS). Pesquisador da área de Fundamentos do Serviço Social (Membro do GT ABEPSS) e da área de Políticas Sociais (Assistência Social). É autor dos livros *Mediação e Serviço Social* (Cortez, 7ª edição revista e ampliada); *Cidadania X Pobreza: a dialética dos conceitos na era FHC* (Appris, 2013). Foi vice-presidente (Região Norte) da ABEPSS (1997-1998).

☑ E-mail: rpontes@ufpa.br

SALVIANA DE MARIA PASTOR SANTOS SOUSA — Possui graduação em Serviço Social, mestrado e doutorado em Políticas Públicas pela Universidade Federal do Maranhão (UFMA). É Professora titular aposentada da UFMA. Integra o quadro de docentes permanentes do Programa de Pós-Graduação em Políticas Públicas da UFMA. É pesquisadora, bolsista de Produtividade em Pesquisa do CNPq — Nível II, membro do Grupo de Avaliação e Estudos da Pobreza e das Políticas Direcionadas à Pobreza (GAEPP), onde é Editora

Adjunta do Observatório Social e do Trabalho. É Editora Científica da Revista de Políticas Públicas (RPP) da UFMA. Tem experiência em avaliação de políticas públicas, particularmente, nos campos da gestão pública, gestão da cidade, pobreza, assistência social, saúde e educação profissional.

☑ E-mail: salvi@200globo.com

SANDRA HELENA RIBEIRO CRUZ — Assistente Social, mestra em Planejamento do Desenvolvimento pela Universidade Federal do Pará (UFPA) (1994) e doutora em Ciências Socioambientais pelo Núcleo de Altos Estudos Amazônicos da UFPA (2012). É Docente Associada IV da Faculdade de Serviço Social e do Programa de Pós-Graduação em Serviço Social da UFPA. Possui artigos publicados na área do Serviço Social e áreas afins. No ano de 2018, foi coautora do artigo "Assistência Social no Estado do Pará antes do golpe Institucional de 2016", apresentado no Seminário Latinoamericano y Del Caribe de Escuelas de Trabajo Social. Publicou, em coautoria, na *Revista de Políticas Públicas* (RPP), o artigo "Belém (PA): Contradições Sociais do e no Planejamento Urbano". Vem desenvolvendo estudos e pesquisas em Política Social na intersecção com direito à cidade, assistência social, moradia, participação e controle social. É membro do Grupo de Estudos e Pesquisa Políticas Urbanas e Movimentos Sociais na Amazônia Globalizada. No período de 1997-2004, ocupou o cargo de Diretora-Presidente da Fundação Papa João XXIII (órgão gestor da Política de Assistência Social em Belém). De 2013-2017, esteve como Diretora da Faculdade de Serviço Social da UFPA.

☑ E-mail: shelena@ufpa.br

VALÉRIA FERREIRA SANTOS E ALMADA LIMA — Doutora em Políticas Públicas pela Universidade Federal do Maranhão (UFMA). Professora do Departamento de Economia e do Programa de Pós--Graduação em Políticas Públicas da UFMA. Pesquisadora Nível II do CNPq e do Grupo de Avaliação e Estudo da Pobreza e de Políticas

Direcionadas à Pobreza (GAEPP). É coautora de livros publicados pela Cortez Editora, entre outros: *O Bolsa Família no enfrentamento à pobreza no Maranhão e Piauí*; *Avaliando o Bolsa Família: unificação, focalização e impactos*; *Os programas de transferência de renda na América Latina e Caribe*; *O mito e a realidade no enfrentamento à pobreza na América Latina: estudo comparado de programas de transferência de renda no Brasil, Argentina e Uruguai* e *O Bolsa Família: verso e reverso*. É também coautora de livros publicados pela Veras Editora: *Avaliação de políticas e programas sociais: teoria e prática* e *Pesquisa avaliativa*: aspectos teórico-metodológicos, e do livro publicado pela EDUFMA: *Políticas públicas de enfrentamento à pobreza*.

☒ E-mail: valmadalima@gmail.com

LEIA TAMBÉM

O SISTEMA ÚNICO DE ASSISTÊNCIA SOCIAL NO BRASIL
uma realidade em movimento

Berenice Rojas Couto
Maria Carmelita Yazbek
Maria Ozanira da Silva e Silva
Raquel Raichelis
(Orgs.)

5ª edição revisada e atualizada
1ª reimpressão (2018)
336 páginas
ISBN 978-85-249-2524-5

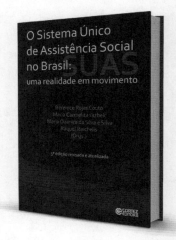

Milhares de novos trabalhadores de distintas áreas, milhares de gestores públicos de entidades privadas e milhões de novos sujeitos de direitos compõem um multifacetado e ávido segmento social, que no cotidiano são desafiados a construir a nova matriz do Sistema Único da Assistência Social, o SUAS.

Para este vasto público, a leitura deste livro é preciosa. Trata-se de uma obra que reúne um belo e amplo observatório da política pública de assistência social hoje. Ao examinar tema tão relevante, a equipe de autoras nos presenteia com uma feliz oportunidade de preparar melhor o estudo e intervenção profissional nesta complexa, fundamental, e não pouca vezes mal compreendida, política social.

GRÁFICA PAYM
Tel. [11] 4392-3344
paym@graficapaym.com.br